# Lösungen zum Lehrbuch
# Steuerlehre 2
# Rechtslage 2018

## EBOOK INSIDE

Die Zugangsinformationen zum eBook inside finden Sie
am Ende des Buchs.

Manfred Bornhofen · Martin C. Bornhofen

# Lösungen zum Lehrbuch Steuerlehre 2 Rechtslage 2018

Mit zusätzlichen Prüfungsaufgaben und Lösungen

39., überarbeitete Auflage

Mitarbeiter: Jürgen Kaipf/Simone Meyer

 Springer Gabler

Studiendirektor, Dipl.-Hdl.
Manfred Bornhofen
Koblenz, Deutschland

WP, StB, CPA, Dipl.-Kfm.
Martin C. Bornhofen
Düsseldorf, Deutschland

ISBN 978-3-658-23994-7      ISBN 978-3-658-23995-4 (eBook)
DOI 10.1007/978-3-658-23995-4

Die Deutsche Nationalbibliothek verzeichnet diese Publikation in der Deutschen Nationalbibliografie; detaillierte bibliografische Daten sind im Internet über http://dnb.d-nb.de abrufbar.

Springer Gabler
© Springer Fachmedien Wiesbaden 2019

Lektorat: Irene Buttkus
Korrektorat: Inge Kachel-Moosdorf
Layout und Satz: workformedia | Frankfurt am Main

Gedruckt auf säurefreiem und chlorfrei gebleichtem Papier

Springer Gabler ist ein Imprint der eingetragenen Gesellschaft Springer Fachmedien Wiesbaden GmbH und ist Teil von Springer Nature
Die Anschrift der Gesellschaft ist: Abraham-Lincoln-Strasse 46, 65189 Wiesbaden, Germany

# Vorwort zur 39. Auflage

Neben den Lösungen zum Lehrbuch der Steuerlehre 2 enthält dieses Buch zusätzliche Fälle und Lösungen zur Vertiefung Ihres Wissens.

Deshalb ist dieses „Aufgaben- und Lösungsbuch" in zwei Teile untergliedert.

Der **1. Teil** enthält die

**Lösungen zum Lehrbuch**

und der **2. Teil** die

**zusätzlichen Fälle und Lösungen.**

Die einzelnen Sachthemen dieser zusätzlichen Aufgabensammlung finden Sie im Inhaltsverzeichnis oder in der Kopfzeile des Buches.

Die jeweiligen Lösungen folgen den Fällen direkt. Sie erkennen sie an der grauen Rasterung.

Wir hoffen, dass Sie mit Hilfe dieses zusätzlichen Übungsmaterials vielleicht noch verbleibende Unsicherheiten in der Anwendung Ihres Wissens beheben können und wünschen Ihnen viel Erfolg in Ihren Klausuren bzw. Prüfungen.

Ihr

**Bornhofen-Team**

# Teil 1: Lösungen zum Lehrbuch

# A. Einkommensteuer

# B. Körperschaftsteuer

# C. Gewerbesteuer

# D. Bewertungsgesetz

# E. Erbschaftsteuer

# Teil 2: Zusätzliche Fälle und Lösungen

# A. Einkommensteuer

# B. Körperschaftsteuer

# C. Gewerbesteuer

# Teil 1: Lösungen zum Lehrbuch

## A. Einkommensteuer

# 1 Einführung in die Einkommensteuer

### FALL 1

1. (b)
2. (a)
3. (c)
4. (d)

### FALL 2

zu 1.

|  | € |
|---|---|
| Einkünfte aus Gewerbebetrieb | 20.076 |
| Einkünfte aus nichtselbständiger Arbeit | 30.000 |
| = **Summe der Einkünfte und Gesamtbetrag der Einkünfte** | **50.076** |
| − Sonderausgaben | − 3.700 |
| − außergewöhnliche Belastungen | − 1.700 |
| = **Einkommen und zu versteuerndes Einkommen** | **44.676** |

zu 2.

Die **Einkommensteuer 2018** beträgt lt. Grundtabelle **10.374 €**
(www.bundesfinanzministerium.de; Lohn- und Einkommensteuerrechner).

# 2 Persönliche Steuerpflicht

### FALL 1

1. (c)
2. (b)
3. (b)
4. (d)

### FALL 2

a) Sabine Krämer ist im Inland **unbeschränkt** einkommensteuerpflichtig, weil sie eine **natürliche Person** ist, die im **Inland** einen **Wohnsitz** hat (§ 1 **Abs. 1**).

b) Anja Fischer ist im Inland **unbeschränkt** einkommensteuerpflichtig, weil sie eine natürliche Person ist, die im **Inland** einen **Wohnsitz** hat (§ 1 **Abs. 1**).

c) Georg Smith ist für die Zeit vom 02.01. bis 15.11.2018 im Inland **unbeschränkt** einkommensteuerpflichtig, weil er eine **natürliche Person** ist, die im **Inland** ihren **gewöhnlichen Aufenthalt** hatte (§ 1 **Abs. 1**).

d) Peter Keller ist im Inland **beschränkt** steuerpflichtig, weil er eine **natürliche Person** ist, die im **Inland weder** einen **Wohnsitz noch** ihren **gewöhnlichen Aufenthalt** hatte, aber **inländische Einkünfte** i. S. d. **§49** erzielt.

e) Erich Schwab ist im Inland **unbeschränkt** einkommensteuerpflichtig, weil er eine **natürliche Person** ist, die im **Inland** einen **Wohnsitz** hat (§ 1 **Abs. 1**).

f) Frank Haas ist nach § 1 **Abs. 2** im Inland **unbeschränkt** einkommensteuerpflichtig, weil er alle Voraussetzungen des § 1 Abs. 2 erfüllt.

g) Die Heinrich Bauer KG ist weder unbeschränkt noch beschränkt einkommensteuerpflichtig, weil nur natürliche Personen (nicht Personengesellschaften) der Einkommensteuer unterliegen.
Die Gesellschafter der KG unterliegen mit der von der KG erzielten Einkünfte der Einkommensteuer (Einkünfte aus Gewerbebetrieb gem. § 15 Abs. 1 Nr. 2).

h) Knut Hansen hat weder einen Wohnsitz noch seinen gewöhnlichen Aufenthalt im Inland, sodass er **nicht** nach § 1 **Abs. 1** im Inland unbeschränkt einkommensteuerpflichtig ist.
Da auch die Voraussetzungen des § 1 **Abs. 2** nicht erfüllt sind, ist er – **ohne** Antrag – in Deutschland **beschränkt** einkommensteuerpflichtig (§ 1 Abs. 4).
Auf **Antrag** ist er nach § 1 **Abs. 3** für 2018 als **unbeschränkt** Steuerpflichtiger zu behandeln.
Als Staatsangehöriger eines EWR-Staates kann er u. U. Vergünstigungen in Anspruch nehmen (§ 1a).

i) Susi Klein hat weder einen Wohnsitz noch ihren gewöhnlichen Aufenthalt im Inland, sodass sie **nicht** nach § 1 **Abs. 1** unbeschränkt einkommensteuerpflichtig ist.
Da auch die Voraussetzungen des § 1 **Abs. 2** nicht erfüllt sind, ist sie – **ohne** Antrag – im Inland **beschränkt** einkommensteuerpflichtig (§ 1 Abs. 4).
Auf **Antrag** ist sie nach § 1 **Abs. 3** für 2018 als **unbeschränkt** Steuerpflichtige zu behandeln.
Als EU-Staatsbürgerin kann sie u. U. Vergünstigungen in Anspruch nehmen (§ 1a).

j) André Bucher hat weder einen Wohnsitz noch seinen gewöhnlichen Aufenthalt im Inland, sodass er **nicht** nach § 1 **Abs. 1** in Deutschland unbeschränkt einkommensteuerpflichtig ist.
Da auch die Voraussetzungen des § 1 **Abs. 2** nicht erfüllt sind, ist er – ohne Antrag – in Deutschland beschränkt einkommensteuerpflichtig (§ 1 Abs. 4).
Auf **Antrag** ist er nach § 1 **Abs. 3** für 2018 als **unbeschränkt** Steuerpflichtiger zu behandeln.

# 3  Grundbegriffe im Zusammenhang mit der Ermittlung der Einkünfte

**FALL 1**

| Nr. | Einnahmen | nstb. E. € | stb. BE € | stb. E. i.S.d. §8 € | stfr. E. € | stpfl. E. € |
|---|---|---|---|---|---|---|
| 1. | Lottogewinn einer Steuerfachangestellten in Höhe von 100.000 € | 100.000 | | | | |
| 2. | Tageseinnahmen eines Gastwirts aus seiner Gastwirtschaft in Höhe von 800 € | | 800 | | | 800 |
| 3. | Zuwendung von 250 €, die ein Arbeitnehmer anlässlich der Eheschließung von seinem Arbeitgeber erhält | | | 250 | | 250 |
| 4. | Zuwendung von 500 €, die ein Arbeitnehmer anlässlich der Geburt seines Sohnes von seinem Arbeitgeber erhält | | | 500 | | 500 |
| 5. | Erbschaft eines Steuerfachangestellten in Höhe von 50.000 € | 50.000 | | | | |
| 6. | Trinkgelder einer Friseurin von 1.000 € im Kalenderjahr, die sie von Dritten freiwillig und ohne Rechtsanspruch erhält | | | 1.000 | 1.000 | |
| 7. | Trinkgelder eines Kellners von 3.000 € im Kalenderjahr, auf die er einen Rechtsanspruch hat | | | 3.000 | | 3.000 |
| 8. | Einnahme (Bruttoarbeitslohn) eines Angestellten aus einem Dienstverhältnis in Höhe von 2.000 € im Monat | | | 2.000 | | 2.000 |
| 9. | Einnahmen eines Lebensmittelhändlers aus Warenverkäufen von 10.000 € | | 10.000 | | | 10.000 |
| 10. | Einnahme (Miete) eines Angestellten aus seinem Zweifamilienhaus in Höhe von 600 € im Monat | | | 600 | | 600 |
| 11. | Einnahmen eines Arztes aus selbständiger ärztlicher Tätigkeit von 250.000 € | | 250.000 | | | 250.000 |

**FALL 2**

| Nr. | Aufwendungen | BA | WK | AfdpL |
|-----|--------------|-----|-----|-------|
| 1. | Gewerkschaftsbeiträge | | x | |
| 2. | private Telefongebühren | | | x |
| 3. | Aufwendungen für eine Erholungsreise | | | x |
| 4. | Grundsteuer für ein Betriebsgrundstück | x | | |
| 5. | Aufwendungen eines Arbeitnehmers für typische Berufskleidung | | x | |
| 6. | Aufwendungen für einen Maßanzug, der von einem Angestellten nachweislich während der Arbeitszeit getragen wird | | | x |
| 7. | AfA für einen betrieblichen Lkw | x | | |
| 8. | Hypothekzinsen für ein Fabrikgebäude | x | | |
| 9. | Aufwendungen eines Arbeitnehmers für Ernährung | | | x |
| 10. | Telefongebühren für betrieblich veranlasste Gespräche, die über den privaten Telefonanschluss geführt werden | x | | |
| 11. | Steuerberatungskosten für das Ausfüllen einer Erbschaftsteuererklärung | | | x |

**FALL 3**

1. (b)
2. (c)
3. (c)
4. (a)
5. (c)

**FALL 4**

a) Wolf Jäger hat im VZ 2018 steuerbare Einnahmen in Höhe von **2.400 €** (200 € x 12) bezogen. Diese steuerbaren Einnahmen sind jedoch nach § 3 **Nr. 26 steuerfrei**, sodass bei Herrn Jäger keine ESt anfällt (Übungsleiterfreibetrag).

b) Karl Frank hat im VZ 2018 steuerbare Einnahmen in Höhe von **720 €** (60 € x 12) bezogen. Diese steuerbaren Einnahmen sind jedoch nach § 3 **Nr. 26a steuerfrei**, sodass bei Herrn Frank keine ESt anfällt (Ehrenamtsfreibetrag).

c) Franz Schell hat im VZ 2018 steuerbare Einnahmen in Höhe von **3.600 €** (300 € x 12) bezogen. Diese steuerbaren Einnahmen sind zum Teil **steuerfrei** und **steuerpflichtig**. **2.400 €** sind nach § 3 Nr. 26 **steuerfrei** (Übungsleiterfreibetrag). Der übersteigende Betrag von **1.200 €** (3.600 € – 2.400 €) ist **steuerpflichtig**. Der steuerpflichtige Betrag von 1.200 € kann als geringfügige Beschäftigung infrage kommen. Bei einer geringfügigen Beschäftigung trägt der Verein die Abzüge grundsätzlich allein, sodass für Herrn Schell keine ESt anfällt (siehe Buchführung 1, 30. Auflage 2018, S. 242 ff.).

d) Markus Wimmer erzielt 2018 steuerbare Einnahmen in Höhe von 4.200 €. Von den tatsächlich anfallenden Werbungskosten bzw. Betriebsausgaben für die Betreuung der Jugendfußballer in Höhe von 3.000 € darf nur der Teil als Werbungskosten bzw. Betriebsausgaben abgezogen werden, der den Betrag der steuerfreien Einnahmen übersteigt (3.000 € - 2.400 € = 600 €). Es dürfen von den tatsächlichen Werbungskosten noch 600 € geltend gemacht werden (§ 3 Nr. 26 Satz 2). Die steuerpflichtigen Einnahmen belaufen sich auf 1.200 € (4.200 € - 2.400 € - 600 €).

## 4 Methoden zur Ermittlung der Einkünfte

**FALL 1**

|   | | |
|---|---|---:|
|   | Betriebsvermögen 31.12.2018 | - 30.000 € |
| - | Betriebsvermögen 31.12.2017 | 60.000 € |
|   | Unterschiedsbetrag | - 90.000 € |
| + | Entnahmen 2018 | 100.000 € |
| - | Einlagen 2018 | - 5.000 € |
| = | **Gewinn 2018** | **5.000 €** |

**FALL 2**

|   | | | |
|---|---|---|---:|
|   | 50 % des Gewinns aus 2017/2018 | = | 30.000 € |
|   | 50 % des Gewinns aus 2018/2019 | = | 40.000 € |
| = | **Gewinn 2018** | = | **70.000 €** |

**FALL 3**

Der Gewinn des VZ 2018 beträgt nach § 4a Abs. 2 Nr. 2 **70.000 €** (= Gewinn des Wirtschaftsjahres 2017/2018).

**FALL 4**

Die Miete ist für **2018** anzusetzen, weil es sich um eine **regelmäßig wiederkehrende Einnahme** handelt, die **kurze Zeit** (+/- 10 Tage) nach Beendigung des Kalenderjahrs 2018, zu dem sie wirtschaftlich gehört, zugeflossen ist und fällig war (§ 11 Abs. 1 Satz 2).

**FALL 5**

Die Miete ist **2019** anzusetzen, weil sie **nicht kurze Zeit** (+/- 10 Tage) nach Beendigung des Kalenderjahrs 2018, zu dem sie wirtschaftlich gehört, zugeflossen ist (H 11 (Allgemeines) EStH).

## Zusammenfassende Erfolgskontrolle zum 1. bis 4. Kapitel

**FALL 1**

Herr Türek ist **unbeschränkt einkommensteuerpflichtig**, weil er im **Inland** einen **Wohnsitz** hat (§ 1 **Abs. 1**).

## FALL 2

a) Herr Löhr ist **unbeschränkt einkommensteuerpflichtig**, weil er im **Inland** seinen **Wohnsitz** hat (§ 1 **Abs. 1**).

b) Die Summe der Einkünfte beträgt:

| | |
|---|---:|
| Einkünfte aus Land- und Forstwirtschaft (§ 13) | 500 € |
| Einkünfte aus Gewerbebetrieb (§ 15) | 40.000 €* |
| Einkünfte aus selbständiger Arbeit (§ 18) | 17.500 € |
| Einkünfte aus Vermietung und Verpachtung (§ 21) | 10.000 € |
| = **Summe der Einkünfte** | **68.000 €** |

\* Horizontaler Verlustausgleich (70.000 € – 30.000 € = 40.000 €)

# 5 Veranlagungsarten

## FALL 1

1. Der **Ehemann** ist **2018** und **2019 unbeschränkt** einkommensteuerpflichtig, weil er als **natürliche Person** im **Inland** einen **Wohnsitz** hat (§ 1 Abs. 1).
   Die **Ehefrau** ist **2018 nicht unbeschränkt** einkommensteuerpflichtig, weil sie als natürliche Person im Inland weder eine Wohnung noch ihren gewöhnlichen Aufenthalt hat. Im Jahre **2019** ist sie **unbeschränkt** einkommensteuerpflichtig, weil alle Voraussetzungen des § 1 Abs. 1 erfüllt sind (natürliche Person, Inland, Wohnsitz).

2. Für den **VZ 2018** liegen die Voraussetzungen des § 26 Abs. 1 nicht vor (nicht beide unbeschränkt einkommensteuerpflichtig). Der **Ehemann** wird deshalb **einzeln** zur Einkommensteuer veranlagt.
   Die **Ehefrau** wird im **VZ 2018** im Inland **nicht veranlagt**, weil sie in der Bundesrepublik weder unbeschränkt noch beschränkt einkommensteuerpflichtig war.
   Für den **VZ 2019** liegen die Voraussetzungen des § 26 Abs. 1 vor. Die Ehegatten können ab VZ 2019 zwischen der **Zusammenveranlagung** und der **Einzelveranlagung von Ehegatten** wählen (§§ 26a, 26b).

3. Die **Eheleute** sind **2018** und **2019 unbeschränkt** einkommensteuerpflichtig, weil sie als natürliche Personen im Inland einen Wohnsitz haben (§ 1 Abs. 1).
   Ab dem **VZ 2018** können die Eheleute zwischen folgenden Veranlagungsarten **wählen**:
         a) der Einzelveranlagung von Ehegatten (§ 26a),
         b) der Zusammenveranlagung von Ehegatten (§ 26b).

## FALL 2

1. Die Eheleute Bungert können für 2018 **wählen** zwischen der Zusammenveranlagung von Ehegatten (§ 26b) und der Einzelveranlagung von Ehegatten (§ 26a).

2. Die Ehegatten werden für den VZ 2018 einzeln veranlagt, weil einer die Einzelveranlagung gewählt hat (§ 26 Abs. 2 Satz 1).

## FALL 3

Für den VZ 2018 liegen die Voraussetzungen des § 26 Abs. 1 **nicht** vor. Die Eheleute können deshalb **nicht** zwischen der Zusammenveranlagung von Ehegatten und der Einzelveranlagung von Ehegatten wählen, sodass die **Einzelveranlagung** i.S.d. § 25 Abs. 1 durchzuführen ist.

# 6  Gewinneinkünfte

## 6.1  Einkünfte aus Land- und Forstwirtschaft (§ 13 EStG)

**F A L L  1**

| | Ehemann € | Ehefrau € | gesamt € |
|---|---|---|---|
| Einkünfte aus L + F (§ 13) | | 1.300 | 1.300 |
| Einkünfte aus Gewerbebetrieb (§ 15) | 60.000 | | 60.000 |
| = **Summe der Einkünfte** (§ 2 Abs. 2 ) | 60.000 | 1.300 | **61.300** |
| − Freibetrag für Land- und Forstwirte (§ 13 Abs. 3)* | − 1.300 | | − 1.300 |
| = **Gesamtbetrag der Einkünfte** (§ 2 Abs. 3 ) | | | **60.000** |

\* Der Freibetrag für Land- und Forstwirte beträgt grundsätzlich bei Zusammenveranlagung 1.800 €. Er ist jedoch auf die Höhe der Einkünfte aus L + F begrenzt.

**F A L L  2**

| | Ehemann € | Ehefrau € | gesamt € |
|---|---|---|---|
| Einkünfte aus L + F (§ 13) | | 10.000 | 10.000 |
| Einkünfte aus Gewerbebetrieb (§ 15) | 60.000 | | 60.000 |
| = **Summe der Einkünfte** (§ 2 Abs. 2 ) | 60.000 | 10.000 | **70.000** |
| − Freibetrag für Land- und Forstwirte (§ 13 Abs. 3)* | | | − 0 |
| = **Gesamtbetrag der Einkünfte** (§ 2 Abs. 3 ) | | | **70.000** |

\* Der Freibetrag für Land- und Forstwirte beträgt grundsätzlich bei Zusammenveranlagung 1.800 €. Er wird jedoch nur gewährt, wenn die Summe der Einkünfte 61.400 Euro nicht übersteigt.

## 6.2  Einkünfte aus Gewerbebetrieb (§ 15 EStG)

**F A L L  3**

| | | Ehemann € | Ehefrau € | gesamt € |
|---|---|---|---|---|
| Einkünfte aus Gewerbebetrieb (§ 15) | | | | |
| Ehemann: | | | | |
| Tz. 1 Gewinnanteil KG | 30.000 € | 31.000 | | |
| Tz. 2 Zinsen KG (Sonder-BE) | 1.000 € | | | |
| Ehefrau: | | | | |
| Tz. 3 atypische stille Gesellschafterin | | | 15.000 | 46.000 |
| = **Summe der Einkünfte** (§ 2 Abs. 2) | | 31.000 | 15.000 | **46.000** |

**FALL 4**

|  | Ehemann € | Ehefrau € | gesamt € |
|---|---|---|---|
| Einkünfte aus Gewerbebetrieb (§ 15) |  |  |  |
| Tz. 2 Gewinnanteil KG | 132.000 |  |  |
| Tz. 3 Miete für Überlassung des Geschäftshauses | 30.000 |  |  |
| abzügliche Sonderbetriebsausgabe | - 4.000 |  |  |
| Tz. 4 Zinsen KG | 6.000 | 164.000 | 164.000 |
| Einkünfte aus Kapitalvermögen (§ 20)* (s. S. 9) |  |  |  |
| Tz. 1 typischer (echter) stiller Gesellschafter | 29.200 |  | 29.200 |
| = **Summe der Einkünfte** | 29.200 | 164.000 | **193.200** |

**FALL 5**

zu 1.

| | | |
|---|---|---|
| | Handelsbilanzgewinn | 260.000 € |
| + | Vergütung für Tätigkeit Ges. A | 130.000 € |
| + | Vergütung für Hingabe eines Darlehens Ges. B | 16.000 € |
| + | Vergütung für Überlassung eines Hauses Ges. C* | 36.000 € |
| = | **steuerlicher Gewinn** (§ 15 Abs. 1 Nr. 2) | **442.000 €** |

zu 2.

| Gesell-schafter | Vorweg-gewinn | 4 % des Kapitalanteils | Restgewinn (4 : 3 : 1) | Einkünfte aus Gewerbebetrieb |
|---|---|---|---|---|
| A | 130.000 | 6.000 € | 124.000 € | 260.000 € |
| B | 16.000 | 4.000 € | 93.000 € | 113.000 € |
| C* | 36.000 | 2.000 € | 31.000 € | 69.000 € |
| | 182.000 | 12.000 € | 248.000 € | **442.000 €** |

\* Die Einkünfte aus Gewerbebetrieb sind bei Ges. C um Sonderbetriebsausgaben i.H.v. 12.000 € zu korrigieren. Seine Einkünfte aus Gewerbebetrieb betragen 57.000 € (69.000 € - 12.000 €).

**FALL 6**

|  | € | € | € | € |
|---|---|---|---|---|
| Einkünfte vom 01.01. bis 30.09.2018 |  |  |  | 65.200 |
| Veräußerungsgewinn (§ 16) |  |  | 150.000 |  |
| **ungekürzter** Freibetrag |  | 45.000 |  |  |
| Veräußerungsgewinn von | 150.000 |  |  |  |
| übersteigt den Grenzbetrag von | - 136.000 |  |  |  |
| um | 14.000 |  |  |  |
| schädlich |  | - 14.000 |  |  |
| **gekürzter** Freibetrag |  | 31.000 | - 31.000 |  |
| verbleiben |  |  | 119.000 |  |
| **steuerpflichtiger** Veräußerungsgewinn |  |  |  | 119.000 |
| **Einkünfte aus Gewerbebetrieb** |  |  |  | **184.200** |

## 6.3 Einkünfte aus selbständiger Arbeit (§ 18 EStG)

**FALL 7**

|  | Ehemann € | Ehefrau € | gesamt € |
|---|---|---|---|
| Einkünfte aus selbständiger Arbeit (§ 18) |  |  |  |
| Ehemann: |  |  |  |
| Tz. 1 Rechtsanwaltspraxis, § 18 Nr. 1    110.000 |  |  |  |
| Tz. 2 Testamentsvollstr., § 18 Nr. 3    5.000 | 115.000 |  |  |
| Ehefrau: |  |  |  |
| Tz. 3 Aufsichtsratstätigkeit, § 18 Nr. 2 |  | 10.000 |  |
| = **Summe der Einkünfte** (§ 2 Abs. 2) | 115.000 | 10.000 | **125.000** |

**FALL 8**

|  | Ehemann € | Ehefrau € | gesamt € |
|---|---|---|---|
| Einkünfte aus Gewerbebetrieb (§ 15) |  |  |  |
| Ehemann: |  |  |  |
| Tz. 2 Privatschule (H 15.6. EStR) | 110.000 |  |  |
| Ehefrau: |  |  |  |
| Tz. 4 Gewinnanteil KG    20.000 € |  |  |  |
| Tz. 5 Zinsen KG (§ 15 Abs. 1 Nr. 2)    10.000 € |  | 30.000 | 140.000 |
| Einkünfte aus selbständiger Arbeit (§ 18) |  |  |  |
| Tz. 1 Arztpraxis (200.000 € – 40.000 €) | 160.000 |  | 160.000 |
| Einkünfte aus nichtselbständiger Arbeit (§ 19) |  |  |  |
| Tz. 6 angestellte Ärztin |  | 65.000 | 65.000 |
| Einkünfte aus Kapitalvermögen (§ 20)* |  |  |  |
| Tz. 3 typischer stiller Gesellschafter    4.200 |  |  |  |
| = **Summe der Einkünfte** (§ 2 Abs. 2) | 270.000 | 95.000 | **365.000** |

\* Seit 01.01.2009 wird das zu versteuernde Einkommen grundsätzlich ohne die Einkünfte aus Kapitalvermögen ermittelt. Auf Antrag können Steuerpflichtige die Kapitaleinkünfte in die Ermittlung des zu versteuernden Einkommens einbeziehen (§ 32 d Abs. 4 und Abs. 6).

# Zusammenfassende Erfolgskontrolle zum 1. bis 6. Kapitel

| | Steuerpflichtige | § 13 | § 15 | § 18 |
|---|---|---|---|---|
| 1. | selbständiger Einzelhändler Marcus Simonis | | x | |
| 2. | selbständige Rechtsanwältin Alicia Jarzombek | | | x |
| 3. | selbständige Fachbuch-Autorin Alexandra Brücker-Lenz | | | x |
| 4. | selbständige Tierärztin Nicole Wingen | | | x |
| 5. | selbständige Handelsvertreterin Bianca Schmitz | | x | |
| 6. | selbständige Steuerberaterin Manuela Strub | | | x |
| 7. | selbständige Versicherungsberaterin Anja Ortmann | | x | |
| 8. | selbständige Insolvenzverwalterin Ute Henn | | | x |
| 9. | selbständige Hebamme Judith Doll | | | x |
| 10. | unechte stille Gesellschafterin Andrea Gückel | | x | |
| 11. | selbständige Friseurmeisterin Andrea Zimmerschied | | x | |
| 12. | selbständige Handelsmaklerin Regina Adams | | x | |
| 13. | OHG-Gesellschafterin Sandra Gohs | | x | |
| 14. | selbständige Großhändlerin Heike Schlich | | x | |
| 15. | selbständiger Winzer Karl Lotter | x | | |
| 16. | Kommanditistin Heike Schröder | | x | |
| 17. | selbständige Übersetzerin Monika Koschel | | | x |
| 18. | Aufsichtsratsmitglied Sandra Friderichs | | | x |
| 19. | selbständige Künstlerin Erika Murschel | | | x |
| 20. | selbständige Fußpflegerin Manuela Hermann | | x | |
| 21. | selbständige medizinische Fußpflegerin (Podologin) Ramona Illig | | | x |
| 22. | selbständiger Bezirksschornsteinfegermeister Thomas Krupski | | x | |

# 7 Gewinnermittlung durch Betriebsvermögens-
vergleich

**FALL 1**

zu a)

Aufgrund seines Handelsregistereintrages ist Tross **Kaufmann i.S.d. § 1 HGB** und nach § 238 Abs. 1 HGB **buchführungspflichtig** (handelsrechtlich). Die steuerrechtliche Buchführungspflicht ergibt sich aus § 140 AO. Tross muss seinen Gewinn nach **§ 5** (**Betriebsvermögensvergleich** unter besonderer Beachtung der handelsrechtlichen Bewertungsvorschriften) ermitteln. Er ist nicht von der Buchführungspflicht befreit, weil er an zwei aufeinander folgenden Abschlussstichtagen die Schwellenwerte des § 241a HGB überschritten hat.

zu b)

Steuerberater Gelhardt ist als **Freiberufler** mit Einkünften i.S.d. **§ 18** tätig. Er betreibt keinen Gewerbetrieb und besitzt nicht die Kaufmannseigenschaft. Er kann unabhängig von der Gewinn- bzw. Umsatzhöhe den Gewinn **ohne** Betriebsvermögensvergleich (**Einnahmenüberschussrechnung** nach **§ 4 Abs. 3**) ermitteln.

zu c)

Architekt Merder ist als **Freiberufler** mit Einkünften i.S.d. **§ 18** tätig. Er betreibt keinen Gewerbebetrieb und besitzt nicht die Kaufmannseigenschaft. Er führt jedoch **freiwillig Bücher**. Aus diesem Grunde muss er unabhängig von der Gewinn- bzw. Umsatzhöhe den Gewinn nach **§ 4 Abs. 1** (**Betriebsvermögensvergleich** ohne Beachtung der handelsrechtlichen Bewertungsvorschriften) ermitteln.

zu d)

Herr Rosenbaum besitzt keine Kaufmannseigenschaft i.S.d. HGB (aus handelsrechtlicher Sicht wäre evtl. zu prüfen, ob ein in kaufmännischer Weise eingerichteter Geschäftsbetrieb erforderlich ist). Es besteht keine Buchführungspflicht nach § 238 HGB und § 140 AO. Herr Rosenbaum ist jedoch **nach § 141 AO verpflichtet, Bücher zu führen** (Gewinngrenze überschritten). Er muss seinen Gewinn nach **§ 5** (**Betriebsvermögensvergleich** unter besonderer Beachtung der handelsrechtlichen Bewertungsvorschriften) ermitteln. Er ist nicht von der Buchführungspflicht befreit, weil er an zwei aufeinander folgenden Abschlussstichtagen die Schwellenwerte des § 241a HGB überschritten hat.

zu e)

Landwirt Harder betreibt keinen Gewerbetrieb und besitzt nicht die Kaufmannseigenschaft. Er führt jedoch **freiwillig Bücher**. Aus diesem Grunde muss er unabhängig von der Gewinn- bzw. Umsatzhöhe den Gewinn nach **§ 4 Abs. 1** (**Betriebsvermögensvergleich** ohne Beachtung der handelsrechtlichen Bewertungsvorschriften) ermitteln.

**FALL 2**

|   | | |
|---|---|---:|
| | BV 31.12.2018 | 56.000 € |
| | BV 31.12.2017 | 49.000 € |
| | Unterschiedsbetrag | + 7.000 € |
| + | Entnahmen 2018 | 36.800 € |
| – | Einlagen 2018 | 3.000 € |
| = | **Gewinn** aus Gewerbebetrieb 2018 | **40.800 €** |

# Zusammenfassende Erfolgskontrolle zum 1 bis 7. Kapitel

## FALL 1

| | | | Ehemann € | Ehefrau € | gesamt € |
|---|---|---|---|---|---|
| Einkünfte aus Gewerbebetrieb (§ 15) | | | | | |
| a) | BV am 31.12.2018 | 265.000 € | | | |
| | BV am 31.12.2017 | 135.000 € | | | |
| | Unterschiedsbetrag | 130.000 € | | | |
| + | Entnahme 2018 | 20.000 € | | | |
| – | Einlage 2018 | 30.000 € | | | |
| = | Gewinn 2018 | 120.000 € | 120.000 | | 120.000 |
| b) | Gewinnanteil KG | 250.000 € | | | |
| + | Gehalt | 70.000 € | | | |
| + | Zinsen | 16.000 € | | | |
| | | 336.000 € | | 336.000 | 336.000 |
| c) | Gewinnanteil als unechte stille Gesellschafterin | | | 6.000 | 6.000 |
| = | **Summe der Einkünfte** | | **120.000** | **342.000** | **462.000** |

## FALL 2

| | | € |
|---|---|---|
| Einkünfte aus Land- und Forstwirtschaft (§ 13) | | |
| a) | | |
| 9/12 von 48.000 € für 2017/2018 | 36.000 € | |
| 3/12 von 52.000 € für 2018/2019 | 13.000 € | 49.000 |
| Einkünfte aus Kapitalvermögen (§ 20)* | | |
| b) | | |
| Einkünfte als echter stiller Gesellschafter* | 4.600 € | |
| = **Summe der Einkünfte** | | **49.000** |

\* Seit 01.01.2009 wird das zu versteuernde Einkommen grundsätzlich ohne die Einkünfte aus Kapitalvermögen ermittelt. Auf Antrag können Steuerpflichtige die Kapitaleinkünfte in die Ermittlung des zu versteuernden Einkommens einbeziehen (§ 32 d Abs. 4 und Abs. 6).

# 8 Umfang des Betriebsvermögens

zu a)

**Pkw 1**    gehört zum (notwendigen) **Betriebsvermögen**, weil er ausschließlich betrieblich genutzt wird.

**Pkw 2**    gehört zum (notwendigen) **Betriebsvermögen**, weil er zu mehr als 50 % betrieblich genutzt wird.

**Pkw 3**    **kann** als (gewillkürtes) **Betriebsvermögen** behandelt werden, da die betriebliche Nutzung mindestens 10 % beträgt (aber nicht mehr als 50 %).
Der Steuerpflichtige kann jedoch die 1 %-Regelung **nicht** in Anspruch nehmen, weil das Kraftfahrzeug nicht zu mehr als 50 % betrieblich genutzt wird (§ 6 Abs. 1 Nr. 4 Satz 2).

**Pkw 4**    gehört zum (notwendigen) **Privatvermögen**, weil er zu weniger als 10 % betrieblich genutzt wird.

zu b)

Die Zahnärztin **kann** den Pkw als notwendiges **Betriebsvermögen** behandeln, **wenn** sie ihn in ihr betriebliches **Anlagenverzeichnis** (Bestandsverzeichnis) aufnimmt (BMF-Schreiben vom 17.11.2004, BStBl I 2004, S. 1064 f.).

zu c)

Nach R 4.2 Abs. 4 EStR 2012 kann ein Gebäude aufgrund unterschiedlicher Nutzung (eigen- oder fremdbetrieblich/eigene oder fremde Wohnzwecke) grundsätzlich in vier unterschiedliche Wirtschaftsgüter aufgeteilt werden (**gemischt genutztes Gebäude**).
Bei jedem Wirtschaftsgut (Gebäudeteil) ist die Vermögensart gesondert zu prüfen (Betriebs- oder Privatvermögen).
Das gemischt genutzte Gebäude des Herrn Emmerich hat folgende zwei Vermögensarten:

*   350 qm Nutzung zu eigenbetrieblichen Zwecken = **notwendiges Betriebsvermögen** (350.000,00 €)*

*   150 qm Nutzung zu eigenen Wohnzwecken = **notwendiges Privatvermögen** (150.000,00 €)*

zu d)

Der Pkw gehört zum (notwendigen) Betriebsvermögen des Steuerberaters, weil er zu mehr als 50 % betrieblich genutzt wird.

zu e)

Das der Ehefrau gehörende Grundstück gehört **nicht** zum Betriebsvermögen des Steuerberaters. Zu seinem Vermögen gehören nur Wirtschaftsgüter, die ihm gehören bzw. ihm wirtschaftlich zuzurechnen sind.

zu f)

Die Grundschuld gehört als negatives Wirtschaftsgut zum (notwendigen) Betriebsvermögen des Steuerberaters. Dem steht nicht entgegen, dass die dingliche Sicherung durch das private Einfamilienhaus erfolgt.

---

\* siehe R. 4.2 Abs. 6 und R 4.2 Abs. 7 EStR 2012

# 9 Bewertung des Betriebsvermögens

|  | Kaufpreis | ANK* | AK |
|---|---|---|---|
| Grundstück (20 %) | 100.000 € | 8.300 € | **108.300 €** |
| Gebäude (80 %) | 400.000 € | 33.200 € | **433.200 €** |
| Gesamt (100 %) | 500.000 € | 41.500 € | **541.500 €** |

* Hinweise zu den Anschaffungsnebenkosten (ANK):

* Die von anderen Unternehmern in Rechnung gestellte Vorsteuer zählt nicht zu den Anschaffungskosten/Anschaffungsnebenkosten (§ 9b Abs. 1).

* Die Kosten der Geldbeschaffung (1.250 + 5.000) zählen nicht zu den Anschaffungskosten/Anschaffungsnebenkosten. Zu den Anschaffungsnebenkosten (ANK) gehören: 25.000 € + 500 € + 1.000 € + 15.000 € = 41.500 €

Nach § 255 Abs. 1 HGB handelt es sich bei den Anschaffungskosten um Aufwendungen, die geleistet werden, um einen Vermögensgegenstand zu erwerben und ihn in einen betriebsbereiten Zustand zu versetzen. Die AK betragen:

|  |  |  |  |
|---|---|---|---|
| Kaufpreis |  |  | 20.000 € |
| + Anschaffungsnebenkosten |  |  |  |
| Fracht |  | 800 € |  |
| Transportversicherung |  | 200 € |  |
| Montagekosten |  | 1.500 € | 2.500 € |
|  |  |  | 22.500 € |
| - Anschaffungspreisminderungen |  |  |  |
| Skonto (2 % von 20.000 €) |  |  | - 400 € |
| = **Anschaffungskosten** |  |  | **22.100 €** |

Die Tatsache, dass die Rechnungen von verschiedenen Unternehmern stammen und teilweise noch nicht bezahlt sind, ist irrelevant.

|  | handelsrechtliche | steuerrechtliche |
|---|---|---|
|  | Wertuntergrenze | |
| Materialeinzelkosten | 400 € | 400 € |
| Fertigungseinzelkosten | 800 € | 800 € |
| Materialgemeinkosten | 80 € | 80 € |
| Fertigungsgemeinkosten | 960 € | 960 € |
|  | **2.240 €** | **2.240 €** |

Die nicht bilanzierten Kostenbestandteile mindern als Aufwand sofort den Gewinn. Für die Kosten der allgemeinen Verwaltung besteht handels- und steuerrechtlich ein Bewertungswahlrecht (§ 255 Abs. 2 Satz 3 HGB, § 6 Abs. 1 Nr. 1b). Das Wahlrecht ist in Übereinstimmung mit der Handelsbilanz auszuüben (§ 6 Abs. 1 Nr. 1b Satz 2).

## FALL 4

- **Handelsbilanz:** Bilanzansatz **750 €** (strenges Niederstwertprinzip, § 253 Abs. 4 HGB)
  **Steuerbilanz:**   Wahlrecht: Bilanzansatz **750 € oder 800 €** (§ 6 Abs. 1 Nr. 2 Satz 2)
- **Handels- und Steuerbilanz:** Bilanzansatz **900 €**, (Wertobergrenze bilden die Anschaffungskosten, § 253 Abs. 1 Satz 1 HGB und § 6 Abs. 1 Nr. 2 Satz 1)
- **Handels- und Steuerbilanz:** Bilanzansatz **500 €**. Ein Ansatz zum Nettoverkaufspreis ist nicht zulässig, da der Verkaufspreis über den Anschaffungskosten liegt. Oster würde nicht realisierte Gewinne ausweisen (§ 252 Abs. 1 Nr. 4 HGB).

## FALL 5

a)  **Handelsbilanz:** Bilanzansatz **15.000 €** (30.000 – 6.000 € – 9.000 €)
    (§ 253 Abs. 3 S. 3 HGB)
    **Steuerbilanz:** Bilanzansatz **24.000 €** (30.000 € – 6.000 €) oder mit **15.000 €** (Wahlrecht, § 6 Abs. 1 Nr. 2 Satz 2)

b)  Eine TW-Abschreibung ist steuerrechtlich **nicht** zulässig (§ 6 Abs. 1 Nr. 1 Satz 2).
    Handelsrechtlich ist eine außerplanmäßige Abschreibung ebenfalls **nicht** zulässig
    (§ 253 Abs. 3 S. 4 HGB). **Handels-und Steuerbilanz:** Bilanzansatz **24.000 €**.

## FALL 6

a)

|  | | |
|---|---|---:|
|  | Wert der übernommenen Vermögensgegenstände | 2.170.000 € |
| – | Wert der übernommenen Schulden | –1.840.000 € |
| = | Betriebsvermögen | 330.000 € |
|  | Kaufpreis | 450.000 € |
| – | Betriebsvermögen | – 330.000 € |
| = | **derivativer Firmenwert** | **120.000 €** |

b)  Der **derivative Firmenwert ist** in der **Steuerbilanz** zum 31.12.2018 zu aktivieren und innerhalb vor **15 Jahren** abzuschreiben (Aktivierungs**gebot**).
    Wertansatz 31.12.2018: 112.000 €.

c)  **Handelsrechtlich** muss der derivative Firmenwert ebenfalls aktiviert werden (Aktivierungs**gebot**, § 246 Abs. 1 Satz 4 HGB). Die allgemeinen Regelungen zur Zugangs- und Folgebewertung sind zu beachten (§ 253 Abs. 1 + 3 HGB). Der Firmenwert ist über 10 Jahre planmäßig abzuschreiben (§ 253 Abs. 3 Satz 3 HGB).
    Wertansatz 31.12.2018: 108.000 €.

## FALL 7

|  | Kaufpreis | Anschaffungsnebenkosten | Anschaffungskosten |
|---|---|---|---|
| Grund und Boden | 100.000 € | 10.170 € | 110.170 € |
| Lagerhalle | 300.000 € | 30.510 € | **330.510 €** |
| Gesamt | 400.000 € | 40.680 €* | 440.680 € |

\* (20.000 € GrESt + Notar 7.650 € + Grundbuch 1.030 € + Makler 12.000 € = 40.680 €)

3 % von **330.510 €** = 9.915,30 € x ³/₁₂ = **2.478,83 €** (§ 7 Abs. 4 Nr. 1) AfA 2018

**FALL 8**

Die steuerrechtlich höchstzulässige (lineare) AfA für 2018 beträgt **8.333 €** (2 % von 1.000.000 € = 20.000 € x ⁵⁄₁₂ = 8.333 €).
Die degressive Gebäude-AfA ist nicht möglich, weil das Gebäude **nicht vor dem 01.01.2006** angeschafft worden ist (§ 7 Abs. 5 Nr. 3c). Außerdem wurde das Gebäude nicht im Jahr der Fertigstellung erworben (§ 7 Abs. 5 Satz 1).

**FALL 9**

| Anlagegut | AfA-Satz | Linearer AfA-Betrag des 1. Jahres |
|---|---|---|
| A | 20 % | 4.000 € |
| B | 25 % | 1.667 €* |
| C | 8 ⅓ % | 389 €* |
| D | 5 % | 209 €* |
| E | 10 % | 480 € |

\* aufgerundet

**FALL 10**

| Bezeichnung | € | Bemerkung |
|---|---|---|
| AK 2015 | 400.000 | |
| - lineare AfA 2015 | 50.000 | 12,5 % (§ 7 Abs. 1 EStG) |
| = RBW* 2015 | 350.000 | |
| - lineare AfA 2016 | 50.000 | |
| - TW-AfA 2016 | 200.000 | § 6 Abs. 1 Nr. 1 S. 2 EStG, § 7 Abs. 1 Satz 7 EStG |
| = RBW 2016 | 100.000 | = Teilwert |
| - lineare AfA 2017 | 16.667 | (100.000 € : 6 = 16.667 €) |
| + Zuschreibung 2017 | 80.000 | § 6 Abs. 1 Nr. 1 Satz 4 EStG |
| = RBW 2017 | 163.333 | |
| - lineare AfA 2018 | 32.667 | (163.333 € : 5 = 32.667 €) |
| = RBW 2018 | 130.666 | |

\* RBW = Restbuchwert

Zuschreibungsobergrenze zum 31.12.2018 wären die fortgeführten Anschaffungs- bzw. Herstellungskosten in Höhe von 200.000 €.

**F A L L   1 1**

| Urspr. Bruttopreis (119 %) | 1.140,00 € |
|---|---|
| − USt (19 %) | − 182,02 € |
| = Urspr. Nettopreis (Listeneinkaufspreis; 100 %) | = 957,98 € |
| − Rabatt (15 %) | − 143,70 € |
| = Verbleiben (Zieleinkaufspreis; 85 % → 100 %) | = 814,28 € |
| − Skonto (2 %) | − 16,28 € |
| = Anschaffungskosten (Bareinkaufspreis; 98 %) | = **798,00 €** |

Die Anschaffungskosten betragen 798,00 €, d.h., es liegt ein GWG i.S.d. § 6 Abs. 1 vor. Geringwertige Wirtschaftsgüter mit AK/HK bis 800,00 € Euro **können** im Jahr der Anschaffung in voller Höhe als Betriebsausgabe abgezogen werden.
Da Herr Puhl einen möglichst niedrigen steuerlichen Gewinn anstrebt, beträgt der Ansatz in der Steuerbilanz dieses Wirtschaftsguts **0 €**.

**F A L L   1 2**

a) **Ja**, weil das Größenmerkmal nach § 7g Abs. 1 Satz 2 Nr. 1a mit 235.000 € nicht überschritten ist.

b) 57.120 € brutto : 1,19 = 48.000 € netto = Anschaffungskosten. Herr Berg kann in 2018 einen Investitionsabzugsbetrag in Höhe von **19.200 €** (40 % von 48.000 €) in Anspruch nehmen (§ 7g Abs. 1 Satz 1). Der Abzugsbetrag wird außerbilanziell gewinnmindernd berücksichtigt.

**F A L L   1 3**

a) 38.080 € brutto : 1,19 = 32.000 € netto = Anschaffungskosten
Der Investitionsabzugsbetrag beträgt in 2018 **12.800 €** (40 % von 32.000 €).

b) 

| | AK in 2021 | 30.000 € | (35.700 € : 1,19) |
|---|---|---|---|
| − | **Kürzungsbetrag** (7g Abs. 2 Satz 2) | − 12.000 € | **(40 % von 30.000 €)** |
| = | AfA-Bemessungsgrundlage | 18.000 € | |

In 2018 ist ein Investitionsabzugsbetrag in Höhe von 12.800 € (40 % von 32.000 €) gewinnmindernd außerbilanziell in Anspruch genommen worden.
In 2021 kann der Investitionsabzugsbetrag in Höhe von 12.000 € (40 % von 30.000 €) dem Gewinn außerbilanziell hinzugerechnet werden (§ 7g Abs. 2 Satz 1). Neben der planmäßigen Abschreibung kann im Jahr der Anschaffung und in den vier folgenden Jahren eine Sonderabschreibung von insgesamt 20 % der Anschaffungskosten vorgenommen werden.
In Höhe der Differenz zwischen dem ursprünglich geplanten Investitionsabzugsbetrag (12.800 €) und dem tatsächlichen Investitionsabzugsbetrag (12.000 €) ist der Gewinn rückwirkend im Steuerbescheid für 2018 um **800 €** (12.800 € − 12.000 €) **zu erhöhen** (Kürzung des Abzugsbetrags 2018 um 800 € gem. § 7g Abs. 3).
Ab 01.04.2019 ist eine **Verzinsung** der **Steuernachzahlung** nach § 233a AO vorzunehmen (0,5 % für jeden vollen Monat; siehe BMF-Schreiben vom 15.08.2014, BStBl. I 2014, S. 1174).

## FALL 14

a) Der in 2017 gewinnmindernd (außerbilanziell) in Anspruch genommene Investitionsabzugsbetrag i. H. v. 80.000 € kann in 2018 wieder gewinnerhöhend (außerbilanziell) hinzugerechnet werden (§ 7g Abs. 2 Satz 1).

b) und c)

|   | AK in 2018 | 220.000 € | |
|---|---|---|---|
| - | **Kürzungsbetrag** (7g Abs. 2 S. 2) | - **80.000 €** | (40 % von 200.000 €) |
| = | AfA-Bemessungsgrundlage | 140.000 € | |
|   | lineare AfA | - **2.593 €** | (11,11 % v. 140.000 € x ²/₁₂) |
|   | Sonder-AfA | - **28.000 €** | (20 % von 140.000 €) |
|   | Restbuchwert 31.12.2018 | 109.407 € | |

## FALL 15

a) In 2018 kann der zuvor in Anspruch genommene Investitionsabzugsbetrag in Höhe von 12.000 € (40 % von 30.000 €) gewinnerhöhend hinzugerechnet werden (§ 7g Abs. 2 Satz 1).

b) Justus Frank kann in 2018 die Sonderabschreibung nach § 7g Abs. 5 in Anspruch nehmen, weil eine fast ausschließliche betriebliche Nutzung – bei einer privaten Nutzung bis einschließlich 10 % – vorliegt.

c) und d)

|   | AK in 2018 | 30.000 € | |
|---|---|---|---|
| - | **Kürzungsbetrag** (7g Abs. 2 S. 2) | - **12.000 €** | |
| = | AfA-Bemessungsgrundlage | 18.000 € | |
|   | lineare AfA in 2018 | - **250 €** | (16 ⅔ % v. 18.000 € x ¹/₁₂) |
|   | Sonder-AfA in 2018 | - **3.600 €** | (20 % von 18.000 €) |
|   | Restbuchwert 31.12.2018 | 14.150 € | |

## FALL 16

|   |   |   |   |
|---|---|---|---|
|   | vorläufiger Gewinn | | 60.000 € |
| - | a) Teilwert-AfA § 6 Abs. 1 Nr. 2 (10.000 – 8.378) | - | 1.622 € |
| - | b) AfA § 7 Abs. 1 (16 2/3 % für 4 Monate) | - | 140 € |
| + | c) Zuschreibung § 6 Abs. 1 Nr. 2 S. 3 i. V. m. Nr. 1 S. 4 | + | 10.000 € |
| = | endgültiger Gewinn | | **68.238 €** |

## FALL 17

- Das Darlehen ist am 31. Dezember 2018 mit seinem Erfüllungsbetrag (Rückzahlungsbetrag) in Höhe von **50.000 €** zu passivieren (§ 253 Abs. 1 Satz 2 HGB, § 6 Abs. 1 Nr. 3).

- Das Damnum (bzw. Disagio) ist **steuerlich** mit 2.500 € (5 % v. 50.000,00 €) zu aktivieren und anschließend über die Laufzeit des Darlehens zu verteilen/abzuschreiben [aktiver Rechnungsabgrenzungsposten, § 5 Abs. 5 Satz 1 Nr. 1, H 6.10 (Damnum) EStH]. **Handelsrechtlich** besteht ein **Wahlrecht** (§ 250 Abs. 3 Satz 1 HGB). Das Damnum kann entweder **in Übereinstimmung mit der steuerlichen Behandlung** aktiviert und über die Kreditlaufzeit abgeschrieben werden. **Alternativ** kann das Damnum handelsrechtlich auch im Jahr der Kreditauszahlung **vollständig als Aufwand** in der GuV erfasst werden.

- Der Abschreibungsbetrag beträgt bei gleichmäßiger Verteilung über 10 Jahre **250 €** pro Jahr.
  [Damnum (bzw. Disagio) = Zinsvorauszahlung für 10 Jahre! Als mögliche Verteilungsmethoden kommen grundsätzlich in Betracht: lineare (gleichmäßige), arithmetisch-degressive und geometrisch-degressive Verteilung (vgl. auch Buchführung 2, 30. Auflage 2019, Seite 190 ff.)].

## FALL 18

a) Der Mantel ist mit Wiederbeschaffungspreis (= Teilwert) von **230 €** zu bewerten (§ 6 Abs. 1 Nr. 4 Satz 1).

b) Der Pkw ist mit dem Verkaufspreis (= Teilwert) von **2.500 €** zu bewerten (§ 6 Abs. 1 Nr. 4 Satz 1).

## FALL 19

a) Der **eingelegte Teppich** ist mit seinem Teilwert von **4.500 €** zu bewerten. Der Zeitraum zwischen Einlage und privater Anschaffung ist länger als drei Jahre (§ 6 Abs. 1 Nr. 5). Der **entnommene Teppich** ist ebenfalls mit seinem Teilwert von **4.800 €** zu bewerten (§ 6 Abs. 1 Nr. 4 Satz 1).

b) Die **Einlage** ist **erfolgsneutral**.
   Bei der **Entnahme** entsteht ein **Entnahmegewinn** (Aufdeckung stiller Reserven), der wie folgt berechnet wird:

| | |
|---|---:|
| Teilwert im Entnahmezeitpunkt | 4.800 € |
| − Buchwert im Zeitpunkt der Entnahme | |

| | |
|---|---:|
| AK | 5.000 € |
| AfA 2011 (10 % von 5.000 € für 6 Monate) | 250 € |
| − AfA 2012 (10 % von 5.000 €) | 500 € |
| − AfA 2013 (10 % von 5.000 €) | 500 € |
| − AfA 2014 (10 % von 5.000 €) | 500 € |
| − AfA 2015 (10 % von 5.000 €) | 500 € |
| − AfA 2016 (10 % von 5.000 €) | 500 € |
| − AfA 2017 (10 % von 5.000 €) | 500 € |
| AfA 2018 (10 % von 5.000 € x $^{8}/_{12}$) | 333 € |
| | 1.417 € |
| **Entnahmegewinn** (Aufdeckung stiller Reserven) | **3.383 €** |

# Zusammenfassende Erfolgskontrolle zum 1. bis 9. Kapitel

| Tz. | Bezeichnung | +/- | € |
|---|---|---|---|
| | vorläufiger Gewinn | | 300.000 |
| 1 | ANK kein Aufwand! § 255 Abs. 1 HGB | + | 8.750 |
| 2 | Gebäude-AfA (2 % v. 300.000 € für 4 Monate) § 7 Abs. 4 Nr. 2a | – | 2.000 |
| 3 | zeitanteilige lin. AfA (10 % v. 40.000 € für 4 Monate) = 4.000 € x 4/12) R 7.4 Abs. 8 EStR 2012 | – | 1.333 |
| 3 | Veräußerungsgewinn (aufgedeckte stille Reserven) = Erlös – Restbuchwert (34.000 € – 32.334 €) (AK 40.000 € – AfA 2016 2.333 € – AfA 2017 4.000 € – AfA 2018 1.333 € = Restbuchwert 32.334 €). | + | 1.666 |
| 4 | AfA (11,11 % v. 129.600 € für 3 Monate) § 7 Abs. 1 | – | 3.600 |
| 5 | ANK kein Aufwand! § 255 Abs. 1 HGB | + | 30 |
| 5 | GWG § 6 Abs. 2 | – | 430 |
| 6 | Ansatz des niedrigeren Teilwerts/beizulegenden Werts § 6 Abs. 1 Nr. 2 Satz 2/§ 253 Abs. 4 HGB | – | 5.000 |
| 7 | Damnum in Höhe von 20.000 € ist auf 10 Jahre zu verteilen [H 6.10 (Damnum) EStH]. Das Disagio ist arithmetisch-degressiv abzuschreiben: 20.000 € x 10/55 = 3.636 € (20.000 € – 3.636 €). 1. Jahr 10/55, 2. Jahr 9/55, 3. Jahr 8/55, 4. Jahr 7/55 usw. [Damnum (bzw. Disagio) = Zinsvorauszahlung für 10 Jahre! Als mögliche Verteilungsmethoden kommen grundsätzlich in Betracht: lineare (gleichmäßige), arithmetisch-degressive und geometrisch-degressive Verteilung (vgl. auch Buchführung 2, 30. Auflage 2019, Seite 190 ff.)] | + | 16.364 |
| | endgültiger Gewinn | = | **314.447** |

# 10 Gewinnermittlung ohne Betriebsvermögensvergleich

**FALL 1**

| Tz. | Betriebseinnahmen | Betriebsausgaben |
|---|---|---|
| 1. | **1.190 €**<br>Übergabe des Schecks (31.12.18) gilt als Zufluss H 11 „Scheck" EStR. | |
| 2. | | **750 €** GWG (850 € – 100 €) i. S. d. § 6 Abs. 2 EStG = BA<br>Vorsteuer bei Zahlung BA: **142,50 €**<br>(161,50 € – 19,00 €) |
| 3. | | **1.200 €**<br>Vorauszahlungen sind im Zeitpunkt der Zahlung abziehbar (kein aktiver RAP). |
| 4. | **1.000 €**<br>Investitionsabzugsbetrag aus 2017 = Betriebseinnahme im Zeitpunkt der Anschaffung in 2018 (§ 7g Abs. 2) | **1.000 €** Herabsetzung der AfA-BMG nach § 7g Abs. 2 Satz 2, siehe unten *<br>**1.000 €** Sonder-AfA nach § 7g Abs. 5 im Zeitpunkt der Anschaffung abziehbar (20 % von 5.000 €).<br>**1.140 €**<br>Vorsteuer ist bei Zahlung BA (§ 11).<br>**55 €**<br>lineare AfA: 100 : 23 = 4,35 % =<br>von 5.000 € (6.000 € – 1.000 €)<br>= 218 € x 3/12 = 55 € (gerundet) |
| 5. | | **1.250 €**<br>Miete ist regelmäßig wiederkehrende Ausgabe. Zahlung und Fälligkeit erfolgt innerhalb kurzer Zeit (10 Tage). |
| 6. | **500 €**<br>Privatentnahme erfolgt mit dem TW.<br>**95 €**<br>19 % von 500 € = 95 € | **1 €**<br>Restbuchwert = BA. |

**F A L L  2**

| Nr. | Vorgänge | Betriebseinnahmen + € | Betriebseinnahmen ./. € | Betriebsausgaben + € | Betriebsausgaben ./. € |
|---|---|---|---|---|---|
| | Ausgangswerte | 149.129 | | 100.480 | |
| 1. | Das Kopiergerät ist ein GWG i. S. d. § 6 Abs. 2 EStG. BA sind richtig erfasst. | | | | |
| 2. | Nutzungsentnahme und USt auf die unentg. Leistungen sind als BE anzusetzen: 1 % von 50.000 € x 12 = 6.000 € 19 % USt von 4.800 € (6.000 − 1.200) | 6.000 912 | | | |
| 3. | 0,03 % v. 50.000 = 15 € x 20 = 300 € −15 x 20 x 0,30 = **− 90 €** = positiver Unterschied f. 1 M. 210 € nicht abz. BA für 1 Jahr x 12 = 2.520 § 4 Abs. 5 Nr. 6 | 2.520 | | | |
| 4. | VoSt ist bei Zahlung BA. Die lineare AfA nach § 7 beträgt 25 % von 3.000 € = 750 € x $\frac{8}{12}$ = 500 € | | | 570 500 | |
| 5. | Anzahlung für Waren („Umlaufvermögen") ist im Zeitpunkt der Zahlung BA. | | | 2.000 | |
| 6. | Geschenke, die der Stpfl. mit Rücksicht auf die geschäftlichen Beziehungen erhält, sind BE. lineare Jahres-AfA nach § 7: 25 % von 10.000 € = 2.500 € Pütz kann die volle Jahres-AfA als BA absetzen (2.500 € x $\frac{12}{12}$) | 10.000 | | 2.500 | |
| 7. | Die Miete gehört als regelmäßig wiederkehrende BA ins neue Jahr. Fälligkeit und Zahlung innerhalb +/− 10-Tage-Zeitraum. | | | | 1.500 |
| 8. | Gewerbesteuerabschlusszahlung ist keine BA (§ 4 Abs. 5b). | | | | 2.331 |
| | | 168.561 | — | 106.050 − 3.831 | 3.831 |
| | Betriebseinnahmen | 168.561 | | 102.219 | |
| | − Betriebsausgaben | 102.219 | | | |
| | = **berichtigter Gewinn** | **66.342** | | | |

**F A L L  3**

| Nr. | Vorgänge | Betriebseinnahmen + € | Betriebseinnahmen ./. € | Betriebsausgaben + € | Betriebsausgaben ./. € |
|---|---|---|---|---|---|
| | Ausgangswerte | 200.450 | | 119.580 | |
| 1. | Darlehensaufnahme stellt keine BA dar. Das Damnum wurde richtig als BA erfasst. | | | | |
| 2. | Der Wareneinkauf ist noch keine BA, da die Rechnung noch nicht bezahlt ist. Die EUSt ist bei Zahlung eine BA. | | | 1.045 | |
| 3. | Geschenk über 35 Euro ist eine nichtab-zugsfähige BA (§ 4 Abs. 5 Nr. 1). Die VoSt ist nicht abzugsfähig. | | | | 119 |
| 4. | Aufmerksamkeiten sind bis 60 € brutto als BA absetzbar (R 19.6 Abs. 1 LStR 2015). | | | 39 | |
| 5. | Verkauf der Ford. ist eine BE. Forderungsausfall ist keine BA. | 2.100 | | | 280 |
| 6. | Warenver ust ist keine BA. Versicherungsleistung ist eine BE. | 1.800 | | | |
| 7.a) | VoSt ist als BA abzugsfähig. Investitionsabzugsbetrag (40 % von 52.550 €* = 21.020 €) = BE Herabsetzung der AfA-BMG nach § 7g Abs. 2 lineare AfA: 16 ⅔ % v. 31.530 € (52.550 – 21.020) x 5/12 = 1.752 € Sonder-AfA: 20 % von 31.530 € * 52.300 € + 250 € = 52.550 € | 21.020 | | 9.937  21.020  1.752 6.306 | |
| b) | Restbuchwert = BA Inzahlungnahme = BE | 10.000 | | 9.000 | |
| 8.a) | Zinsen sird regelmäßig wiederkehrende BE. Fälligkeit und Zahlung innerhalb +/- 10 Tagen | 460 | | | |
| b) | Kfz-Versicherung ist als regelmäßig wiederkehrende BA in 2019 abzugsfähig (§ 11). Fälligkeit und Zahlung innerhalb +/- 10 Tagen. | | | | |
| | | 235.830 | — | 168.679 - 399 | 399 |
| | Betriebseinnahmen | 235.830 | | 168.280 | |
| | - Betriebsausgaben | 168.280 | | | |
| | = **berichtigter Gewinn** | **67.550** | | | |

# Zusammenfassende Erfolgskontrolle zum 1. bis 10. Kapitel

## FALL 1

| | | Ehemann € | Ehefrau € | gesamt € |
|---|---|---:|---:|---:|
| | Einkünfte aus selbständiger Arbeit (§ 18) | | | |
| | BE Arztpraxis (Tz. 1) | 259.920 | | |
| − | BA Arztpraxis (Tz. 2) | 125.570 | | |
| | vorläufiger Gewinn | 134.350 | | |
| + | Med. Geräte | + 2.400 | | |
| − | Investitionsabzugsbetrag nach § 7g Abs. 1 (40 % von 2.400 €) Die AfA kann erst im Jahr der Anschaffung (2019) als BA vorgenommen werden. Die Zahlung in 2018 ist irrelevant § 9a EStDV. | − 960 | | |
| +/− | Computer (Tz. 2.2 b) ist bereits in den BA enthalten. Er wurde bei der Anschaffung 2018 als (GWG) abgesetzt. (§ 6 Abs. 2 EStG) | 0 | | |
| + | Darlehensrückzahlung (Tz. 2.3) keine BA | + 4.000 | | |
| | Gewinn Arztpraxis | 139.790 | | |
| | Gewinn schriftstl. Tätigkeit | 40.000 | 179.790 | | 179.790 |
| | Einkünfte aus V und V (§ 21) | | | |
| | ZFH der Ehefrau | | | 18.500 | 18.500 |
| = | **Summe der Einkünfte** | | 179.790 | 18.500 | **198.290** |

**F A L L  2**

| Tz. | Vorgänge | Betriebs-einnahmen € | Betriebs-ausgaben € |
|---|---|---|---|
| 1. | Vorsteuer = Betriebsausgabe<br>19 % von 7.800 € (8.000 € - 200 €)<br>Herabsetzung der AfA-BMG nach § 7g Abs. 2<br>lineare AfA nach § 7 Abs. 2 = BA<br>(10 % von 5.000 €* = 500 € x ⁵⁄₁₂)<br>Sonder-AfA nach § 7g Abs. 5 = BA (20 % von 5.000 €)<br>  * 7.800 € - 2.800 €<br>Investitionsabzugsbetrag = BE (40 % von 7.000 €) | 2.800 | 1.482<br>2.800<br><br>208<br>1.000 |
| 2. | gezahlte Umsatzsteuer = BA | | 2.260 |
| 3a | AfA + Restbuchwert = BA (600 € + 1.200 €) | | 1.800 |
| 3b | Das Büromaterial wurde bereits zum Zeitpunkt der Bezahlung als Betriebsausgabe erfasst.<br>Keine Auswirkung | | 0 |

# 11  Überschusseinkünfte

## 11.1  Einkünfte aus nichtselbständiger Arbeit (§ 19 EStG)

**F A L L  1**

| | | Arbeitnehmer |
|---|---|---|
| 1. | Die Auszubildende A ist bei einem Steuerberater tätig und bezieht für ihre Tätigkeit eine Ausbildungsvergütung. | ja |
| 2. | Studienrat B ist als Beamter beim Land Rheinland-Pfalz tätig und bezieht für seine Tätigkeit ein Gehalt. | ja |
| 3. | C erhält als Ruhestandsbeamter vom Land Nordrhein-Westfalen eine Pension. | ja |
| 4. | D erhält als Rentner eine Altersrente aus der gesetzlichen Rentenversicherung. | nein |
| 5. | E erhält seit Vollendung seines 65. Lebensjahres aus der betrieblichen Pensionskasse e. V. der X-AG aufgrund seiner früheren Beitragsleistungen eine Rente. | nein |
| 6. | F bezieht als ehemaliger leitender Angestellter von seinem früheren Arbeitgeber eine Pension. Die Pension beruht **nicht** auf früheren Beitragsleistungen des F. | ja |
| 7. | Witwe G bezieht nach dem Tode ihres Ehemannes, der beim Finanzamt als Beamter tätig war, eine Witwenpension. | ja |
| 8. | Witwe H bezieht nach dem Tode ihres Ehemannes, der beim Finanzamt als Angestellter tätig war, eine Witwenrente. | nein |
| 9. | Frau Dr. I bezieht als angestellte Ärztin bei der Universitätsklinik Köln ein Gehalt. | ja |

**FALL 2**

|  |  | Arbeits-lohn |
|---|---|---|
| 1. | Goldmünzen (Sachbezüge) | ja |
| 2. | kostenlose Zurverfügungstellung des Tischtennisraumes | nein |
| 3. | Blumenstrauß (Aufmerksamkeit bis 60 Euro brutto steuerfrei) | nein |
| 4. | Barlohn und freie Kost (Sachbezüge) | ja |
| 5. | Pension | ja |
| 6. | Ausbildungsvergütung | ja |
| 7. | Vertreterprovision (Betriebseinnahmen) | nein |
| 8. | Barlohn und freie Wohnung (Sachbezüge) | ja |
| 9. | Seminar (betriebliche Fortbildungsleistung) | nein |

**FALL 3**

zu a)

Der monatliche **Sachbezugswert** beträgt **2018**:

| | |
|---|---|
| für Unterkunft | 226,00 € |
| für Verpflegung (**Monatswert**) | 246,00 € |
| **geldwerter Vorteil** insgesamt | 472,00 € |

zu b)

| | | | |
|---|---|---|---|
| | Bruttogehalt | | 2.856,00 € |
| + | Sachbezug (**Unterkunft**) | | **226,00 €** |
| + | Sachbezug (**Verpflegung**), netto | 206,72 € | |
| | + USt | 39,28 € | **246,00 €** |
| = | steuer- und sozialversicherungspflichtiger **Arbeitslohn** | | **3.328,00 €** |

**FALL 4**

| | | |
|---|---|---|
| | **geldwerte Vorteile für Privatfahrten** (1 % von 38.700 €*) = 387,00 €) | 387,00 € |
| | **Zuschlag für Fahrten zwischen Wohnung und Arbeitsstätte** (0,03 % von 38.700 € x 30 km) | 348,30 € |
| = | **geldwerter Vorteil insgesamt** | **735,30 €** |

\* 38.766 € sind auf volle 100 Euro abzurunden = 38.700 € (R. 8.1 Abs. 9 Nr. 1 Satz 6 LStR 2015).

**FALL 5**

| | |
|---|---|
| Wohnzimmerschrank-Endpreis | 7.500,00 € |
| − 4 % von 7.500 € | − 300,00 € |
| geminderter Endpreis | 7.200,00 € |
| − bezahlter Preis des Arbeitnehmers | − 5.000,00 € |
| Arbeitslohn | 2.200,00 € |
| − Rabatt-Freibetrag (§ 8 Abs. 3) | − 1.080,00 € |
| = **geldwerter Vorteil** | **1.120,00 €** |

**FALL 6**

| | |
|---|---|
| Versorgungsbezüge für 12 Monate: | |
| Ruhegehalt (12 x 800 €) | 9.600 € |
| Weihnachtsgeld | 500 € |
| Bemessungsgrundlage: | 10.100 € |

| | |
|---|---|
| **Versorgungsfreibetrag** | |
| (Siehe Tabelle in § 19 Abs. 2 Satz 3): | |
| 40 % von 8.000 € = 3.200 €, höchstens | 3.000 € |
| **Zuschlag** zum Versorgungsfreibetrag | 900 € |
| insgesamt | **3.900 €** |

Der Versorgungsfreibetrag ist in Höhe von 3.900 € festgeschrieben. Die Einkünfte belaufen sich auf 6.098 € (10.100 € − 3.900 € − 102 €).

**FALL 7**

| | |
|---|---|
| Versorgungsbezüge (3 x 1.000 €) | 3.000 € |
| Bemessungsgrundlage (12 x 1.000 €) | 12.000 € (§ 19 Abs. 2 S. 4 Buchst. b) |

| | |
|---|---|
| **Versorgungsfreibetrag**: | |
| 19,2 % von 12.000 € = 2.304 €, höchstens | 1.440 € |
| **Zuschlag** zum Versorgungsfreibetrag | 432 € |
| Summe | 1.872 € |
| anteilig zu gewähren mit 3/12 = (1.872 € x 3/12) | **468 €** |
| (§ 19 Abs. 2 S. 12) | |

Der jährliche Freibetrag von **1.872 €** (1.440 € + 432 €) aus dem Jahr 2018 wird bis ans Lebensende des Jochen Niedersberg festgeschrieben (§ 19 Abs. 2 Satz 8).

## FALL 8

zu a)

| | | |
|---|---|---|
| Versorgungsbezüge (12 x 670 €) | 8.040 € | |
| Bemessungsgrundlage (12 x 600 €) | 7.200 € | (§ 19 Abs. 2 Satz 4 Buchst. b) |

**Versorgungsfreibetrag**:
24,0% von 7.200 € = 1.728 €, höchstens 1.800 €    1.728 €
**Zuschlag** zum Versorgungsfreibetrag    540 €

Summe    **2.268 €**

Der jährliche Freibetrag von **2.268 €** (1.728 € + 540 €) aus dem Jahr 2015 wird bis ans Lebensende des Manfred Schneider festgeschrieben (§ 19 Abs. 2 Satz 8).

zu b)

8.040 € (Versorgungsbezüge) – 2.268 € (Versorgungsfreibetrag) – 102 € (Werbungs-kostenpauschbetrag) = **5.670 €**

## FALL 9

Die **Entfernungspauschale** beträgt für den VZ 2018:
240 Arbeitstage x 14 km x 0,30 € =    **1.008 €**

## FALL 10

Die **Entfernungspauschale** beträgt für den VZ 2018:
240 Arbeitstage x 14 km x 0,30 € =    **1.008 €**

## FALL 11

Die **Entfernungspauschale** beträgt für den VZ 2018:
230 Arbeitstage x 30 km x 0,30 € =    **2.070 €**
Es gelten die vollen km der Entfernung (§ 9 Abs. 1 Nr. 4 S. 2).

## FALL 12

| | | |
|---|---|---|
| Ehemann: | 230 Arbeitstage x 20 km x 0,30 € = | 1.380 € |
| Ehefrau: | 230 Arbeitstage x 20 km x 0,30 € = | 1.380 € |
| insgesamt | | **2.760 €** |

**FALL 13**

|  | | € |
|---|---|---|
| Bruttogehalt i.S.d. § 19 Abs. 1 | 29.400 € | |
| − Werbungskosten: | | |
| 130 Tage x 25 km x 0,30 € = 975 € | | |
| Entfernungspauschale niedriger als WKP | − 1.000 € | 28.400 |
| Versorgungsbezüge i.S.d. § 19 Abs. 2 | | |
| Pension für 5 Monate (5 x 2.700 €) | 13.500 € | |
| Bemessungsgrundlage (12 x 2.700 €) 32.400 € | | |
| (§ 19 Abs. 2 Satz 4 Buchst. b) | | |
| − **Versorgungsfreibetrag**: | | |
| 19,2 % von 32.400 € = 6.221 €, höchstens | 1.440 € | |
| **Zuschlag** zum Versorgungsfreibetrag | 432 € | |
| | 1.872 € | |
| anteilig: 1.872 € x $\frac{5}{12}$ (§ 19 Abs. 2 Satz 12) = | − 780 € | |
| = steuerpflichtiger Teil der Versorgungsbezüge | 12.720 € | |
| − Werbungskosten-Pauschbetrag (§ 9a Satz 1 Nr. 1b) | − 102 € | 12.618 |
| = Einkünfte aus nichtselbständiger Arbeit im VZ 2018 | | **41.018** |

## 11.2 Einkünfte aus Kapitalvermögen (§ 20 EStG)

**FALL 1**

zu a)

| | | € |
|---|---|---|
| | Netto-Dividende (73,625 % der Brutto-Dividende) | 883,50 |
| + | Kapitalertragsteuer (25 % von 1.200 €) | 300,00 |
| + | Solidaritätszuschlag (5,5 % von 300 €) | 16,50 |
| = | **Brutto-Dividende** | **1.200,00** |

zu b)

Durch die Abgeltungsteuer sind die steuerpflichtigen Einnahmen abschließend abgegolten, sodass grundsätzlich keine Pflicht besteht, diese Erträge in der Steuererklärung anzugeben. Falls der Sparer-Pauschbetrag noch nicht vollständig ausgenutzt wurde, empfiehlt sich die Veranlagung (§ 32d Abs. 4). Eventuell große Veranlagungsoption prüfen, falls persönlicher Einkommersteuersatz (Grenzsteuersatz) geringer als 25 %.

**FALL 2**

zu a)

Die **Brutto-Dividende** beträgt **3.000 €** (2.160,16 € : 72,0049 % x 100 % = 3.000 €).

zu b)

Durch die Abgeltungsteuer sind die steuerpflichtigen Einnahmen abschließend abgegolten, sodass sie im Rahmen der Veranlagung nicht mehr zu erklären sind. Gegebenenfalls § 32d Abs. 4 oder § 32d Abs. 6 prüfen.

**FALL 3**

zu a)

| | | | € |
|---|---|---|---|
| | Bankgutschrift (73,625 % der Brutto-Einnahme) | 7.000,00 € | |
| + | Kapitalertragsteuer (25 % von 9.507,64 €) | 2.376,91 € | |
| + | Solidaritätszuschlag (5,5 % von 2.376,91 €) | 130,73 € | |
| = | **steuerpflichtige Einnahme** aus Kapitalvermögen | | **9.507,64** |

zu b)

Durch die Abgeltungsteuer sind die steuerpflichtigen Einnahmen abschließend abgegolten, sodass sie im Rahmen der Veranlagung nicht mehr zu erklären sind. Falls der Sparer-Pauschbetrag noch nicht ausgenutzt wurde, empfiehlt sich die Veranlagung (§ 32d Abs. 4 oder § 32d Abs. 6).

**FALL 4**

zu a)

Nach § 20 Abs. 1 Nr. 6 Satz 1 betragen die steuerpflichtigen Einnahmen aus Kapitalvermögen 30.000 € (90.000 € – 60.000 €).

zu b)

Nein, die Erträge fallen unter den abgeltenden Steuersatz von 25 % (§ 32d Abs. 2 Nr. 2), da der Steuerpflichtige die Versicherungsleistung mit dem 52. Lebensjahr erhält.

## FALL 5

zu a)

Die **Brutto-Zinsen** betragen **8.589,47 €** (6.200 € : 72,1814 x 100 = 8.589,47)

zu b)

Durch die Abgeltungsteuer sind die Zinsen abschließend abgegolten, sodass sie im Rahmen der Veranlagung nicht mehr zu erklären sind. Falls der Sparer-Pauschbetrag noch nicht ausgenutzt wurde, empfiehlt sich die Veranlagung (§ 32d Abs. 4 oder § 32d Abs. 6).

## FALL 6

zu a)

|   | | |
|---|---|---:|
| | Veräußerungspreis | 45.000 € |
| − | Veräußerungskosten | − 1.200 € |
| − | Anschaffungskosten | − 35.000 € |
| = | **Veräußerungsgewinn** | **8.800 €** |

zu b)

Der Veräußerungsgewinn i.H.v. 8.800 € ist **steuerpflichtig** und wird von der Abgeltungsteuer erfasst, weil die Aktien **nach dem 31.12.2008** erworben wurden.

Die tatsächlichen Werbungskosten i.H.v. 200 € können nicht berücksichtigt werden (§ 20 Abs. 9 Satz 1 2. Halbsatz). Allerdings wird bei der Ermittlung der Einkünfte als Werbungskosten insgesamt ein **Sparer-Pauschbetrag** von **801 Euro** abgezogen (§ 20 Abs. 9).

## FALL 7

| | |
|---|---:|
| Dividenden | 450,00 € |
| steuerpflichtiger Ertrag | **450,00 €** |
| verrechnet mit Sparer-Pauschbetrag | **450,00 €** |
| Salden dieser Abrechnung (07.05.2018) | |
| Verlustverrechnungstopf Aktien | 0,00 € |
| Verlustverrechnungstopf Sonstige | 0,00 € |
| verbleibender Sparer-Pauschbetrag (**801 € − 85,50 € − 450 €**) | **265,50 €** |

## FALL 8

Justus Frank werden die Dividenden **in voller Höhe** (**vor** Abzug der Kapitalertragsteuer und des Solidaritätszuschlags) gutgeschrieben, weil er seiner Bank eine NV-Bescheinigung eingereicht hat.

Die Brutto-Dividende wird von der Abgeltungsteuer **nicht** erfasst (§ 44a Abs. 2 Nr. 2).

## F A L L  9

zu a)

|  | EM € | EF € | gesamt € |
|---|---|---|---|
| Einnahmen aus Kapitalvermögen (§ 8 Abs. 1) | 450 | 3.800 |  |
| − Sparer-Pauschbetrag (§ 20 Abs. 9) | − 450 | − 1.152 |  |
| = Einkünfte aus Kapitalvermögen (§ 20 Abs. 1) | 0 | 2.648 | 2.648 |

zu b)

Die Einkünfte unterliegen der Kapitalertragsteuer und dem Solidaritätszuschlag.

|  | Einkünfte aus Kapitalvermögen | 2.648,00 € |
|---|---|---|
| − | KapESt (25 % von 2.648 €) | − 662,00 € |
| − | SolZ (5,5 % von 662 €) | − 36,41 € |

Die Gesamtsteuerbelastung beläuft sich auf 698,41 € (662 € + 36,41 €). Insgesamt erhält das Ehepaar nach Abzug der Steuern 3.551,59 € (4.250 − 698,41) gutgeschrieben.

## F A L L  1 0

zu a)

|  | Ehemann € | Ehefrau € | gesamt € |
|---|---|---|---|
| Einkünfte aus nichtselbständiger Arbeit (§ 19) |  |  |  |
| Bruttoarbeitslohn 63.252 € |  |  |  |
| − Arbeitnehmer-Pauschbetrag − 1.000 € | 62.252 |  | 62.252 |
| Einkünfte aus Kapitalvermögen (§ 20) |  |  |  |
| Die Einkünfte aus Kapitalvermögen sind durch die Abgeltungsteuer abgegolten (siehe unten). |  |  | 0 |
| = **Einkünfte der Eheleute Alt** |  |  | **62.252** |

Die Einkünfte in Höhe von 62.252 € unterliegen dem **persönlichen** (individuellen) Steuersatz der Eheleute.

zu b)

|  | Ehemann € | Ehefrau € | gesamt € |
|---|---|---|---|
| Brutto-Dividende (3.534 : 73,625 x 100 = 4.800) | 4.800 | 1.000 |  |
| Brutto-Zinsen (368,13 : 73,625 x 100 = 500) |  | 500 |  |
| Einnahmen | 4.800 | 1.500 |  |
| − Sparer-Pauschbetrag (§ 20 Abs. 9)* | − 801 | − 801 |  |
| = Einkünfte | 3.999 | 699 | 4.698,00 |
| − KapESt (25 % von 4.698 €) |  |  | − 1.174,50 |
| − SolZ (5,5 % von 1.174,50 €) |  |  | − 64,60 |
|  |  |  | 3.458,90 |

* Der Abzug der tatsächlichen Werbungskosten in Höhe von 1.050 € ist ausgeschlossen (§ 20 Abs. 9 Satz 1).

Mit dem Steuerabzug (KapESt + SolZ) sind die Kapitalerträge **abgegolten**, sodass die laufenden Kapitalerträge (Dividenden und Zinsen) in der Einkommensteuererklärung der Eheleute grundsätzlich **nicht** mehr angegeben werden müssen. Da der Sparer-Pauschbetrag noch nicht in Anspruch genommen wurde, empfiehlt sich die Veranlagung (§ 32d Abs. 4).

**FALL 11**

zu a)

Frau Stein hat den Sparer-Pauschbetrag (§ 20 Abs. 9) insgesamt nicht überschritten. Da die Freistellungsaufträge jedoch betragsmäßig nicht den Kapitalerträgen bei der Volksbank angepasst erteilt wurden, musste die Volksbank nach Berücksichtigung des vorliegenden Freistellungsauftrags einen Steuerabzug in Höhe von 105,24 € vornehmen (600 € – 201 € = 399 € x 0,73625 = 293,76 € + 201 €, d.h. Gutschrift insgesamt 494,76 €). Frau Stein sollte die „kleine Veranlagungsoption" gem. § 32d Abs. 4 wählen, um den Sparer-Pauschbetrag vollständig zu nutzen. Ihr Erstattungsanspruch beläuft sich auf 105,24 € (99,75 + 5,49).

zu b)

Frau Stein sollte die „große Veranlagungsoption" wählen (§ 32d Abs. 6), damit die Kapitaleinkünfte mit ihrem individuellen Steuersatz von 20 % besteuert werden.

**FALL 12**

zu a)

|  | Gemischter Betrag | 73,625 % | 100,00 % |
|---|---|---|---|
| Gutschrift | 986,25 € | 736,25 € | 250 € |
| davon zu 736,25 € x 100 % / 73,625 % = 1.000 € |  | 736,25 € ➜ | 1.000 € |
| = Einnahmen |  |  | 1.250 € |
| − Sparer-Pauschbetrag |  |  | 801 € |
| = Einkünfte aus Kapitalvermögen |  |  | 449 € |

zu b)

|  |  |
|---|---|
| Steuerpflichtige Einnahmen | 449,00 € |
| 25 % Kapitalertragsteuer von 449,00 € | 112,25 € |
| 5,5 % Soli von 112,25 € | 6,17 € |
| = Steuerbelastung auf Kapitalerträge | 118,42 € |
| − Steuerabzug (1.000 € – 736,25 €) | 263,75 € |
| = Gutschrift | 145,33 € |

Julian Pfaff hat vom maximal möglichen Freistellungsauftrag in Höhe von 801 € bisher nur 250 € ausgenutzt, d.h., er hat noch 551 € offen. Hieraus ergibt sich ein Entlastungsvolumen in Höhe von 137,75 € an Kapitalertragsteuer und 7,58 € an Solidaritätszuschlag.

## 11.3 Einkünfte aus Vermietung und Verpachtung (§ 21 EStG)

**FALL 1**

**Einnahmen aus Vermietung** (§ 8 Abs. 1 i. V. m. § 21 Abs. 1):

| | | | |
|---|---|---|---:|
| Tz. 1 | Mieten 2018 für drei Wohnungen | | 18.000 € |
| Tz. 2 | Mieten Oktober/November 2017, in 2018 vereinnahmt | | 1.000 € |
| Tz. 3 | Garagenmieten | | 300 € |
| Tz. 4 | Vermietung Werbefläche | | 60 € |
| Tz. 5 | Umlagen [H 21.2 (Einnahmen) EStH i. V. m. § 11] | | |
| | in 2018 für 2018 vereinnahmt | 1.350 € | |
| | in 2018 für 2017 vereinnahmt | 550 € | 1.900 € |
| insgesamt | | | **21.260 €** |

**FALL 2**

**Einkünfte aus Vermietung und Verpachtung:**

Einnahmen (§ 8 Abs. 1):

| | | | |
|---|---|---|---:|
| EG (41,67 % der ortsüblichen Miete) | | | 5.000 € |
| 1. OG (100 % der ortsüblichen Miete) | | | 12.000 € |
| 2. OG (66,67 % der ortsüblichen Miete) | | | 8.000 € |
| | | | 25.000 € |

− **Werbungskosten** (§ 9 Abs. 1):

| | | | |
|---|---|---|---:|
| EG: 41,67 % von 5.000 = | 2.084 € | (§ 21 Abs. 2) | |
| 1. OG | 5.000 € | | |
| 2. OG | 5.000 € | | 12.084 € |
| = **Einkünfte** (§ 21 Abs. 1) | | | **12.916 €** |

**FALL 3**

**Werbungskosten** (§ 9 Abs. 1 Nr. 1; H 21.2 (Finanzierungskosten) EStH):

| | |
|---|---:|
| Schuldzinsen (4 % von 150.000 € für 9 Monate) | 4.500 € |
| Damnum (2 % von 150.000 €) | 3.000 € |
| Grundbuch- und Notargebühren für Grundschuld (800 € + 700 €) | 1.500 € |
| insgesamt | **9.000 €** |

**FALL 4**

**Werbungskosten** (Quellenangaben siehe oben):

| | |
|---|---:|
| Darlehenstilgung | 0 € |
| Darlehenszinsen | 10.500 € |
| Geldbeschaffungskosten | 2.000 € |
| insgesamt | **12.500 €** |

## FALL 5

| | |
|---|---|
| 1. Austausch Fenster und Türschlösser: | EA |
| 2. Heizungsumstellung: | EA |
| 3. Ausbau des Dachgeschosses: | HA |
| 4. Markisenanbau (BFH v. 29.08.1989, BStBl. II 1990, S. 430): | HA |
| 5. Einbau einer Alarmanlage (BFH v. 16.02.1993, BStBl. II 1993, S. 544): | HA |
| 6. Anbau eines Wintergartens: | HA |
| 7. Austausch des Öltanks: | EA |

8. Auf Antrag Behandlung als EA, wenn Aufwendungen 4.000 € (netto) je Objekt nicht überschreiten (R. 21.1 Abs. 2 EStR 2012).

Wirkung EA/HA:

EA mindert als sofort abzugsfähiger Aufwand die Einkünfte in voller Höhe. Befindet sich das Gebäude nicht in einem Betriebsvermögen und dient es überwiegend Wohnzwecken, kann höherer Erhaltungsaufwand abweichend von § 11 Abs. 2 auf zwei bis fünf Jahre gleichmäßig verteilt werden (§ 82b EStDV).

HA mindert die Einkünfte nur in Höhe der anteiligen Jahresabschreibung.

## FALL 6

**Einnahmen** (§ 8 Abs. 1):

| | | | |
|---|---|---|---|
| Tz. 1 | Mieteinnahmen | 21.150 € | |
| | a) Miete für Januar 2019, die erst in 2019 anzusetzen ist (§ 11 Abs. 1; H 11 (Allgemeines) EStH; Zu**rechnungs**prinzip) | − 750 € | |
| | b) Die Miete für Nov. und Dez. 2017 und Januar 2018 ist in 2018 anzusetzen (§ 11 Abs. 1; Zu**fluss**prinzip). Keine Korrektur erforderlich. | 0 € | 20.400 € |
| Tz. 2 | Einnahmen aus Umlagen [H 21.2 (Einnahmen) EStH] | | 2.350 € |
| | Summe der Einnahmen | | 22.750 € |

− **Werbungskosten** (§ 9 Abs. 1):

| | | | |
|---|---|---|---|
| Tz. 3 | Grundsteuer, Versicherungen (§ 9 Abs. 1 Nr. 2) | 450 € | |
| Tz. 4 | Einbau von Rollläden | 1.850 € | |
| | Die Ausgaben können auf Antrag als EA behandelt werden, da sie nicht mehr als 4.000 Euro (netto) betragen (R 21.1 Abs. 2 S. 1 u 2 EStR 2012). | | |
| Tz. 5 | Außenanstrich | 7.500 € | |
| | Erhaltungsaufwand | | |
| Tz. 6 | sonstige Reparaturkosten | 400 € | |
| Tz. 7 | Gebühren für Wasser, Müllabfuhr usw. | 2.350 € | |
| Tz. 8 | AfA (§ 9 Abs. 1 Nr. 7) | 3.150 € | − 15.700 € |
| = | **Einkünfte aus Vermietung und Verpachtung** (§ 21 Abs. 1) | | **7.050 €** |

**FALL 7**

lineare AfA (§ 7 Abs. 4 Nr. 2a)

$$2\,\% \text{ von } 600.000\,€ = 12.000\,€ \text{ für 3 Monate}$$
$$(12.000\,€ \times {}^{3}/_{12})$$

**3.000 €**

(anteilige Jahres-AfA entsprechend § 7 Abs. 1 Satz 4)

**FALL 8**

**degressive** AfA (§ 7 Abs. 5 Nr. 3c /Staffel 04, 14. Jahr)

$$2{,}5\,\% \text{ von } 250.000\,€ =$$

**6.250 €**

**FALL 9**

| zu a) | Miete und Nebenkosten [1.150 € x 6/H 11(Allgemeines) EStH] | 6.900 € |
| | Kaution (keine Einnahmen) | 0 € |
| | Schadenersatz [H 21.2 (Einnahmen) EStH] | 119 € |
| | **Einnahmen aus Vermietung und Verpachtung** (§ 8 Abs. 1) | **7.019 €** |

| zu b) | Kaufpreis | 345.000 € |
| | Grunderwerbsteuer (5 % von 345.000 €) | 17.250 € |
| | Notar (2.000 € + 380 € USt § 9b Abs. 1) | 2.380 € |
| | Grundbuch (Umschreibung Eigentümer) | 570 € |
| | AK ETW einschließlich Grund und Boden | 365.200 € |
| | AK nur Wohnung (75 % von 365.200 €) | 273.900 € |
| | **lineare AfA**: (§ 7 Abs. 4 Nr. 2a): 2 % von 273.900 € x ${}^{8}/_{12}$ = | **3.652 €** |

| zu c) | Notar (1.400 € + 266 € USt) Finanzierungskosten | 1.666 € |
| | Grundbuch (Grundschuldeintragung) | 330 € |
| | laufende Kosten | 1.300 € |
| | Schuldzinsen | 7.480 € |
| | AfA | 3.652 € |
| | **Werbungskosten** (§ 9 Abs. 1) | **14.428 €** |

## FALL 10

**Einnahmen** (§ 8 Abs. 1):

| | |
|---|---:|
| Miete Erdgeschoss (120 x 10 € x 12) | 14.400 € |
| 1. OG wird in vollem Umfang zu eigenen Wohnzwecken genutzt | 0 € |
| Umlagen | 1.275 € |
| Summe der Einnahmen | 15.675 € |

- **Werbungskosten** (§ 9 Abs. 1):

| | | |
|---|---:|---:|
| Schuldzinsen | 6.916 € | |
| Haushaftpflichtversicherungsbeitrag | 600 € | |
| Brandversicherungsbeitrag | 100 € | |
| sonstige Hauskosten (umlagefähig) | 2.550 € | |
| degressive AfA nach § 7 Abs. 5 (1,25 % v. 180.000 €) | 2.250 € | |
| (§ 7 Abs. 5 Nr. 3a; Staffel 89, 23. Jahr) | | |
| | 12.416 € : 2 = | 6.208 € |

= **Einkünfte aus Vermietung und Verpachtung** (§ 21 Abs. 1 EStG)  **9.467 €**

## FALL 11

| | | | € |
|---|---:|---:|---:|
| Einkünfte aus selbständiger Arbeit (§ 18) | | | |
|     Betriebseinnahmen | 125.000 € | | |
| −   Betriebsausgaben, vorläufig | − 33.113 € | | |
|     vorläufiger Gewinn | 91.887 € | | |
|     restliche Betriebsausgaben* | − 1.410 € | | 90.477,00 |
| Einkünfte aus Vermietung und Verpachtung (§ 21) | | | 0,00 |
| Bei dem **privat genutzten Teil des EFH** handelt es sich um ein begünstigtes Objekt i. S. d. EStG, das bei den Einkünften aus V+V nicht berücksichtigt wird. | | | |
| Der **betrieblich genutzte Teil des EFH** wird bei den Einkünften aus selbständiger Arbeit berücksichtigt (§ 21 Abs. 3/vgl. *). | | | 0 |
| = **Einkünfte der Eheleute Steinert** | | | **90.477,00** |

* Die **restlichen Betriebsausgaben** berechnen sich wie folgt:

| | |
|---|---:|
| Grundsteuer u. sonstige WK (20 % von 800 €) | 160 € |
| Schuldzinsen (20 % von 2.500 €) | 500 € |
| degressive AfA (2,5 % v. 30.000 €) (§ 7 Abs. 5 Nr. 1; Staffel 85, 24. Jahr) | 750 € |
| Betriebsausgaben insgesamt | **1.410 €** |

**FALL 12**

**Einnahmen** (§ 8 Abs. 1):

| | | |
|---|---|---|
| Erdgeschoss [12 x (3.000 € + 400 €)] | | 40.800,00 € |
| vereinnahmte Umsatzsteuer (19 % von 40.800 €) | | 7.752,00 € |
| 1. Obergeschoss (12 x 400 €) | | 4.800,00 € |

Hinweis:
Die Miete (einschl. der umlagefähigen Kosten) für das 1. OG beträgt nur **40,0 %** der ortsüblichen Miete, also weniger als 66 %. Aus diesem Grund können 60,0 % der anteiligen Hausaufwendungen **nicht** als Werbungskosten abgezogen werden (§ 21 Abs. 2).

| | | |
|---|---|---|
| 2. Obergeschoss (12 x 1.000 €) | | 12.000,00 € |
| Summe der Einnahmen | | 65.352,00 € |

- **Werbungskosten** (§ 9 Abs. 1):

| | | |
|---|---|---|
| Grundbesitzabgaben | 1.978,60 € | |
| Wohngebäudeversicherung | 768,40 € | |
| Gebäudehaftpflichtversicherung | 450,00 € | |
| Schornsteinfegergebühr | 228,40 € | |
| Hausstrom | 268,30 € | |
| Wasser | 2.251,19 € | |
| Heizöl | 2.980,11 € | |
| Reparaturen | 21.000,00 € | |
| AfA | 3.870,00 € | |
| | 33.795,00 € | |
| - ⅔ (EG + 2. OG) | −22.530,00 € | − 22.530,00 € |
| | 11.265,00 € | |
| - 60,0 % (60 % von 11.265,00 €) | − 6.759,00 € (**nicht** abziehbar) | |
| - **40,0 %** (40 % von 11.265,00 €) | − 4.506,00 € (abziehbar) | − 4.506,00 € |
| * (40 % = 1. OG, vgl. Hinweis oben) | 0,00 € | |
| Reparatur Bäckerei (**100 %**) | | −11.600,00 € |
| gezahlte USt in 2018 (4 x 1.632 €) (**100 %**) | | − 6.528,00 € |
| = **Einkünfte aus Vermietung und Verpachtung** (§ 21 Abs. 1) | | **20.188,00 €** |

**FALL 13**

**Einnahmen** (§ 8 Abs. 1):

| | |
|---|---|
| Erdgeschoss (2.000 € x 2 Monate) | 4.000,00 € |

− **Werbungskosten** (§ 9 Abs. 1)*:

| | |
|---|---|
| Darlehnszinsen (15.000 € x 50 %) | 7.500 € |
| Disagio (2 % von 308.500 € = 6.170 € x 50 %) | 3.085 € |
| Grundsteuer (400 € x 50 %) | 200 € |
| Geldbeschaffungskosten ((800 € + 400 €) x 50 %) | 600 € |
| Abschreibung (siehe unten Ermittlung der AfA) | 595 € |
| | −11.980,00 € |

= **Einkünfte aus Vermietung und Verpachtung** (§ 21 Abs. 1)   **− 7.980,00 €**

---

Ermittlung der Abschreibung (§ 7 Abs. 4 Nr. 2a):

| | |
|---|---|
| Baugenehmigungsgebühr | 300,00 € |
| Architektenhonorar | 6.300,00 € |
| Bauunternehmer | 350.000,00 € |
| = Herstellungskosten (vgl. auch R 6.4 EStR u. H 6.4 EStH) | 356.600,00 € |
| davon entfallen 50 %* auf vermietetes EG = | 178.300,00 € |
| Abschreibung: 2 % von 178.300 € = 3.066 € x $^2/_{12}$ = | **594,33 €** |

---

\* Aufgrund der fehlenden Vermietungsabsicht sind nur 50 % der Werbungskosten zu berücksichtigen (zur Problematk „Einkünfteerzielungsabsicht bei leerstehenden Immobilien" vgl. BMF-Schreiben vom 08.10.2004, BStBl. I 2004, S. 933 ff.).

---

Ermittlung der Anschaffungskosten für Grund und Boden:

| | |
|---|---|
| Kaufpreis | 162.000,00 € |
| Grunderwerbsteuer 2007 3,5 % x 162.000 € | 5.670,00 € |
| Notar- und Grundbuchkosten | 700,00 € |
| Erschließungsbeiträge | 8.500,00 € |
| = Anschaffungskosten | **176.870,00 €** |

---

Die Grundsteuer ist im Jahr der Verausgabung als Werbungskosten abzugsfähig.

## 11.4 Sonstige Einkünfte im Sinne des § 22 EStG

**FALL 1**

|  |  |  |
|---|---|---|
| Rente aus der gesetzlichen Rentenversicherung | 20.380 € | |
| = Jahresbetrag der Rente | 20.380 € | |
| - unveränderter Rentenfreibetrag aus dem VZ 2008 | - 6.480 € | |
| = **steuerpflichtiger Teil der Rente** (Einnahme) im VZ 2018 | | **13.900 €** |

**FALL 2**

|  |  |  |
|---|---|---|
| Renteneintritt 01.07.2018 (6 x 1.200 €)* | 7.200 € | |
| - Rentenfreibetrag (24 % von 7.200 €) | - 1.728 € | |
| = **steuerpflichtiger Teil der Rente** (Einnahme) im VZ 2018 | | **5.472 €** |
| (Besteuerungsanteil: 76 % von 7.200 € = 5.472 €/§ 22 Nr. 1 Satz 3 Buchstabe a Doppelbuchstabe aa Sätze 1 bis 4) | | |

---

\* 1.069,80 € (Netto-Rente) : 89,15 % [(100 %- 15,6 % - 2,55 % + 7,3 % ] = **1.200 €** Brutto-Rente (siehe auch Lehrbuch Seite 206)

**FALL 3**

|  |  |  |
|---|---|---|
| steuerpflichtiger Teil der Rente (Einnahme) | 13.900 € | |
| - Werbungskosten-Pauschbetrag (§ 9a Satz 1 Nr. 3) | - 102 € | |
| = **sonstige Einkünfte i.S.d. § 22 Abs. 1 Nr. 1 Satz 3 a) aa)** | | **13.798 €** |

**FALL 4**

|  |  |  |
|---|---|---|
| steuerpflichtiger Teil der Rente (Einnahme) | 5.472 € | |
| - Werbungskosten-Pauschbetrag (§ 9a Satz 1 Nr. 3) | - 102 € | |
| = **sonstige Einkünfte i.S.d. § 22 Abs. 1 Nr. 1 Satz 3 a) aa)** | | **5.370 €** |

**FALL 5**

| Tz. 1 | Leibrente i.S.d. § 22 Nr. 1 Satz 3 a) aa) | 9.440 € | |
|---|---|---|---|
| | - unveränderter Rentenfreibetrag aus dem VZ 2005 | - 3.807 € | |
| | = steuerpflichtiger Teil der Rente im VZ 2018 | 5.633 € | |
| | - WKP (§ 9a Satz 1 Nr. 3) | - 102 € | 5.531 € |
| Tz. 2 | private Veräußerungsgeschäfte i.S.d. § 23 Abs. 1 Nr. 1 | | |
| | Veräußerungspreis | 70.000 € | |
| | - Anschaffungskosten | - 50.000 € | |
| | - Veräußerungskosten | - 2.000 € | |
| | = Gewinn aus privatem Veräußerungsgeschäft | 18.000 € | 18.000 € |
| | = sonstige Einkünfte i.S.d. § 22 | | **23.531 €** |

## FALL 6

zu a)    **Ja**, weil der maßgebliche Zeitraum zwischen Anschaffung und Veräußerung (02.01.2010 bis 27.12.2018) **nicht mehr als zehn Jahre** beträgt.

zu b)

| | | |
|---|---:|---:|
| Veräußerungspreis | | 1.450.000 € |
| - AK des Grund und Bodens | | - 400.000 € |
| - fortgeführte HK des Gebäudes | | |
| HK des Gebäudes | 800.000 € | |
| 2 %/Jahr = 16.000 €/Jahr | | |
| mal 8 Jahre = | - 128.000 € | |
| = | = 672.000 € | - 672.000 € |
| - Veräußerungskosten (WK) | | - 10.220 € |
| = Gewinn aus privatem Veräußerungsgeschäft (§ 23 Abs. 3) | | **367.780 €** |

zu c)    **Nein**, weil D im Zeitraum zwischen Fertigstellung und Veräußerung das Haus ausschließlich zu eigenen Wohnzwecken verwendet (§ 23 Abs. 1 Nr. 1 S. 3) hat.

## FALL 7

Ein Verlustausgleich ist in **2018 nicht** möglich, weil Maier keinen Gewinn aus privaten Veräußerungsgeschäften erzielt hat (§ 23 Abs. 3 **Satz 7**). Ein Ausgleich mit **anderen** Einkunftsarten ist unzulässig.

Nach § 23 Abs. 3 **Satz 8** kann Maier jedoch von dem Verlust (50.000 €) des Jahres 2018 einen Teilbetrag in Höhe von **30.000 €** auf das Jahr **2017 zurücktragen** und mit dem „Spekulationsgewinn" des Jahres 2017 verrechnen. Der in 2018 nicht ausgeglichene Verlust in Höhe von **20.000 €** kann auf die Jahre **2019 ff. vorgetragen** werden.

## FALL 8

| | EM € | EF € | gesamt € |
|---|---|---|---|
| sonstige Einkünfte i.S.d. § 22 Nr. 3 | | | |
| **EM** 245 € steuerfrei, weil die Freigrenze (255,99 €) **nicht** überschritten ist (§ 22 Nr. 3 Satz 2) | 0 | | |
| **EF** 300 € steuerpflichtig, weil die Freigrenze (255,99 €) überschritten ist (§ 22 Nr. 3 Satz 2) | | 300 | **300** |

# Zusammenfassende Erfolgskontrolle zum 1. bis 11. Kapitel

| | | EM € | EF € | gesamt € |
|---|---|---|---|---|
| **Einkünfte aus nichtselbst. Arbeit (§ 19)** | | | | |
| Einnahmen | 58.195 € | | | |
| − Werbungskosten | | | | |
| Fahrtkosten: 220 Tage x 22 km x 0,30 € | 1.452 € | | | |
| typische Berufskleidung | 150 € | | | |
| Gewerkschaftsbeiträge (16 € x 12) | 192 € | | | |
| Pauschale für Kontoführung | 16 € | 56.385 | | 56.385 |
| **Einkünfte aus Kapitalvermögen (§ 20)** | | | | |
| − Brutto-Dividende (5.595,50 € : 73,625 x 100) | 7.600,00 € | | | |
| − Sparer-Pauschbetrag (§ 20 Abs. 9) | − 1.602,00 € | | | |
| = steuerpflichtige Einnahme | 5.998,00 € | | | |
| − KapESt (25 % von 5.998 €) | − 1.499,50 € | | | |
| − SolZ (5,5 % von 1.499,50 €) | − 82,47 € | | | |
| | 4.416,03 € | | | |
| Mit dem Abzug der KapESt und des SolZ sind die Kapitalerträge steuerlich abschließend abgegolten – evtl. Günstigerprüfung durchführen. Erstattung KapESt 400,50 € zuzüglich Soli 22,03 €. | | | 0 | 0 |
| **Einkünfte aus Vermietung und Verpachtung (§ 21)** | | | | |
| EFH des Ehemannes in Koblenz | | | | |
| Für die selbstgenutzte Wohnung ergeben sich keine Einkünfte aus V + V. | | | | 0 |
| ZFH der Eheleute in Neuwied | | | | |
| Einnahmen (750 € x 3) | 2.250 € | | | |
| − Werbungskosten (§ 9 Abs. 1): | | | | |
| Schuldzinsen (4.000 + 2.750) | − 6.750 € | | | |
| lineare Gebäude-AfA nach § 7 Abs. 4 Nr. 2a (2 % v. 248.500 €) | − 4.970 € | | | |
| Einkünfte Haus Neuwied | − **9.470 €** | | | |
| EFH der Eheleute in Bonn | | | | |
| Einnahmen (1.250 € x 12) | 15.000 € | | | |
| − Werbungskosten (§ 9 Abs. 1): | | | | |
| AfA (2 % v. 375.000 €/§ 7 Abs. 4 Nr. 2a) | − 7.500 € | | | |
| sonstige WK | − 1.000 € | | | |
| **Einkünfte** Haus Bonn | + **6.500 €** | | | |
| Verlust insgesamt (− 9.470 € + 6.500 €) | | − 1.485 | − 1.485 | − 2.970 |
| Übertrag: | | 54.900 | − 1.485 | 53.415 |

|  | | | EM € | EF € | gesamt € |
|---|---|---|---|---|---|
| Übertrag: | | | 54.900 | - 1.485 | 53.415 |
| sonstige Einkünfte § 22 Nr. 2 i. V. m. § 23 | | | | | |
|    Veräußerungspreis | | 505.000 € | | | |
| -  AK | 500.000 € | | | | |
|    AfA nach § 7 Abs. 4 | | | | | |
|    2 % von 375.000 € | | | | | |
|    2017 AfA für 4 Monate | 2.500 € | | | | |
|    2018 für 12 Monate | 7.500 € | | | | |
|    verbleiben | | - 490.000 € | | | |
| -  Veräußerungskosten (WK) | | - 2.600 € | | | |
| =  Gewinn aus priv. Veräußerungsg. | | 12.400 € | 6.200 | 6.200 | 12.400 |
| =  **Summe der Einkünfte** | | | 61.100 | 4.715 | **65.815** |

# 12  Summe der Einkünfte

**F A L L  1**

| | € |
|---|---|
| Einkünfte aus Gewerbebetrieb (§ 15) | 20.000 |
| Einkünfte aus selbständiger Arbeit (§ 18) | 10.000 |
| Einkünfte aus Vermietung und Verpachtung (§ 21) | |
|    Einfamilienhaus              3.000 € | |
|    Zweifamilienhaus       - 10.000 € | |
|    Mietwohngrundstück     5.000 € | - 2.000 |
| sonstige Einkünfte i. S. d. § 22 | |
|    Verluste aus privaten Veräußerungsgeschäften dürfen **nicht** mit positiven Einkünften **anderer** Einkunftsarten ausgeglichen werden (§ 23 Abs. 3 Satz 7) | |
| =  **Summe der Einkünfte** | **28.000** |

Der in 2018 nicht ausgeglichene Verlust aus privaten Veräußerungsgeschäften von 5.000 € ist nach den Grundsätzen des § 10d einkunftsartspezifisch zurück- oder vorzutragen (§ 23 Abs. 3 Satz 8). Er darf nur mit Gewinnen aus einem privaten Veräußerungsgeschäft verrechnet werden.

### FALL 2

| | Ehemann € | Ehefrau € | gesamt € |
|---|---|---|---|
| Einkünfte aus Gewerbebetrieb (§ 15) | 75.000 | | 75.000 |
| Einkünfte aus selbständiger Arbeit (§ 18) | | 40.000 | 40.000 |
| Einkünfte aus Vermietung und Verpachtung (§ 21) | - 150.000 | 12.500 | -137.500 |
| sonstige Einkünfte i.S.d. § 22 Nr. 1 | | 2.500 | 2.500 |
| = **Summe der Einkünfte** | - 75.000 | 55.000 | **0** |

Der nicht **ausgeglichene Verlust** in Höhe von **20.000 €** kann unter den Voraussetzungen des § 10d ein Jahr **zurückgetragen oder zeitlich unbegrenzt vorgetragen** werden.

# Zusammenfassende Erfolgskontrolle zum 1. bis 12. Kapitel

Unbeschränkte Steuerpflicht gemäß § 1 Abs. 1, da Wohnsitz im Inland. Da Stein ledig ist, wird er einzeln veranlagt. Es gilt die Grundtabelle gemäß § 32a Abs. 1.

| | | | € |
|---|---|---|---|
| Einkünfte aus nichtselbst. Arbeit (§ 19) | | | |
|     Arbeitslohn aus aktiver Tätigkeit (3.000 € x 10) | | 30.000 € | |
|     Ruhegehalt (**kein** Versorgungsfreibetrag, da Stein das 63. Lj. noch nicht vollendet hat) | | 600 € | |
| | | 30.600 € | |
| -   Arbeitnehmer-Pauschbetrag (§ 9a Nr. 1a) | | - 1.000 € | 29.600 |
| Einkünfte aus Kapitalvermögen (§ 20) | | | |
|     Einnahmen: 100 x 2,25 € (Brutto-Dividende) = | | 225,00 € | |
| -   Sparer-Pauschbetrag (§ 20 Abs. 9) 801 €, höchstens | | -225,00 € | |
| =   steuerpflichtige Einnahme | | 0,00 € | 0 |
|     Da der Sparer-Pauschbetrag noch nicht überschritten ist, wurde auch **keine Abgeltungsteuer** einbehalten. | | | |
| Einkünfte aus Vermietung und Verpachtung (§ 21) | | | |
|     Bei der selbstgenutzten Eigentumswohnung liegen keine Einkünfte aus Vermietung und Verpachtung vor. | | | 0 |
| sonstige Einkünfte i.S.d. § 22 Nr. 1 und 3 | | | |
|     Jahresbetrag der Rente (2 x 1.700 €) = | 3.400 € | | |
| -   Rentenfreibetrag (24 % von 3.400 €) | - 816 € | | |
|     steuerpflichtiger Teil der Rente (76 %) | 2.584 € | | |
| -   Werbungskosten-Pauschbetrag (§ 9a) Nr. 3 | - 102 € | 2.482 € | |
|     bestimmte Leistungen (§ 22 Nr. 3) Freigrenze 256 € (255,99 €) überschritten | 350 € | | |
| -   Werbungskosten | - 72 € | 278 € | 2.760 |
| = **Summe der Einkünfte** | | | **32.360** |

# 13  Gesamtbetrag der Einkünfte

## 13.1  Altersentlastungsbetrag (§ 24a EStG)

FALL 1

|  | | € |
|---|---|---|
| Einkünfte aus nichtselbständiger Arbeit (§ 19) | | |
| Versorgungsbezüge | 29.200 € | |
| − Versorgungsfreibetrag: | | |
| 20,8 %* von 29.200 € = 6.074 €, höchstens 1.560 € | − 1.560 € | |
| Zuschlag zum Versorgungsfreibetrag | − 468 € | |
| steuerpflichtiger Teil der Versorgungsbezüge | 27.172 € | |
| − Werbungskosten-Pauschbetrag | − 102 € | 27.070 |
| Einkünfte aus Vermietung und Verpachtung (§ 21) | | 6.000 |
| = Summe der Einkünfte | | 33.070 |
| − Altersentlastungsbetrag (§ 24a) | | |
| 20,8 %** von 6.000 € = 1.248 €, höchstens** | | − 988 |
| = Gesamtbetrag der Einkünfte im VZ 2018 | | **32.082** |

*handschriftliche Notiz:* → alle Einkünfte außer Versorgungsbezüge

\*  Vgl. § 19 Abs. 2: Versorgungsbeginn 2017

\*\*  Der Prozentsatz (20,8 %) und der Höchstbetrag (**988 €**) bleiben beim Altersentlastungsbetrag auf Dauer **unverändert**. Allerdings wird – anders als bei den Renten und Versorgungsbezügen – kein lebenslanger Freibetrag festgeschrieben, weil in der Regel die Höhe der Einkünfte von Jahr zu Jahr schwankt. Vollendung des 64. Lebensjahres mit Ablauf 31.12.2016. Altersentlastungsbetrag ab 2017.

## 13.2  Entlastungsbetrag für Alleinerziehende (§ 24b EStG)

FALL 2

Die Steuerpflichtige Horn erfüllt alle Voraussetzungen des § 24b Abs. 1 und Abs. 3, sodass sie im VZ 2018 den **Entlastungsbetrag für Alleinerziehende** in Höhe von **2.148 Euro** (1. Kind 1.908 € + 2. Kind 240 €) in Anspruch nehmen kann.

## 13.3  Freibetrag für Land- und Forstwirte (§ 13 Abs. 3 EStG)

FALL 3

|  | EM € | EF € | gesamt € |
|---|---|---|---|
| Einkünfte aus L + F (§ 13) | | 25.000 | 25.000 |
| Einkünfte aus Gewerbebetrieb (§ 15) atyp. stiller G. | 30.000 | | 30.000 |
| = **Summe der Einkünfte** | | | 55.000 |
| − Freibetrag für Land- und Forstwirte (§ 13 Abs. 3) (Summe der Einkünfte geringer als 61.400 €) | | | − 1.800 |
| = **Gesamtbetrag der Einkünfte** | | | **53.200** |

# Zusammenfassende Erfolgskontrolle
## zum 1. bis 13. Kapitel

| | EM € | EF € | gesamt € |
|---|---|---|---|
| Einkünfte aus Gewerbebetrieb (§ 15) | | | |
| vorläufiger Gewinn  105.000 € | | | |
| − lineare AfA Pkw | | | |
| 16 ⅔ % von 36.000 € für 6 Monate (⁶⁄₁₂)  − 3.000 € | | | |
| + Erlös Verkauf Pkw  + 2.000 € | | | |
| − Restbuchwert Pkw  − 1 € | 103.999 | | 103.999 |

Einkünfte aus Kapitalvermögen (§ 20)

| | EM € | EF € |
|---|---|---|
| Zinsen Eheleute | 750,00 | 750,00 * |
| Brutto-Dividende | | 1.200,00 * |
| | 750,00 | 1.950,00 |
| − Sparer-Pauschbetrag | − 750,00 | − 852,00 |
| stpfl. Einnahme | 0,00 | 1.098,00 |
| − KapESt (25 % v. 1.098) | | − 274,50 |
| − SolZ (5,5 % v. 274,50) | | − 15,10 |
| | 0,00 | 808,40 |

Mit dem Abzug der KapESt und des SolZ
sind die Kapitalerträge abgegolten. Erstattung KapESt
675 € − 274,50 € = 400,50 €, Erstattung Soli 37,12 € −
15,10 € = 22,02 €. Antrag erforderlich.

| | EM € | EF € | gesamt € |
|---|---|---|---|
| (Kapitalvermögen) | 0 | 0 | 0 |

Einkünfte aus V + V (§ 21)

Einnahmen:

| | | | |
|---|---|---|---|
| Miete (800 € x 2 x 12) | 19.200 € | | |
| Umlagen (160 € x 2 x 12) | 3.840 € | | |
| | 23.040 € | | |
| − Werbungskosten: | | | |
| AfA (2 % von 250.000 €) | 5.000 € | | |
| Schuldzinsen | 1.800 € | | |
| Dachreparatur (EA) | 5.950 € | | |
| Grundsteuer usw. | 1.650 € | | |
| Schornsteinreinigung usw. | 2.190 € | | |
| | 16.590 € | 3.225 | 3.225 | 6.450 |

Die **Unfallrente** von der Berufsgenossenschaft ist nach
§ 3 Nr.1a EStG **steuerfrei**.

| | EM € | EF € | gesamt € |
|---|---|---|---|
| = **Summe der Einkünfte** | 107.224 | 3.225 | 110.449 |
| − Altersentlastungsbetrag (§ 24a) | | | |
| EM: 19,2 % von 107.224 € = 20.587€, max. 912 € | | | − 912 |
| EF: 19,2 % von 3.225 € = 620, max. 912 € | | | − 620 |
| = **Gesamtbetrag der Einkünfte** | | | **108.917** |

---

\* 1.104,38 € : 73,625 x 100 = 1.500 € (750 € + 750 €)
  883,50 € : 73,625 x 100 = 1.200 €

# 14  Einkommen

## 14.1  Verlustabzug nach § 10d EStG

**F A L L  1**

| | | € |
|---|---:|---:|
| **2017:** | | |
| Gesamtbetrag der Einkünfte | | 1.700.000 |
| **2018:** | | |
| Einkünfte aus Gewerbebetrieb (§ 15) | – 1.200.000 € | |
| Einkünfte aus selbständiger Arbeit (§ 18) | 0 € | |
| Gesamtbetrag der Einkünfte | – 1.200.000 € | |
| Der Verlust von 1.200.000 € kann nur bis zur Höhe von auf das Jahr 2017 zurückgetragen werden (§ 10d Abs. 1 Satz 1). | | – 1.000.000 |
| verbleibender Gesamtbetrag der Einkünfte 2018 | | 700.000 |

Der nicht ausgeglichene Verlust von 200.000 € (1.200.000 € – 1.000.000 €) kann nach § 10d Abs. 2 auf die folgenden Veranlagungszeiträume (VZ 2019 ff.) vorgetragen werden.

**F A L L  2**

| | € | € |
|---|---:|---:|
| Verlustvortrag zum 31.12.2018 | 200.000 | |
| Gesamtbetrag der Einkünfte 2019 | | 300.000 |
| – unbeschränkter Verlustabzug (**Verlustvortrag**) | 200.000 | **-200.000** |
| = verbleibender Gesamtbetrag der Einkünfte 2019 | | 100.000 |
| verbleibender Verlustvortrag | | 0 |

Eibel kann seinen Verlust von 200.000 € im VZ 2019 unbeschränkt vortragen. Die Begrenzung von 1 Mio. Euro (+ 60 % des 1 Mio. Euro übersteigenden Betrags) ist nicht überschritten (§ 10d Abs. 2).

## 14.2  Sonderausgaben

**F A L L  1**

| | | |
|---|---:|---:|
| Kirchensteuer | | |
| gezahlt | 800 € | |
| gezahlt | 1.950 € | |
| | 2.750 € | |
| – erstattet [H 10.1 (Abzugshöhe/...)] | – 370 € | 2.380 € |
| = abzugsfähige **Sonderausgaben** (§ 10 Abs. 1 Nr. 4) | | **2.380 €** |

**FALL 2**

zu a)   **Abzugsfähige Sonderausgaben:**

Der Steuerpflichtige kann von den Unterhaltsaufwendungen **13.805 €** als Sonderausgaben abziehen. Der Höchstbetrag von 13.805 € (§ 10 Abs. 1a Nr. 1) gilt auch dann, wenn Unterhaltsleistungen nur für einen Teil des Kalenderjahrs erbracht wurden. Durch Antrag und Zustimmung nach § 10 Abs. 1a Nr. 1 werden alle geleisteten Unterhaltsleistungen zu Sonderausgaben umqualifiziert. Ein Abzug als außergewöhnliche Belastung ist nicht möglich, auch nicht, soweit sie den für das Realsplitting geltenden Höchstbetrag überschreiten.

zu b)   **Einkünfte der Frau i. S. d. § 22 Nr. 1a:**

|   | | |
|---|---|---|
| | Einnahmen 18.000 €, höchstens zu versteuern | 13.805 € |
| − | Werbungskosten-Pauschbetrag (§ 9a Nr. 3) | − 102 € |
| = | steuerpflichtige sonstige Einkünfte i. S. d. § 22 Nr. 1a | **13.703 €** |

**FALL 3**

Daniel Kühn kann die Unterhaltsleistungen an seine geschiedene Frau **nicht** als Sonderausgaben abziehen, weil seine Frau **nicht unbeschränkt** einkommensteuerpflichtig ist und ihren **Wohnsitz nicht** in einem **EU/EWR-Staat** hat (§ 1a Abs. 1 Nr. 1).

Allerdings sind die Aufwendungen im Rahmen des § 33a Abs. 1 als außergewöhnliche Belastungen abziehbar. Gegebenenfalls ist die Ländergruppeneinteilung zu beachten.

**FALL 4**

Der **Sonderausgabenabzug** nach § 10 Abs. 1 Nr. 7 kommt **nicht** in Betracht.

Die Aufwendungen sind jedoch als **Werbungskosten** „Fortbildungskosten" (§ 9 Abs. 1) in voller Höhe **abzugsfähig**, weil ein objektiver Zusammenhang mit dem **Beruf** besteht und die Aufwendungen subjektiv zur Förderung des Berufs getätigt werden.

**FALL 5**

Der **Sonderausgabenabzug** nach § 10 Abs. 1 Nr. 7 kommt **nicht** in Betracht.

Der **Ehemann** kann als freiberuflich tätiger Arzt seine **Fortbildungsaufwendungen** in voller Höhe als **Betriebsausgaben** (§ 4 Abs. 4) abziehen.

Die **Ehefrau** kann als Angestellte ihre **Fortbildungsaufwendungen** in voller Höhe als **Werbungskosten** (§ 9 Abs. 1) geltend machen.

**FALL 6**

Die Eheleute können **1.400 €** (⅔ von 2.100 €) der Kinderbetreuungskosten als Sonderausgaben abziehen (§ 10 Abs. 1 Nr. 5).

**FALL 7**

Die abziehbaren Kinderbetreuungskosten als Sonderausgaben betragen **je** Elternteil **2.000 €** (⅔ von 6.500 € = 4.333,00 €, höchstens 4.000 Euro für beide Elternteile zusammen).

## FALL 8

**Nein**, weil mit der Zahlung eine **Gegenleistung** (Gewinnchance) verbunden ist.

## FALL 9

**Ja**, weil die Zuwendung (Sachzuwendung) zur Förderung des **Sports** nach § 52 Abs. 2 **Nr. 21** AO steuerlich abzugsfähig ist.

Die **Mitgliedsbeiträge** können **nicht** abgezogen werden (§ 10b Abs. 1 **Satz 3**).

## FALL 10

**Ja**, weil alle Voraussetzungen des § 10b Abs. 1 i. V. m. § 52 Abs. 2 **Nr. 7** AO vorliegen.

## FALL 11

**Ja**, weil alle Voraussetzungen des § 10b Abs. 1 i. V. m. § 52 Abs. 2 **Nr. 1** AO vorliegen.

## FALL 12

Nach § 10b Abs. 1 Satz 1 i. V. m. § 52 Abs. 2 **Nr. 5** AO und § 54 AO werden die abzugsfähigen Zuwendungen wie folgt berechnet:

>Zuwendungen 3.500 € (2.000 € + 1.500 €)
>maximal abzugsfähig:
>20 % von 20.000 € = 4.000 €,
>höchstens tatsächliche Zuwendungen     **3.500 €**

## FALL 13

|     | § 34g | § 10b Abs. 2 | |
| --- | --- | --- | --- |
| A | 500 € | 0 € | |
| B | 800 € | 0 € | |
| C | ✗ 825 € | 550 € | |
| D | 825 € | 1.650 € | (2.350 €, max. 1.650) |
| AA | 1.000 € | 0 € | |
| BB | 1.250 € | 0 € | |
| CC | ✗ 1.650 € | 0 € | |
| DD | 1.650 € | 3.300 € | (4.200 €, max. 3.300) |

## FALL 14

1.  Die Steuer-/Tarifermäßigung nach § 34g beträgt 50 % von 1.500 € = **750 €**.

2.  Die nach § 10b Abs. 2 abzugsfähigen Zuwendungen betragen **0 €**, weil die Zuwendungen, für die eine Ermäßigung nach § 34g gewährt wird, nicht als Sonderausgaben abgezogen werden können (§ 10b Abs. 2 Satz 2).

## FALL 15

1. Die Steuerermäßigung nach § 34g beträgt 50 % x 2.500 = 1.250, max. 50 % x 1.650 € = **825 €**.

2. Nur Berechnungsmethode 1 möglich:

| | | |
|---|---:|---:|
| Zuwendungen i.S.d. § 10b **Abs.1 3.150 €** (1.750 € + 1.400 €) | | 3.150 € |
| maximal abzugsfähig: | | |
| 20 % von 30.000 € = 6.000 € | | |
| höchstens tatsächliche Zuwendungen | | |
| Zuwendungen i.S.d. § 10b **Abs.2** | | |
| Zuwendung an eine **politische Partei** | | |
| abzüglich Zuwendung für Steuerermäßigung nach § 34g Nr. 1, | 2.500 € | |
| maximal 1.650 € | - 1.650 € | |
| abzugsfähige tatsächliche Zuwendungen | 850 € | 850 € |
| **abzugsfähige Zuwendungen** nach § 10b Abs. 1 + 2 | | **4.000 €** |

## FALL 16

1. Die Steuerermäßigung nach § 34g beträgt 50 % x 2.000 = 1.000 €, max. 50 % x 1.650 € = 825 €.

2. Berechnungsmethode 1:

Nach § 10b Abs. 1 Satz 1 i.V.m. § 52 Abs. 2 Nrn. 1, 2, 5 und 22 AO werden die abzugsfähigen Zuwendungen wie folgt berechnet:

| | | |
|---|---:|---:|
| Zuwendungen i.S.d. § 10b **Abs.1** Satz 1  **3.250 €** | | |
| (400 € + 250 € +1.500 € + 1.100 €) | | |
| maximal abzugsfähig: | | |
| 20 % von 40.000 € = 8.000 €, | | |
| höchstens tatsächliche Zuwendungen | | 3.250 € |

Nach § 10b **Abs.2** werden die abzugsfähigen Zuwendungen wie folgt berechnet:

| | | |
|---|---:|---:|
| Zuwendung an eine **politische Partei** | 2.000 € | |
| abzüglich Zuwendung für Steuerermäßigung nach § 34g, max. | - 1.650 € | |
| abzugsfähige Zuwendungen | 350 € | 350 € |
| **abzugsfähige Zuwendungen** nach § 10b Abs. 1 + 2 | | **3.600 €** |

## FALL 17

1. Die Steuerermäßigung nach § 34g beträgt 50 % von (1.300 € + 300 €) = **800 €,** max. 825 €.

2. Berechnungsmethode 1:

Nach § 10b Abs. 1 Satz 1 i.V.m. § 52 Abs. 2 Nrn. 4 und 14 AO werden die abzugsfähigen Zuwendungen wie folgt berechnet:

| | | |
|---|---:|---:|
| Zuwendungen i.S.d. § 10b **Abs.1** Satz 1  **3.400 €** | | |
| (2.500 € + 900 €) | | |
| maximal abzugsfähig: | | |
| 20 % von 50.000 € = 10.000 €, | | |
| höchstens tatsächliche Zuwendungen | | 3.400 € |

Nach § 10b **Abs. 2** werden abzugsfähige Zuwendungen wie folgt berechnet:

| | | |
|---|---|---|
| Zuwendung an eine **politische Partei** | 1.600 € | |
| abzüglich Zuwendung für Steuerermäßigung nach § 34g | - 1.600 € | |
| abzugsfähige Zuwendungen | 0 € | 0 € |
| **abzugsfähige Zuwendungen** nach § 10b Abs. 1 + 2 | | **3.400 €** |

Berechnungsmethode 2:

4 v. T. von 1.000.000 € = 4.000 €,
höchstens tatsächliche Zuwendungen                                    **3.400 €**

Nach der Berechnungsmethode 2 können ebenfalls 3.400 € abgezogen werden.

## F A L L   1 8

1.  Die Steuerermäßigung nach § 34g beträgt 50 % x 3.500 = 1.750, max. = **1.650 €**.

2.  Nur Berechnungsmethode 1 möglich:

Nach § 10b **Abs. 1** Satz 1 i. V. m. § 52 Abs. 2 Nr. 1 AO werden die abzugsfähigen Zuwendungen wie folgt berechnet:

| | | |
|---|---|---|
| Zuwendungen i. S. d. § 10b **Abs. 1** Satz 1 | **1.250 €** | |
| maximal abzugsfähig: | | |
| 20 % von 50.000 € = 10.000 €, | | |
| höchstens tatsächliche Zuwendungen | | 1.250 € |

Nach § 10b **Abs. 2** werden abzugsfähige Zuwendungen wie folgt berechnet:

| | | |
|---|---|---|
| Zuwendung an eine **politische Partei** | 3.500 € | |
| abzüglich Zuwendung für Steuerermäßigung nach § 34g, höchstens | - 3.300 € | |
| abzugsfähige Zuwendungen | 200 € | 200 € |
| **abzugsfähige Zuwendungen** nach § 10b Abs. 1 + 2 | | **1.450 €** |

## F A L L   1 9

| Zeile | Altersvorsorgeaufwendungen i. S. d. §10 Abs. 1 Nr. 2 | € | € |
|---|---|---|---|
| 1 | Arbeitnehmeranteil zur allgemeinen RV | 3.000 | |
| 2 | steuerfreier Arbeitgeberanteil zur allgemeinen RV | 3.000 | |
| 3 | Beiträge zu landwirtschaftlichen Altersklassen | 0 | |
| 4 | Beiträge zu berufsständischen Versorgungseinrichtungen | 0 | |
| 5 | Beiträge zur kapitalgedeckten Altersversorgung | 2.000 | |
| 6 | zu berücksichtigende Altersvorsorgeaufwendungen | 8.000 | |
| 7 | Höchstbetrag | 23.712 | |
| 8 | der niedrigere Betrag der Zeile 6 oder der Zeile 7 ist anzusetzen | 8.000 | |
| 9 | in 2018 sind **86 %** des niedrigeren Betrages anzusetzen (86 % von 8.000 €) | | 6.880 |
| 10 | abzüglich steuerfreier Arbeitgeberanteil nach § 3 Nr. 62 | | - 3.000 |
| 11 | **abzugsfähige Sonderausgaben nach §10 Abs. 3** | | **3.880** |

**FALL 20**

| Zeile | Altersvorsorgeaufwendungen i.S.d. § 10 Abs. 1 Nr. 2 | € | € |
|---|---|---|---|
| 1 | Arbeitnehmeranteil zur allgemeinen RV | 6.084 | |
| 2 | steuerfreier Arbeitgeberanteil zur allgemeinen RV | 6.084 | |
| 3 | Beiträge zu landwirtschaftlichen Altersklassen | 0 | |
| 4 | Beiträge zu berufsständischen Versorgungseinrichtungen | 0 | |
| 5 | Beiträge zur kapitalgedeckten Altersversorgung | 4.200 | |
| 6 | zu berücksichtigende Altersvorsorgeaufwendungen | 16.368 | |
| 7 | Höchstbetrag | 47.424 | |
| 8 | der niedrigere Betrag der Zeile 6 oder der Zeile 7 ist anzusetzen | 16.368 | |
| 9 | in 2018 sind **86 %** des niedrigeren Betrages anzusetzen (86 % von 16.368 €) | | 14.077 |
| 10 | abzüglich steuerfreier Arbeitgeberanteil nach § 3 Nr. 62 | | - 6.084 |
| 11 | **abzugsfähige Sonderausgaben nach § 10 Abs 3** | | **7.993** |

**FALL 21**

| Zeile | Altersvorsorgeaufwendungen i.S.d. § 10 Abs. 1 Nr. 2 | € | € |
|---|---|---|---|
| 1 | Arbeitnehmeranteil zur allgemeinen RV | 0 | |
| 2 | steuerfreier Arbeitgeberanteil zur allgemeinen RV | 0 | |
| 3 | Beiträge zu landwirtschaftlichen Altersklassen | 0 | |
| 4 | Beiträge zu berufsständischen Versorgungseinrichtungen | 24.000 | |
| 5 | Beiträge zur kapitalgedeckten Altersversorgung | 12.000 | |
| 6 | zu berücksichtigende Altersvorsorgeaufwendungen | 36.000 | |
| 7 | Höchstbetrag | 47.424 | |
| 8 | der niedrigere Betrag der Zeile 6 oder der Zeile 7 ist anzusetzen | 36.000 | |
| 9 | in 2018 sind **86 %** des niedrigeren Betrages anzusetzen (86 % von 36.000 €) | | 30.960 |
| 10 | abzüglich steuerfreier Arbeitgeberanteil nach § 3 Nr. 62 | | - 0 |
| 11 | **abzugsfähige Sonderausgaben nach § 10 Abs. 3** | | **30.960** |

**FALL 22**

| Zeile | Altersvorsorgeaufwendungen i.S.d. § 10 Abs. 1 Nr. 2 | € | € |
|---|---|---|---|
| 1 | Beiträge zu privaten kapitalgedeckten Leibrentenversicherungen | 2.000 | |
| 2 | zu berücksichtigende Altersvorsorgeaufwendungen | 2.000 | |
| 3 | Höchstbetrag | 23.712 | |
| 4 | abzüglich fiktivem Gesamtrentenversicherungsbeitrag (18,6 % vom Bruttoarbeitslohn, höchstens Jahresbeitragsbemessungsgrenze (Ost) in der allgemeinen RV (max. 18,6 % von 69.600 €) 18,6 % von 30.151 € = 5.608 €, max. 12.945 € | - 5.608 | |
| 5 | gekürzter Höchstbetrag | 18.104 | |
| 6 | der niedrigere Betrag der Zeile 2 oder der Zeile 5 ist anzusetzen | 2.000 | |
| 7 | in 2018 sind 86 % des niedrigeren Betrages anzusetzen (86 % von 2.000 €) | | 1.720 |
| 8 | **abzugsfähige Sonderausgaben nach § 10 Abs. 3** | | **1.720** |

**FALL 23**

| Zeile | Altersvorsorgeaufwendungen i.S.d. § 10 Abs. 1 Nr. 2 | € | € |
|---|---|---|---|
| 1 | Beiträge zu privaten kapitalgedeckten Leibrentenversicherungen | 6.000 | |
| 2 | zu berücksichtigende Altersvorsorgeaufwendungen | 6.000 | |
| 3 | Höchstbetrag | 47.424 | |
| 4 | abzüglich fiktivem Gesamtrentenversicherungsbeitrag (18,6 % vom Bruttoarbeitslohn (18,6 % von 70.300 = 13.075), max. Jahresbeitragsbemessungsgrenze (Ost) in der allgemeinen RV (18,6 % von 69.600€ = 12.945) | - 12.945 | |
| 5 | gekürzter Höchstbetrag | 34.479 | |
| 6 | der niedrigere Betrag der Zeile 2 oder der Zeile 5 ist anzusetzen | 6.000 | |
| 7 | in 2018 sind 86 % des niedrigeren Betrages anzusetzen (86 % von 6.000 €) | | 5.160 |
| 8 | **abzugsfähige Sonderausgaben nach § 10 Abs. 3** | | **5.160** |

**FALL 24**

| Versicherungsbeiträge | Sonderausgaben |
|---|---|
| Beiträge zur gesetzlichen Krankenversicherung (100 % - 4 %) § 10 Abs. 1 Nr. 3 a) Satz 4 | Ja, § 10 Abs. 1 Nr. 3 Buchstabe a) |
| Beiträge zur freiwilligen Krankenversicherung | Ja, § 10 Abs. 1 Nr. 3 Buchstabe a) |
| Beiträge zur gesetzlichen Pflegeversicherung | Ja, § 10 Abs. 1 Nr. 3 Buchstabe b) |
| Beiträge zur Hundehaftpflichtversicherung | Ja, § 10 Abs. 1 Nr. 3a |
| Beiträge zur Kfz-Haftpflichtversicherung | Ja, § 10 Abs. 1 Nr. 3a |
| Beiträge zur Krankenhaustagegeldversicherung | Ja, § 10 Abs. 1 Nr. 3a)* |
| Beiträge zur Kfz-Kaskoversicherung | Nein, H 10.5 (Keine SoA.) EStH |
| Beiträge zur Rechtsschutzversicherung | Nein, H 10.5 (Keine SoA.) EStH |
| Beiträge zur Krankentagegeldversicherung | Ja, H 10.5 (Krankentagegeldv.) EStH |
| Beiträge zur Hausratversicherung | Nein, H 10.5 (Keine SoA) EStH |
| Beiträge gegen außerbetriebliche Unfälle | Ja, H 10.5 (Unfallversicherung) EStH |

\* BMF-Schreiben vom 24.05.2017, BStBl I 2017, S. 820

## FALL 25

In 2018 kann Herr Barden folgende Versicherungsbeiträge als Sonderausgaben* abziehen:

| | | |
|---|---|---:|
| 1. | Beiträge für die gesetzliche Krankenversicherung | 2.550 € |
| 2. | − 4 % für den Anspruch auf Krankengeld (4 % von 2.550 €) | − 102 € |
| 3. | verbleiben (96 % von 2.550 €) | 2.448 € |
| 4. | Beiträge zur Pflegeversicherung | 469 € |
| 5. | Summe (Basisabsicherung) | 2.917 € |
| 6. | Vorsorgeaufwendungen (2.550+469+461+45+450+88% x 1.200) | 5.031 € |
| 7. | Höchstbetrag | 1.900 € |
| 8. | mindestens abziehbar (2.448 + 469) | 2.917 € |
| 9. | = abzugsfähige Sonderausgaben (§ 10 Abs. 4) | 2.917 € |

    \* Beträge sind gerundet.

## FALL 26

In 2018 kann Frau Reuter folgende Versicherungsbeiträge als Sonderausgaben abziehen:

| | | |
|---|---|---:|
| 1 | Krankenversicherungsbeiträge | 1.494 € |
| 2 | Pflegeversicherungsbeiträge | 230 € |
| 3 | weitere sonstige Vorsorgeaufwendungen (270 +350) | 620 € |
| 4 | Summe | 2.344 € |
| 5 | Höchstbetrag (1.900 €) | 1.900 € |
| 6 | mindestens abziehbar (1.494 € x 96 % = 1.435 € + 230 €) | 1.665 € |
| 7 | der höhere Betrag der Zeile 5 oder 6 ist als SA abziehbar | **1.900 €** |

## FALL 27

In 2018 können die Eheleute Richter folgende Versicherungsbeiträge als Sonderausgaben abziehen:

| | | |
|---|---|---:|
| 1 | Krankenversicherungsbeiträge | 5.904 € |
| 2 | Pflegeversicherungsbeiträge | 882 € |
| 3 | weitere sonstige Vorsorgeaufwendungen (1.080 + 550) | 1.630 € |
| 4 | Summe | 8.416 € |
| 5 | Höchstbetrag (EM: 1.900 € + EF: 1.900 €) | 3.800 € |
| 6 | mindestens abziehbar (5.904 € x 96 % = 5.668 € + 882 €) | 6.550 € |
| 7 | der höhere Betrag der Zeile 5 oder 6 ist als SA abziehbar | **6.550 €** |

## FALL 28

Sonderausgaben-Pauschbetrag **72 Euro** (§ 10c Satz 1 i. V. m. § 10c Satz 2)

# Zusammenfassende Erfolgskontrolle

1.  **Persönliche Steuerpflicht und Veranlagungsart**
    Heinrich und Helga Kurz sind **unbeschränkt einkommensteuerpflichtig**, weil sie im
    **Inland** einen **Wohnsitz** haben (§ 1 **Abs. 1**).
    Sie werden **zusammen veranlagt**, weil die Ehegatten unbeschränkt steuerpflichtig sind,
    nicht dauernd getrennt leben und beide die Zusammenveranlagung beantragt haben
    (§§ 26, 26b).

2.  **Ermittlung des Gesamtbetrags der Einkünfte**

|  | | EM € | EF € | gesamt € |
|---|---|---|---|---|
| Einkünfte aus Gewerbebetrieb (§ 15) | | | | |
| **Ehemann:** | | | | |
| a) vorläufiger Gewinn | 67.451 € | | | |
| b) + Zuwendungen (Spenden) | 900 € | | | |
| c) + Geschenk (nicht abz. BA) | 238 € | | | |
| endgültiger Gewinn | 68.589 € | 68.589 | | |
| **Ehefrau:** | | | | |
| Gewinnanteil KG | | | 6.310 | 74.899 |
| Einkünfte aus nichtselbständiger Arbeit (§ 19) | | | | |
| Bruttoarbeitslohn | 23.760 € | | | |
| – Werbungskosten | | | | |
| Fahrtkosten | 1.350 € * | | | |
| Kontoführungsgebühr | 16 € | | | |
| Fachliteratur | 220 € | | 22.174 | 22.174 |
| Einkünfte aus Kapitalvermögen (§ 20)** | | | | |
| Brutto-Dividende | | | | |
| (1.472,50 € : 73,625 x 100) | 2.000,00 € | | | |
| – Sparer-Pauschbetrag | - 1.602,00 € | | | |
| = steuerpflichtige Einnahme | 398,00 € | | | |
| – KapESt (25 % von 398 €) | – 99,50 € | | | |
| – SolZ (5,5 % von 99,50 €) | – 5,47 € | | | |
| | 293,03 € | | | |
| Mit dem Abzug der KapESt und des SolZ sind die Kapitalerträge steuerlich abgegolten. | | | 0 | 0 |
| Übertrag: | | 68.589 | 28.484 | 97.073 |

---

\* Fahrtkosten: 180 Tage x 25 km x 0,30 € = 1.350 €
\** Erstattungsanspruch KapESt: 500,00 € - 99,50 € = 400,50 €,
   Erstattungsanspruch Soli: 27,50 € - 5,47 € = 22,03 €. Antrag erforderlich.

|  | EM<br>€ | EF<br>€ | gesamt<br>€ |
|---|---|---|---|
| Übertrag: | 68.589 | 28.484 | 97.073 |

Einkünfte aus V + V (§ 21)

E: 3 x 11 x 900 € =        29.700 €

Die von Kurz bewohnte Wohnung unterliegt nicht der Einkommensteuer.

- Werbungskosten

AfA: 2 % v. 525.000 € [(75 % v. 700.000 €)

| | |
|---|---|
| = 10.500 €, davon ¹¹/₁₂] | 9.625 € |
| Reparaturen, GrSt | 3.003 € |
| Disagio | 5.000 € |
| Zinsen + Notariatskosten | 10.000 € |
| | 27.628 € |

davon entfallen ¾ auf die vermieteten Wohnungen       20.721 €

|  | | EM € | EF € | gesamt € |
|---|---|---|---|---|
| = **Verlust** | − 8.979 € | 8.979 | | 8.979 |
| = **Summe der Einkünfte** | | 77.568 | 28.484 | 106.052 |

- **Altersentlastungsbetrag** (§ 24a)

EM: 19,2 % von 77.568 € = 14.893 €, max. 912       912

= **Gesamtbetrag der Einkünfte**       **105.140**

3. **Ermittlung der abzugsfähigen Sonderausgaben**

- **Sonderausgaben**

Sonderausgaben (**SA 1**)

Zuwendungen zur Förderung des Tierschutzes (§ 10b Abs. 1 Satz 1 EStG i. V. m. § 52 Abs. 2 Nr. 2 AO)

20 % von 105.140 € = 21.028 €, höchstens Aufwendungen       900

Übertrag: Sonderausgaben       900

Heinrich Kurz, geb. 01.01.1954, vollendete das 64. Lebensjahr mit Ablauf des 31.12.2017.

| | gesamt € |
|---|---|
| Übertrag: Sonderausgaben | 900 |

Sonderausgaben (**SA 2**)

**Altersvorsorgeaufwendungen** i. S. d. § 10 Abs. 1 **Nr. 2** EStG

| Zeile | | € | € |
|---|---|---|---|
| 1 | Arbeitnehmeranteil zur gesetzlichen RV | 2.210 | |
| 2 | steuerfreier Arbeitgeberanteil zur allgemeinen RV | 2.210 | |
| 3 | Beiträge zu landwirtschaftlichen Altersklassen | 0 | |
| 4 | Beiträge zu berufsständischen Versorgungseinrichtungen | 0 | |
| 5 | Beiträge zur kapitalgedeckten Altersversorgung | 3.000 | |
| 6 | zu berücksichtigende Altersvorsorgeaufwendungen | 7.420 | |
| 7 | Höchstbetrag (23.712 €/47.424 €) | 47.424 | |
| 8 | der niedrigere Betrag der Zeile 6 oder der Zeile 7 ist anzusetzen | 7.420 | |
| 9 | in 2018 sind **86 %** des niedrigeren Betrages anzusetzen (86 % von 7.420 €) | | 6.382 |
| 10 | abzüglich steuerfreier Arbeitgeberanteil nach § 3 Nr. 62 | | - 2.210 |
| 11 | **abzugsfähige Sonderausgaben nach § 10 Abs. 3** | | **4.172** |

| | gesamt € |
|---|---|
| | 4.172 |

**sonstige Vorsorgeaufwendungen** i. S. d. § 10 Abs. 1 **Nr. 3** u. 3a

| 1 | Krankenversicherungsbeiträge (5.388 + 1.973) | 7.361 € |
|---|---|---|
| 2 | Pflegeversicherungsbeiträge (742 + 363) | 1.105 € |
| 3 | weitere sonstige Vorsorgeaufwendungen (357 + 430) | 787 € |
| 4 | Summe | 9.253 € |
| 5 | Höchstbetrag (EM: 2.800 + EF: 1.900) | 4.700 € |
| 6 | mindestens abziehbar (5.388 + 1.973 x 96% + 1.105) | 8.387 € |
| 7 | der höhere Betrag der Zeile 5 oder 6 ist als SA abziehbar | **4.700 €** |

| | gesamt € |
|---|---|
| | 8.387 |

| Die **abzugsfähigen Sonderausgaben** betragen insgesamt | **13.459** |
|---|---|

# 14.3  Außergewöhnliche Belastungen

**F A L L  1**

| außergewöhnliche Belastung | 3.000 € |
|---|---|
| - zumutbare Belastung (5 % von 15.340 € + 6 % von 24.660 €) abgerundet | - 2.246 € |
| = abziehbare außergewöhnliche Belastung (§ 33 Abs. 1) | **754 €** |

**F A L L  2**

| außergewöhnliche Belastung | 4.000 € |
|---|---|
| - zumutbare Belastung (§ 33 Abs. 3) 5 % von 15.088 € [16.000 € - 912 € AEB (§ 24a)] abgerundet* | - 754 € |
| = abziehbare außergewöhnliche Belastung (§ 33 Abs. 1) | **3.246 €** |

| | | |
|---|---|---|
| * Einkünfte aus nichtselbständiger Arbeit | **16.000 €** | |
| = Summe der Einkünfte | 16.000 € | |
| – Altersentlastungsbetrag (§ 24a) | | |
| (19,2 % vom Brutto-AL **17.000 €**, höchstens) | – 912 € | |
| = Gesamtbetrag der Einkünfte | **15.088 €** | |

## FALL 3

| | |
|---|---|
| außergewöhnliche Belastung | 3.000 € |
| – zumutbare Belastung (2 % von 15.340 € + 3 % von 24.660 €, § 33 Abs. 3) | – 1.046 € |
| = abziehbare außergewöhnliche Belastung (§ 33 Abs. 1) | **1.954 €** |

## FALL 4

| | € | € | € |
|---|---|---|---|
| Ungekürzter **Höchstbetrag** (§ 33a Abs. 1 S. 1) | | | 9.000 |
| **a) Ermittlung der Einkünfte des Großvaters** | | | |
| Einkünfte aus nichtselbständiger Arbeit (§ 19 Abs. 2) | | | |
| Versorgungsbezüge (Jahresbetrag) | 1.920 | | |
| – Versorgungsfreibetrag (27,2 % v. 1.920 €) | – 523 | | |
| – Zuschlag zum Versorgungsfreibetrag | – 612 | | |
| – Arbeitnehmer-Pauschbetrag (§ 9a Nr. 1b) | – 102 | 683 | |
| Sonstige Einkünfte i. S. d. § 22 Nr. 1 | | | |
| Rente 2.400 € | | | |
| davon Besteuerungsanteil (68 % von 2.400 €) | 1.632 | | |
| – WKP (§ 9a Nr. 3) | – 102 | 1.530 | |
| = Einkünfte des Großvaters | | 2.213 | |
| **b) Ermittlung der Bezüge des Großvaters § 33a (1) Satz 5** | | | |
| Rentenfreibetrag (2.400 € – 1.632 €) | 768 | | |
| + Zuschuss zur KV | 175 | | |
| + Wohngeld (R. 33a Abs. 3 S. 4 EStR 2012) | 769 | | |
| + Versorgungsfreibetrag | 523 | | |
| + Zuschlag zum Versorgungsfreibetrag | 612 | | |
| | 2.847 | | |
| – Kostenpauschale (R 33a.1 Abs. 3 Satz 5 EStR 2012) | – 180 | | |
| = Bezüge des Großvaters | | 2.667 | |
| Summe der Einkünfte und Bezüge des Großvaters | | 4.880 | |
| **c) Ermittlung der abziehbaren agB** | | | |
| Die Einkünfte und Bezüge des Großvaters von | | 4.880 | |
| übersteigen den Karenzbetrag von | | – 624 | |
| um (= anrechenbare Einkünfte und Bezüge) | | 4.256 | |
| Die anrechenbare Einkünfte und Bezüge sind vom Höchstbetrag abzuziehen. | | | – 4.256 |
| = gekürzter Höchstbetrag (§ 33a Abs. 1 S. 4) | | | 4.744 |
| Die tatsächlichen Aufwendungen von 6.000 € liegen über dem gekürzten Höchstbetrag von 4.744 €, sodass als agB der Betrag von abgezogen werden kann. | | | 4.744 |

Hinweis: Alle Zahlen werden in vollen Euro-Beträgen angegeben.

**FALL 5**

| | € | € | € |
|---|---|---|---|
| Ungekürzter **Höchstbetrag** für das Kalenderjahr | | | 9.000 |
| anteiliger Höchstbetrag (⁸⁄₁₂ von 9.000 €) | | | 6.000 |
| (§ 33a Abs. 3 Satz 1) | | | |

**a) eigene Einkünfte der Mutter**

sonstige Einkünfte i.S.d. § 22 Nr. 1

| | | | |
|---|---|---|---|
| Bruttorente (12 x 175 €) | 2.100 € | | |
| Einnahme: Besteuerungsanteil (76 % von 2.100 €) | | 1.596 | |
| WKP nach § 9a Nr. 3 | | - 102 | |
| davon entfallen auf den Unterhaltszeitraum: | | 1.494 | |
| ⁸⁄₁₂ von 1.494 € = 996 € | | | 996 |
| [R 33a.3 Abs. 2 Nr. 1 EStR, H 33a.3 (Allgemeines) EStH] | | | |

**b) eigene Bezüge der Mutter**

| | | | |
|---|---|---|---|
| Rentenfreibetrag (2.100 € – 1.596 €) | | 504 | |
| Zuschuss zur Krankenversicherung für Rentner | | 153 | |
| Kostenpauschale (R 33a.1 Abs. 3 Satz 5 EStR 2012) | | - 180 | |
| verbleibende Bezüge | | 477 | |
| davon entfallen auf den Unterhaltszeitraum: | | | |
| ⁸⁄₁₂ von 477 € = 318 € | | | 318 |
| [R 33a.3 Abs. 2 Nr. 1 EStR/H 33a.3 (Allgemeines) EStH] | | | |
| Summe der eigenen Einkünfte und Bezüge | | | 1.314 |

**c) Ermittlung der abziehbaren agB**

| | | | |
|---|---|---|---|
| Die eigenen Einkünfte und Bezüge der Mutter im Unterhaltszeitraum von | | | 1.314 |
| übersteigen den anrechnungsfreien Betrag (Karenzbetrag) von (⁸⁄₁₂ von 624 €) | | | 416 |
| um (= anrechenbare Einkünfte und Bezüge) | | | 898 |

Die anrechenbare Einkünfte und Bezüge sind von dem anteiligen Höchstbetrag abzuziehen.  **- 898**

= gekürzter Höchstbetrag  **5.102**

Die tatsächlichen Aufwendungen von 4.400 € (8 x 550 €) liegen unter dem gekürzten Höchstbetrag von 5.102 €, sodass als agB der Betrag von **4.400** abgezogen werden kann (§ 33a Abs. 1 Satz 1 bis 5 und Abs. 3).

**FALL 6**

|  | € | € | € |
|---|---|---|---|
| Ungekürzter **Höchstbetrag** (§ 33a Abs. 1 Satz 1) |  |  | 9.000 |
| **a) Ermittlung der Einkünfte des Vaters** |  |  |  |
| Einkünfte aus nichtselbständiger Arbeit (§ 19 Abs. 2) |  |  |  |
| Versorgungsbezüge (Jahresbetrag) | 2.520 |  |  |
| – Versorgungsfreibetrag (25,6 % von 2.520 €) | – 645 |  |  |
| – Zuschlag zum Versorgungsfreibetrag | – 576 |  |  |
| – WKP (§ 9a Satz 1 Nr. 1a) | – 102 | 1.197 |  |
| Sonstige Einkünfte i. S. d. § 22 Nr. 1 |  |  |  |
| Brutto-Rente  1.440 € |  |  |  |
| davon Besteuerungsanteil 68 % von 1.440 € | 979 |  |  |
| – WKP (§ 9a Nr. 3) | – 102 | 877 |  |
| = Einkünfte des Vaters |  | 2.074 |  |
| **b) Ermittlung der Bezüge des Vaters** |  |  |  |
| Rentenfreibetrag (1.440 € – 979 €) | 461 |  |  |
| Wohngeld + Zuschuss KV (7,3 % x 1.440 €) | 705 |  |  |
| + Versorgungsfreibetrag + Zuschlag (§ 19 Abs. 2) |  |  |  |
| (645 € + 576 €) | 1.221 |  |  |
|  | 2.387 |  |  |
| – Kostenpauschale (R 33a.1 Abs. 3 Satz 5 EStR 2012) | – 180 |  |  |
| = Bezüge des Vaters |  | 2.207 |  |
| Summe der Einkünfte und Bezüge des Vaters |  | 4.281 |  |
| **c) Ermittlung der abziehbaren agB** |  |  |  |
| Die Einkünfte und Bezüge des Großvaters von |  | 4.281 |  |
| übersteigen den Karenzbetrag von |  | 624 |  |
| um (= anrechenbare Einkünfte und Bezüge) |  | 3.657 |  |
| Die anrechenbare Einkünfte und Bezüge sind vom Höchstbetrag abzuziehen. |  |  | – 3.657 |
| = gekürzter Höchstbetrag (§ 33a Abs. 1 Satz 4) |  |  | 5.343 |

Die tatsächlichen Aufwendungen von 5.400 € liegen über dem
gekürzten Höchstbetrag von 5.343 €, sodass als agB abgezogen
werden können:

| | |
|---|---|
| Uwe Neis ⅓ von 5.343 € (§ 33a Abs. 1 Satz 7) = | **1.781 €** |
| Kurt Neis ⅔ von 5.343 € (§ 33a Abs. 1 Satz 7) = | **3.562 €** |

## FALL 7

Der Steuerpflichtige kann für den VZ 2018 **keinen** Freibetrag (Ausbildungsfreibetrag) nach § 33a Abs. 2 vom Gesamtbetrag der Einkünfte abziehen, weil die Voraussetzungen des § 33a Abs. 2 **nicht** erfüllt sind. Die Tochter hat noch **nicht** das **18. Lebensjahr** vollendet und ist **nicht auswärtig** untergebracht.

## FALL 8

Der Steuerpflichtige kann für den VZ 2018 **einen** Freibetrag (Ausbildungsfreibetrag) nach § 33a Abs. 2 in Höhe von **924 €** vom Gesamtbetrag der Einkünfte abziehen, weil alle Voraussetzungen des § 33a Abs. 2 Satz 1 erfüllt sind.

## FALL 9

Den Eheleuten ist ein Ausbildungsfreibetrag in Höhe von **924 €** zu gewähren, weil alle Voraussetzungen des § 33a Abs. 2 Satz 1 erfüllt sind. Die Einkünfte und Bezüge des Kindes haben keinen Einfluss auf den Ausbildungsfreibetrag.

## FALL 10

Der abziehbare Ausbildungsfreibetrag nach § 33a Abs. 2 für den VZ 2018 wird wie folgt berechnet:

$$\tfrac{7}{12} \text{ von } 924 \,€ \quad = \quad \mathbf{539\,€}$$

Da Martina erst mit Ablauf des 15.06.2017 das 18. Lebensjahr vollendet hat, ist der Freibetrag von 924 € um $\tfrac{5}{12}$ zu kürzen (§ 33a Abs. 3). In fünf vollen Monaten haben die Voraussetzungen für den Ausbildungsfreibetrag nicht vorgelegen.

## FALL 11

Aufgrund des Studiums ist das Kind nach § 32 Abs. 4 Satz 1 Nr. 2a zu berücksichtigen. Das Studium wird jedoch nach Abschluss einer erstmaligen Berufsausbildung durchgeführt, sodass das Kind nach § 32 Abs. 4 Satz 2 nur berücksichtigt werden kann, wenn es keiner anspruchsschädlichen Erwerbstätigkeit nachgeht. Für die Monate August bis Dezember 2018 kann das Kind nicht berücksichtigt werden. Neben den Monaten Januar bis Juni kann das Kind auch im Juli berücksichtigt werden, da es wenigstens an einem Tag die Anspruchsvoraussetzung – keine anspruchsschädliche Erwerbstätigkeit – erfüllt (A20.3.1 Abs. 1 DA-KG 2018, BStBl I 2018, S. 822). Der gekürzte Ausbildungsfreibetrag beträgt **539 €** ($\tfrac{7}{12}$ x 924 €).

## FALL 12

Den Eheleuten Michels ist ein gekürzter Ausbildungsfreibetrag von **770 €** ($\tfrac{10}{12}$ x 924 €) zu gewähren. Die Frage der Erwerbstätigkeit stellt sich nicht, weil die Erstausbildung noch nicht abgeschlossen ist

## F A L L  1 3

### Julia

Für Julia erhält Herr Dautzenberg **einen** Freibetrag (Ausbildungsfreibetrag) nach § 33a **Abs. 2** in Höhe von **924 Euro** (Sonderbedarf), da sie das 18. Lebensjahr vollendet hat und auswärtig untergebracht war.

Außerdem werden für Julia ein Kinderfreibetrag von **4.788 Euro** und ein Freibetrag (Betreuungsfreibetrag) von **2.640 Euro** für den Betreuungs-, Erziehungs- oder Ausbildungsbedarf des Kindes nach § 32 **Abs. 6 Satz 3** gewährt bzw. Kindergeld. Im Rahmen der Einkommensteuererklärung wird von Amts wegen eine Günstigerprüfung durchgeführt.

Hinweis: Herr Dautzenberg kann für die schulische Ausbildung seiner Tochter Julia den Sonderausgabenabzug gem. § 10 Abs. 1 Nr. 9 in Anspruch nehmen (30 % v. 600 € = 180 € x 12 Monate = 2.160 €).

### Martin

Herr Dautzenberg erhält **keine** Freibeträge (KFB und BEA) nach § 32, da **Martin** nach § 32 Abs. 4 Satz 2 **kein zu berücksichtigendes Kind** ist. Martin hat das 25. Lebensjahr überschritten und es liegt kein Verlängerungstatbestand des § 32 Abs. 5 vor. Unterhaltsleistungen nach § 33a Abs. 1 können ebenfalls nicht geltend gemacht werden, da Martin **nicht** nur über ein geringes Vermögen (R. 33a.1 Abs. 2 Satz 3 EStR 2012) verfügt.

## F A L L  1 4

Der abziehbare Freibetrag (Ausbildungsfreibetrag) nach § 33a **Abs. 2** beträgt **924 Euro**. Italien gehört zur Ländergruppe I (BMF-Schreiben v. 20.10.2016, BStBl I 2016, S. 1183, abrufbar unter www.bmfschreiben.de)

## F A L L  1 5

Die **Behinderten-Pauschbeträge** betragen nach § 33b Abs. 3:

| | |
|---|---:|
| für den Ehemann | 570 € |
| für die Ehefrau | 430 € |
| | **1.000 €** |

## F A L L  1 6

agB nach **§ 33**:

| | |
|---|---:|
| außergewöhnliche Belastung | 2.000 € |
| – zumutbare Belastung (5 % von 15.340 = 767 + 6 % von 9.660 = 579) | – 1.346 € |
| = abziehbare agB nach § 33 | **654 €** |

agB nach **§ 33b Abs. 6**:

Der Steuerpflichtige kann ohne Nachweis der Kosten den **Pflege-Pauschbetrag** von                **924 €** geltend machen.

Da der **Pflege-Pauschbetrag** höher ist als die abziehbare agB nach **§ 33**, wird er den **Pflege-Pauschbetrag** von **924 Euro** vom Gesamtbetrag der Einkünfte abziehen (§ 33b Abs. 6 Satz 1).

**FALL 17**

| | | WK | SA | agB | KdL |
|---|---|---|---|---|---|
| a) | Beiträge zur privaten Hausratversicherung | | | | x |
| b) | Unterstützung der vermögenslosen Mutter von Karl Fischer | | | x | |
| c) | Beiträge zur privaten Rechtschutzversicherung | | | | x |
| d) | Aufwendungen für typische Berufskleidung | x | | | |
| e) | Fachliteratur für ausgeübten Beruf | x | | | |
| f) | Aufwendungen für das Erststudium, das nicht im Rahmen eines Ausbildungsdienstverhältnisses stattfindet | | x | | |
| g) | Beiträge zur Hundehaftpflichtversicherung | | x | | |
| h) | Beiträge zur Haftpflichtversicherung für das eigengenutzte Einfamilienhaus | | x | | |
| i) | Beerdigungskosten für die vermögenslose Mutter von Karl Fischer | | | x | |
| j) | Beiträge zur privaten Kfz-Vollkaskoversicherung | | | | x |
| k) | Steuerberatungskosten für die Erbschaftsteuererklärung der Eheleute Fischer | | | | x |

**FALL 18**

| | € |
|---|---|

**agB nach § 33**

|  |  |  |
|---|---|---|
| außergewöhnliche Belastung | | 2.500 € |
| - zumutbare Belastung | | |
| Bemessungsgrundlage: | | |
| Summe der Einkünfte | 43.155 € | |
| – AEB (EM ab 2011) 30,4 %, höchstens | – 1.444 € | |
| – AEB (EF ab 2013) | | |
| 27,2 % von 2.633 € | – 716 € | |
| Gesamtbetrag der Einkünfte | 40.995 € | |
| 2 % von 15.340 = 306,80 + 3 % von 25.665 = 769,95 € | | – 1.077 € |

| | | € |
|---|---|---|
| = abziehbare außergewöhnliche Belastung | | 1.423 |

**agB nach § 33a**

Unterhaltsaufwendungen (§ 33a **Abs. 1**)

**a) Ermittlung der Einkünfte der Mutter**

|  |  |  |  |
|---|---|---|---|
| Rente | 2.400 € | | |
| davon Besteuerungsanteil 72 % | | 1.728 € | |
| - Werbungskosten-Pauschbetrag | | – 102 € | |
| = Einkünfte | | 1.626 € | |
| Übertrag: | | 1.626 € | 1.423 |

| | € |
|---|---|
| Übertrag: | 1.423 |

**b) Ermittlung der Bezüge der Mutter**

Einnahmen: Rentenanteil, der über den nicht um die
WK gekürzten Besteuerungsanteil hinausgeht

| | | |
|---|---|---|
| 2.400 € – 1.728 € | 672 € | |
| Zuschuss zur KV (14 € x 12) R. 33a. 1 Abs. 3 Nr. 8 | 168 € | |
| | 840 € | |
| – Kostenpauschale | – 180 € | |
| = Bezüge | | 660 € |
| Einkünfte und Bezüge (a + b) | | 2.286 € |

**c) Ermittlung der agB**

| | | |
|---|---|---|
| Die Einkünfte und Bezüge der Mutter übersteigen den Karenz-betrag von | | 2.286 €<br>624 € |
| um | | 1.662 € |
| Dieser Betrag ist vom gekürzten Höchstbetrag von<br>abzuziehen | | 9.000 €<br>– 1.662 € |
| sodass abgezogen werden könnten | | 7.338 € |
| **höchstens** jedoch die **tatsächlichen Aufwendungen** | | 2.400 |

**Freibetrag** (Ausbildungsfreibetrag) **nach § 33a Abs. 2**

| | |
|---|---|
| Tochter Inge | 924 |

**Behinderten-Pauschbeträge** (§ 33b)

| | | |
|---|---|---|
| für den Steuerpflichtigen (§ 33b Abs. 1 – 3) | 310 € | |
| für den blinden Sohn Peter (§ 33b Abs. 1 – 3, 5) | 3.700 € | |
| Pflege-Pauschbetrag (§ 33b Abs. 6) | 924 € | 4.934 |
| = **abziehbare außergewöhnliche Belastungen** | | **9.681** |

# Zusammenfassende Erfolgskontrolle

| | EM € | EF € |
|---|---:|---:|
| Einkünfte aus Gewerbebetrieb (§ 15) | | |
| Handelsbilanzgewinn der KG für 2017/2018 (§ 4a Abs. 2 Nr. 2) | 107.750 € | |
| davon 40 % x 107.750 € | 43.100 € | |
| + Gehalt (§ 15 (1) Nr. 2) | 50.000 € | |
| + Zinsen (§ 15 (1) Nr. 2) | 3.000 € | 96.100 |
| Einkünfte aus nichtselbständiger Arbeit (§ 19) | | |
| Bruttoarbeitslohn | 22.400 € | |
| − ANP (§ 9a Satz 1 Nr. 1a) | − 1.000 € | 21.400 |
| Einkünfte aus Kapitalvermögen (§ 20) | | |
| Brutto-Dividende (Zuflussprinzip gem. § 11) (368,13 € : 73,625 x 100) | 500,00 € | |
| Bausparzinsen (brutto) | 190,00 € | |
| = Einnahmen insgesamt | 690,00 € | |
| − Sparer-Pauschbetrag (§ 20 Abs. 9) 801 €/1.602 €, höchstens | − 690,00 € | |
| = steuerpflichtige Einnahmen | 0,00 € | 0 |
| Einkünfte aus V + V (§ 21) | | |
| Das selbst genutzte Einfamilienhaus wird steuerlich nicht berücksichtigt. | | |
| **Mietwohngrundstück** | | |
| Einnahmen | 14.442 € | |
| − Werbungskosten | − 18.189 € | |
| **Verlust** | 3.747 € | |
| davon ⅓ | 1.249 € | − 1.249 |
| Übertrag: | 94.851 | 21.400 |

|  | EM<br>€ | EF<br>€ |
|---|---|---|
| Übertrag: | 94.851 | 21.400 |

sonstige Einkünfte i.S.d. § 22 Nr. 1 Satz 3 bb)

| | | |
|---|---:|---:|
| Brutto-Rente (800 € x 12) | 9.600 € | |
| − Rentenfreibetrag (78 % von 9.600 €) | − 7.488 € | |
| = stpfl. Teil der Rente (22 %) | 2.112 € | |
| − WKP | − 102 € | 2.010 |

| | EM | EF |
|---|---:|---:|
| **= Summe der Einkünfte** | 96.861 | 21.400 |
| | | 96.861 |
| | | 118.261 |
| − Altersentlastungsbetrag EM (§ 24a) | | 912 |
| (19,2 % von 96.861 € = 18.597 €, höchstens) | | |
| **= Gesamtbetrag der Einkünfte** | | 117.349 |
| − Sonderausgaben 1 (§ 10b Abs. 1) | | |

Zuwendungen 857 € (607 € + 250 €)   857 €
(Der Höchstbetrag von 20 % von 117.349 € =
23.470 € wird nicht überschritten.)
Die Spende an eine pol. Partei kann nicht als SA
berücksichtigt werden, weil für sie eine Steuerermäßigung i.H.v. 100 € nach § 34g gewährt wird.   0 €   857

− Sonderausgaben 2

| Zeile | Altersvorsorgeaufwendungen i.S.d. § 10 Abs. 1 Nr. 2 | € |
|---|---|---:|
| 1 | Arbeitnehmeranteil zur gesetzlichen RV | 2.084 |
| 2 | steuerfreier Arbeitgeberanteil zur gesetzlichen RV | 2.084 |
| 3 | Beiträge zu landwirtschaftlichen Altersklassen | 0 |
| 4 | Beiträge zu berufsständischen Versorgungseinrichtungen | 0 |
| 5 | Beiträge zur kapitalgedeckten Altersversorgung | 2.400 |
| 6 | zu berücksichtigende Altersvorsorgeaufwendungen | 6.568 |
| 7 | Höchstbetrag (23.712 €/47.424 €) | 47.424 |
| 8 | der niedrigere Betrag der Zeile 6 oder der Zeile 7 ist anzusetzen | 6.568 |
| 9 | 86 % der zu berücksichtigenden Altersvorsorgeaufwendungen<br>(86 % von 6.568 €) | 5.649 |
| 10 | abzüglich steuerfreier Arbeitgeberanteil nach § 3 Nr. 62 | − 2.084 |
| 11 | **abzugsfähige Sonderausgaben nach § 10 Abs. 3** | 3.565 |

| | EF |
|---|---:|
| Übertrag: | 112.927 |

|  | € |
|---|---|
| Übertrag: | 112.927 |

**sonstige Vorsorgeaufwendungen i.S.d. § 10 Abs. 1 Nr. 3 und 3a**

| 1 | Krankenversicherungsbeiträge (1.860 + 2.860) | 4.720 € | |
|---|---|---|---|
| 2 | Pflegeversicherungsbeiträge (286 + 279) | 565 € | |
| 3 | weitere sonstige Vorsorgeaufwendungen (336+60+480) | 876 € | |
| 4 | Summe | 6.161 € | |
| 5 | Höchstbetrag (EM: 2.800 + EF: 1.900) | 4.700 € | |
| 6 | mindestens abziehbar (1.860x 96 % + 2.860 + 565) | 5.211 € | |
| 7 | der höhere Betrag der Zeile 5 oder 6 ist als SA abziehbar | **5.211 €** | 5.211 |

**außergewöhnliche Belastungen**

nach § 33a Abs. 1
Unterhaltsaufwendungen*

**a) Einkünfte des Vaters**

Einkünfte aus nichtselbständiger Arbeit (§ 19)

| | | |
|---|---|---|
| Versorgungsbezüge (230 € x 12) | | 2.760 € |
| – Versorgungsfreibetrag (40 % v. 2.760) | | – 1.104 € |
| – Zuschlag zum Versorgungsfreibetrag | | – 900 € |
| – Arbeitnehmer-Pauschbetrag | | – 102 € |
| sonstige Einkünfte i.S.d. § 22 | | 654 € |
| Rente (195 € x 12) | 2.340 € | |
| Besteuerungsanteil: 30 % v. 2.340 € = | 702 € | |
| – WKP | – 102 € | 600 € |
| Einkünfte insgesamt | | 1.254 € |

**b) Bezüge des Vaters**

| | | |
|---|---|---|
| Rentenfreibetrag (2.340 € – 702 €) | 1.638 € | |
| + Versorgungsfreibetrag + Zuschlag | +2.004 € | |
| – Kostenpauschale | – 180 € | 3.462 € |
| Einkünfte und Bezüge | | 4.716 € |
| – Karenzbetrag | | 624 € |
| schädliche Einkünfte und Bezüge | | 4.092 € |

**c) abziehbare agB**

Die schädlichen Einkünfte und Bezüge sind vom Höchstbetrag abzuziehen.

| | |
|---|---|
| ungekürzter Höchstbetrag | 9.000 € |
| schädliche Einkünfte und Bezüge | 4.092 € |
| gekürzter Höchstbetrag | 4.908 € |

| | € |
|---|---|
| **abziehbare agB, höchstens Aufwendungen** (260 € x 12) | 3.120 |
| Übertrag: | 104.596 |

|  | € |
|---|---|
| Übertrag: | 104.596 |

**Freibeträge** (Ausbildungsfreibetrag) **nach § 33a Abs. 2**

Sohn Stefan, 20 Jahre alt, befand sich vom 01.01. bis 30.06.2018 in Berufsausbildung und war auswärtig untergebracht (Köln)

| **abziehbare agB 1. Halbjahr 2017 (50 % von 924 €)** | 462 |
|---|---|

Tochter **Andrea, 16 Jahre alt**, befand sich vom 01.01. bis 31.12.2018 in Berufsausbildung.
Die Eltern erhalten für Andrea keinen Freibetrag nach § 33a Abs. 2, weil sie **nicht auswärtig untergebracht und nicht volljährig** war.

| | 0 |
|---|---|
| = **Einkommen** | **104.134** |

---

\* Das kleine **Einfamilienhaus** des Vaters bleibt bei der Feststellung seines **Vermögens außer Betracht**, weil es als ein angemessenes Hausgrundstück gilt [R 33a.1 Abs. 2 Nr. 2 EStR 2012 und H 33a.1 (Geringes Vermögen) EStH]. Die Parteispende führt zu einer Steuerermäßigung in Höhe von 100 € (50 % x 200 €, § 34g).

# 15 Zu versteuerndes Einkommen

## 15.1 Freibeträge für Kinder

### 15.1.1 Kinderfreibetrag

a)    Michael ist ein Kind, das mit **Ralf und Marianne** Wild **im ersten Grad** verwandt ist.
Werner ist ein Kind, das mit **Ralf Wild im ersten Grad** verwandt ist.
Mit Marianne Wild besteht **kein** steuerliches Kindschaftsverhältnis.

Kristina ist ein Kind, das mit **Ralf Wild im ersten Grad verwandt** ist.
Mit Marianne Wild besteht **kein** steuerliches Kindschaftsverhältnis.

b)    Alle drei Kinder sind **zu berücksichtigende Kinder** (§ 32 **Abs. 3** und **Abs. 4**).

## FALL 2

a)  Das Kind (§ 32 Abs. 1) ist 2018 für **sechs Monate** (von Januar bis einschl. Juni 2018) ein steuerlich **zu berücksichtigendes Kind**, weil es in dieser Zeit für einen Beruf ausgebildet wurde (§ 32 Abs. 4 Satz 1 Nr. 2a).
**Nach** diesem Zeitraum wird Thomas in **2018 nicht** mehr berücksichtigt.

b)  Wenn Thomas im Juli 2019 seine Ausbildung als Steuerfachangestellter beginnt, wird er von **Juli 2019 bis Dezember 2019** berücksichtigt, weil er sich dann wieder in der Berufsausbildung befindet (§ 32 Abs. 4 Satz 1 Nr. 2a).

## FALL 3

Das Kind kann nur in folgenden Zeiträumen berücksichtigt werden:

*   bis einschließlich Juli 2018 als Kind, das für einen Beruf ausgebildet wird (§ 32 Abs. 4 Satz 1 Nr. 2a),
*   von September 2018 bis Juli 2019 als Kind ohne Ausbildungsplatz (§ 32 Abs. 4 Satz 1 Nr. 2c,
*   ab August 2019 als Kind, das für einen Beruf ausgebildet wird (§ 32 Abs. 4 Satz 1 Nr. 2a).

## FALL 4

Summe der Freibeträge für Kinder: **18.570 Euro** (§ 32 Abs. 6 Satz 1 bis 4)

**Erläuterung:**

Kind in **Deutschland**: 4.788 Euro

Kinder in **Griechenland**: 2 x 4.788 x ¾ Euro (**Ländergruppe 2, ¾-Ansatz**) = 7.182 €.

Der Steuerpflichtige kann neben den o.g. Kinderfreibeträgen auch die entsprechenden **Betreuungsfreibeträge** (1 x 2.640 € + 2 x 2.640 € x ¾ = 6.600 €) in Anspruch nehmen.

## FALL 5

Eheleute Wild

|  | EM € | EF € |
|---|---|---|
| Michael | 2.394 | 2.394 |
| Werner | 2.394 | — |
| Kristina | 2.394 | — |
|  | 7.182 | 2.394 |
|  | 9.576 |  |

Die Steuerpflichtigen können neben den o.g. Kinderfreibeträgen auch die entsprechenden **Betreuungsfreibeträge** (4 x 1.320 € = 5.280 €) in Anspruch nehmen.

**FALL 6**

Kevin und **Noah** sind **zu berücksichtigende Kinder**. Der **Vater** erhält für **Kevin** den **vollen** Kinderfreibetrag von 4.788 Euro (§ 32 Abs. 6 Satz 1 bis 3) sowie den Betreuungs- freibetrag i.H.v. 2.640 €, weil die Mutter während des ganzen Jahres **nicht unbeschränkt** einkommensteuerpflichtig gewesen ist.

Die **Großeltern** erhalten für **Noah** den **vollen** Kinderfreibetrag von 4.788 Euro sowie den Betreuungsfreibetrag i.H.v. 2.640 €, weil zwischen ihnen und Noah ein **Pflegschaftsverhältnis** besteht (§ 32 Abs. 1 Nr. 2 und Abs. 2 sowie Abs. 6 Satz 3 Nr. 2, R 32.2 Abs. 1 und Abs. 2 EStR 2012).

**FALL 7**

Frau Grimm und ihr geschiedener Mann erhalten, wenn Frau Grimm nichts unternimmt, **je** den **halben** Kinderfreibetrag von **2.394 Euro** sowie den Betreuungsfreibetrag in Höhe von **1.320 €** (§ 32 Abs. 6 Satz 1).

Frau Grimm kann jedoch **beantragen**, den Kinderfreibetrag ihres geschiedenen Mannes auf sie zu **übertragen**. Die Übertragung ist **nicht** von der Zustimmung ihres geschiedenen Mannes abhängig (§ 32 Abs. 6 Satz 6).

## 15.1.3 Günstigerprüfung

**FALL 8**

Die **Vergleichsrechnung** zwischen Kindergeld und der Summe der Freibeträge nach § 32 Abs. 6 wird wie folgt durchgeführt:

|   |   | € | € |
|---|---|--:|--:|
|   | Einkommen | 25.200 |   |
| = | zu versteuerndes Einkommen | 25.200 |   |
|   | darauf entfallende Einkommensteuer (Grundtabelle) |   | 3.910 |
|   | Einkommen | 25.200 |   |
| − | Freibeträge nach § 32 Abs. 6 |   |   |
|   | Kinderfreibetrag | − 2.394 |   |
|   | Betreuungs-, Erziehungs- u. Ausbildungsfreibetrag | − 1.320 |   |
| = | zu versteuerndes Einkommen (neu) | 21.486 |   |
|   | darauf entfallende Einkommensteuer (Grundtabelle) |   | 2.867 |
| = | Differenzbetrag |   | 1.043 |
| − | Kindergeld (97 € x 12) |   | − 1.164 |
| = | **negative Steuerermäßigung** |   | − **121** |

Im Rahmen der Veranlagung wird der **halbe** Kinderfreibetrag und der **halbe** Betreuungs- freibetrag **nicht** abgezogen, weil das Kindergeld um 121 € günstiger ist als die Freibeträge nach § 32 Abs. 6.

**F A L L   9**

Die **Vergleichsrechnung** zwischen Kindergeld und der Summe der Freibeträge nach § 32 Abs. 6 wird wie folgt durchgeführt:

|  | € | € |
|---|---:|---:|
| Einkommen | 80.000 | |
| = zu versteuerndes Einkommen | 80.000 | |
| darauf entfallende Einkommensteuer (Splittingtabelle) | | 17.340 |
| Einkommen | 80.000 | |
| – Freibeträge nach § 32 Abs. 6 | | |
| Kinderfreibetrag | – 4.783 | |
| Betreuungs-, Erziehungs- u. Ausbildungsfreibetrag | – 2.640 | |
| = zu versteuerndes Einkommen (neu) | 72.572 | |
| darauf entfallende Einkommensteuer (Splittingtabelle) | | 14.770 |
| = Differenzbetrag | | 2.570 |
| – Kindergeld (194 € x 12) | | – 2.328 |
| = **zusätzliche Steuerermäßigung** | | **242** |

Im Rahmen der Veranlagung werden die Freibeträge nach § 32 Abs. 6 abgezogen und das Kindergeld i.H.v. 2.328 € der tariflichen Einkommensteuer hinzugerechnet.
Bei der Ermittlung des zu versteuernden Einkommens wird für den Sohn der Kinderfreibetrag und der Betreuungsfreibetrag abgezogen.

## 15.2  Härteausgleich nach § 46 Abs. 3 EStG, § 70 EStDV

**F A L L   1 0**

|  |  | € |
|---|---:|---:|
| Einkünfte aus nichtselbständiger Arbeit (§ 19) | | |
| Einnahmen | 34.500 € | |
| – Arbeitnehmer-Pauschbetrag | – 1.000 € | 33.500 |
| Einkünfte aus Vermietung und Verpachtung (§ 21) | | **300** |
| = **Summe der Einkünfte = Gesamtbetrag der Einkünfte** | | 33.800 |
| – Sonderausgaben (SA 1) | | |
| Sonderausgaben-Pauschbetrag (§ 10c Abs. 1) | | 36 |
| – Sonderausgaben (SA 2) Vorsorgeaufwendungen | | 4.762 |
| = **Einkommen** | | 29.002 |
| – Härteausgleich nach § 46 Abs. 3 *(nicht der LSt unterworf. Eink.)* | | **300** |
| = **zu versteuerndes Einkommen** | | **28.702** |

**FALL 11**

| | Ehemann € | Ehefrau € | gesamt € |
|---|---|---|---|
| Einkünfte aus nichtselbständiger Arbeit (§ 19) | | | |
| Bruttoarbeitslohn 34.680 € | | | |
| – Arbeitnehmer-Pauschbetrag – 1.000 € | 33.680 | | 33.680 |
| Einkünfte aus Vermietung und Verpachtung (§ 21) | 1.000 | | 1.000 |
| = **Summe der Einkünfte = ~~Gesamtbetrag der Einkünfte~~** | | | **34.680** |
| – Altersentlastungsbetrag (EM, § 24a) | | | |
| 19,2 % von 35.680 € (34.680 € + 1.000 €), höchstens<br>Die EF erfüllt nicht die altersmäßigen Voraussetzungen und hat auch keine Einkünfte. | | | 912 |
| = **Gesamtbetrag der Einkünfte** | | | 33.768 |
| Sonderausgaben (SA 1) | | | |
| – Sonderausgaben-Pauschbetrag (§ 10c Abs. 1) | | | 72 |
| – Sonderausgaben (SA 2) Vorsorge-<br>aufwendungen | | | 5.305 |
| = **Einkommen** | | | 28.391 |
| – Härteausgleich nach § 46 Abs. 3 | | | |
| 1.000 € – AEB bei Einkünften aus nichtselbständiger Arbeit verbraucht<br>820 € – 1.000 € | | | 0 |
| = **zu versteuerndes Einkommen** | | | **28.391** |

Hinweis: Die Eurobeträge sind teilweise gerundet.

# Zusammenfassende Erfolgskontrolle
# zum 1. bis 15. Kapitel

| | | | € |
|---|---|---:|---:|
| Einkünfte aus nichtselbständiger Arbeit (§ 19) | | | |
| Arbeitslohn aus aktiver Tätigkeit (4.500 € x 10) | | 45.000 € | |
| Ruhegehalt (kein Versorgungsfreibetrag) (340 € x 2) | | 680 € | |
| | | 45.680 € | |
| – Arbeitnehmer-Pauschbetrag | | – 1.000 € | 44.680 |
| Einkünfte aus Kapitalvermögen (§ 20) | | | |
| Brutto-Dividende (100 x 2,30 €) | | 230,00 € | |
| – Sparer-Pauschbetrag 801 Euro, höchstens | | 230,00 € | |
| steuerpflichtige Einnahme | | 0,00 € | 0 |
| Da die Grenze der Kapitalerträge von 801 Euro nicht überschritten ist, wird auch keine Abgeltungsteuer einbehalten. Tatsächliche WK bleiben unberücksichtigt. | | | |
| Einkünfte aus Vermietung und Verpachtung (§ 21) | | | |
| Einnahmen (1.500 € x 7) | 10.500 € | | |
| – Werbungskosten* (s.u. Seite 75) | -10.294 € | | 206 |
| sonstige Einkünfte im Sinne des § 22 Nr.1 Satz 3 | | | |
| Leibrente (2 x 1.800 €) = | 3.600 € | | |
| Besteuerungsanteil: 76 % v. 3.600 € = | 2.736 € | | |
| – Werbungskosten-Pauschbetrag | – 102 € | 2.634 € | |
| bestimmte Leistungen § 22 Nr. 3 (> 256 €) | 395 € | | |
| – Werbungskosten | – 73 € | 322 € | 2.956 |
| **= Summe der Einkünfte = Gesamtbetrag der Einkünfte** | | | 47.842 |
| – Sonderausgaben (SA 1) | | | |
| Zuwendungen AWO (20 % v. GdE, max. 333 €) | | 333 € | |
| Mitgliedsbeiträge politische Parteien | | | |
| 750 € (§ 34g) Steuerabzugsbetrag 375 €** | | 0 € | 333 |
| Übertrag: | | | 47.509 |

Hinweis: Die Eurobeträge sind teilweise gerundet.

|  | € |
|---|---|
| Übertrag: | 47.509 |

- Sonderausgaben (SA 2)

| Zeile | Altersvorsorgeaufwendungen i.S.d. §10 Abs.1 Nr.2 | € |
|---|---|---|
| 1 | Arbeitnehmeranteil zur gesetzlichen RV | 4.249 |
| 2 | steuerfreier Arbeitgeberanteil zur gesetzlichen RV | 4.249 |
| 3 | Beiträge zu landwirtschaftlichen Alterskassen | 0 |
| 4 | Beiträge zu berufsständischen Versorgungseinrichtungen | 0 |
| 5 | Beiträge zur kapitalgedeckten Altersversorgung | 682 |
| 6 | zu berücksichtigende Altersvorsorgeaufwendungen | 9.180 |
| 7 | Höchstbetrag (23.712 €/47.424 €) | 23.712 |
| 8 | der niedrigere Betrag der Zeile 6 oder der Zeile 7 ist anzusetzen | 9.180 |
| 9 | 86 % der zu berücksichtigenden Altersvorsorgeaufwendungen (86 % von 9.180 €) | 7.895 |
| 10 | abzüglich steuerfreier Arbeitgeberanteil nach § 3 Nr. 62 | - 4.249 |

| | | |
|---|---|---|
| 11 | **abzugsfähige Sonderausgaben nach §10 Abs.3** | 3.646 |

**sonstige Vorsorgeaufwendungen i.S.d. §10 Abs.1 Nr.3 und 3a**

| 1 | Krankenversicherungsbeiträge | 3.792 € |
|---|---|---|
| 2 | Pflegeversicherungsbeiträge | 697 € |
| 3 | weitere sonstige Vorsorgeaufwendungen | 686 € |
| 4 | Summe | 5.175 € |
| 5 | Höchstbetrag | 1.900 € |
| 6 | mindestens abziehbar (96 % x 3.792 = 3.640 + 697) | 4.337 € |
| 7 | der höhere Betrag der Zeile 5 oder 6 ist als SA abziehbar | **4.337 €** |

| | € |
|---|---|
| | 4.337 |

- **außergewöhnliche Belastungen** (§ 33a Abs. 1)

| | € | € | € |
|---|---|---|---|
| Ungekürzter **Höchstbetrag** | | | 9.000 |
| **a) Einkünfte der Mutter** | | | |
| § 19 | | | |
|     Versorgungsbezüge (12 x 150 €) | 1.800 | | |
| - Versorgungsfreibetrag (25,6 %) | - 461 | | |
| - Zuschuss zum Versorgungsfr. | - 576 | | |
| - Arbeitnehmer-Pauschbetrag | - 102 | | |
| = Einkünfte aus nichtselbst. Arbeit | | 661 | |
| § 22 | | | |
|     Leibrente 2.750 € | | | |
|     davon Besteuerungsanteil 18 % | 495 | | |
|     Werbungskosten-Pauschbetrag | - 102 | | |
| = sonstige Einkünfte i.S.d. § 22 | | 393 | |
| Einkünfte der Mutter | | 1.054 | 9.000 |

| | € |
|---|---|
| | 39.526 |

|  | € | € | € |
|---|---|---|---|
| Übertrag | 1.054 | 9.000 | 39.526 |

**b) Bezüge der Mutter**

|  |  |  |  |  |
|---|---|---|---|---|
| | Rentenfreibetrag (2.750 € - 495 €) | 2.255 € | | |
| + | Versorgungsfreibetrag + Zuschlag | 1.037 € | | |
| - | Kostenpauschale | - 180 € | | |
| = | Bezüge der Mutter | | 3.112 | |
| | Summe der Einkünfte und Bezüge | | 4.166 | |

**c) Ermittlung der abziehbaren agB**

|  |  |  |  |
|---|---|---|---|
| Die Einkünfte und Bezüge der Mutter von | 4.166 | | |
| übersteigen den Karenzbetrag von | - 624 | | |
| um (= anrechenbare Einkünfte und Bezüge) | 3.542 | | |
| Die anrechenbaren Einkünfte und Bezüge sind vom ungekürzten Höchstbetrag abzuziehen | | 3.542 | |
| = gekürzter Höchstbetrag | | 5.458 | |
| Von dem Betrag von 5.458 € entfallen auf Kaufmann 50 % von 5.458 € = | | | 2.729 |

**= Einkommen = zu versteuerndes Einkommen**  **36.797**

|  | Kaufpreis | + | ANK | = | AK |
|---|---|---|---|---|---|
| Grund und Boden | 50.120 € | | 3.105 € | = | 53.225 € |
| Gebäude | 200.480 € | | 12.420 € | = | **212.900 €** |
| | 250.600 € | | 15.525 € | = | 266.125 € |

***Werbungskosten:**

| | |
|---|---|
| AfA: (2 % von 212.900 € für 9 Monate) | 3.194 € |
| Schuldzinsen einschließlich Geldbeschaffungskosten (2.250 € + 1.190 € + 110 €) | 3.550 € |
| Damnum | 3.000 € |
| Sonstige Werbungskosten (400 € + 150 €) | 550 € |
| insgesamt | **10.294 €** |

|  |  | € |
|---|---|---|
| | Kaufpreis | 250.600 € |
| + | Grunderwerbsteuer (5 %) | 12.530 € |
| + | Notar und Gebühr (2.499 € + 496 €) | 2.995 € |
| = | gesamte AK | 266.125 € |
| | davon entfallen auf das Gebäude 80 % von 266.125 | 212.900 € |

** Die Spenden an eine politische Partei führen zu einem Steuerabzugsbetrag in Höhe von 375 € (50 % x 750 €).

# 16 Ermittlung der Einkommensteuerschuld

### F A L L  1

Die tarifliche **Einkommensteuer** beträgt 2018 nach der Grundtabelle (§ 32a Abs. 1 Nr. 4) **16.588 €** (60.024 € x 42 % = 25.210,08 € – 8.621,75 € = 16.588 € auf volle € nach unten abgerundet; siehe auch Einkommensteuer-Grundtabelle 2018).

### F A L L  2

Der **Grundtarif** (die **Grundtabelle**) ist anzuwenden.

### F A L L  3

Die **tarifliche** Einkommensteuer beträgt 2018 nach der **Splittingtabelle** (§ 32a Abs. 1 Nr. 4 i. V. m. Abs. 5) **32.276 €** (117.908 € : 2 = 58.954 € x 42 % = 24.760,68 € – 8.621,75 € = 16.138 € x 2 = 32.276 € auf volle € abgerundet; siehe auch Einkommensteuer-Splitting-tabelle 2018).

Die **festzusetzende** Einkommensteuer beträgt 2018 **34.604 €** (32.276 € + 2.328 €).

### F A L L  4

zu a)

| Zeile | | | € |
|---|---|---|---|
| 1 | | tatsächlich zu versteuerndes Einkommen | 13.008 |
| 2 | + | Arbeitslosengeld (§ 32b Abs. 1 Nr. 1) | 5.976 |
| 3 | = | fiktives zu versteuerndes Einkommen | 18.984 |
| 4 | | **ESt** nach der Grundtabelle für 18.984 € = | **2.198** |
| 5 | | Ermittlung des **besonderen Steuersatzes** nach § 32b 2.198 € x 100 = 219.800 € : 18.984 € = **11,5781 %** | |
| 6 | | **ESt** unter Anwendung des **besonderen Steuersatzes** 11,5781 % von 13.008 € = | **1.506** |

zu b)

**Ohne** den Progressionsvorbehalt hätte die **ESt** nach der Grundtabelle für 13.008 € = **721 €** betragen.

### F A L L  5

| | |
|---|---|
| Einkünfte aus Gewerbebetrieb (§ 15) | 41.000 € |
| Einkünfte aus Vermietung und Verpachtung (§ 21) | – 36.000 € |
| Summe der Einkünfte = Gesamtbetrag der Einkünfte | 5.000 € |
| – Sonderausgaben 7.500 €, höchstens | – 5.000 € |
| zu versteuerndes Einkommen | 0 € |
| **tarifliche** ESt lt. Grundtabelle | 0 € |

Die **Steuerermäßigung** beträgt **0 €**, weil die tarifliche ESt 0 € beträgt.

### FALL 6

| | |
|---|---:|
| Einkünfte aus Gewerbetrieb (§ 15) | **- 20.020 €** |
| Einkünfte aus nichtselbständiger Arbeit (§ 19) | 45.004 € |
| Summe der Einkünfte = Gesamtbetrag der Einkünfte | 24.984 € |
| - Sonderausgaben | - 6.000 € |
| zu versteuerndes Einkommen | 18.984 € |
| tarifliche ESt lt. Grundtabelle | 2.198 € |
| festzusetzende ESt | 2.198 € |

Die **Steuerermäßigung** beträgt **0 €**, weil von der tariflichen ESt in Höhe von 2.198 € nichts auf die „im zu versteuernden Einkommen enthaltenen **gewerblichen Einkünfte** entfällt" (§ 35 Abs. 1).

### FALL 7

| | |
|---|---:|
| **tarifliche** ESt lt. Splittingtabelle für 100.033 € = | 24.876€ |
| - Steuerermäßigung nach § 35 Abs. 1 Nr. 2 | |
| [**3,8** x 6.000 € x 50 % (Anteil Becker)] = | - 11.400 € |
| = **festzusetzende** Einkommensteuer | 13.476 € |

### FALL 8

Die Steuerermäßigung nach § 35a **Abs. 1** beträgt **510 €** [20 % von 2.753,76 € (300 € x 8 = 2.400 € + 14,74 % von 2.400 € = 353,76 €) = 550,75 €, höchstens 510 €].

### FALL 9

Die Steuerermäßigung nach § 35a **Abs. 2** beträgt **1.500 €** (20 % von 7.500 €). Der Höchstbetrag von 4.000 Euro wird nicht überschritten.

### FALL 10

Die Steuerermäßigung nach § 35a **Abs. 3** beträgt **357 €** (20 % von 1.785 €*).

* Arbeitskosten 1.500 € + 285 € USt (19 %) = 1.785 €)

### FALL 11

| | | |
|---|---|---:|
| a) | tarifliche ESt nach der Splittingtabelle | 10.696 € |
| | - anzurechnende Lohnsteuer | - 6.000 € |
| b) | = Abschlusszahlung (§ 36 Abs. 4 S. 1, einen Monat nach Bekanntgabe) | **4.696 €** |

### FALL 12

Grundtarif gemäß § 32a Abs. 1. Für die Berechnung der Einkommensteuer ist die Formel nach § 32a Abs. 1 Satz 2 Nr. 2 zu verwenden.

Steuer = (997,8 x y + 1.400) x y. y-Wert = (zvE – 9000) : 10.000 (§ 32a Abs. 1 Satz 3).
    y = (12.999 – 9.000) : 10.000 = 0,3999

Steuer = (997,8 x 0,3999 + 1.400) x 0,3999 = 719,42 € (auf volle € abrunden, § 32a Abs. 1 Satz 6) = 719,00 €

# 18 Lohnsteuer

**FALL 1**

1.  Werbungskosten

|  | | |
|---|---|---|
| Fahrten Wohnung/Arbeitsstätte (§ 9 Abs. 1 Nr. 4) | | |
| 200 Tage x 30 km x 0,30 € | 1.800 € | |
| Gewerkschaftsbeitrag (§ 9 Abs. 1 Nr. 3) | 272 € | |
| | 2.072 € | |
| –  Arbeitnehmer-Pauschbetrag (§ 9a Nr. 1a) | -1.000 € | 1.072 € |

2.  Sonderausgaben (SA 1)

|  | | |
|---|---|---|
| Kirchensteuer (§ 10 Abs. 1 Nr. 4) | 261 € | |
| –  Sonderausgaben-Pauschbetrag (§ 10c Abs. 1) | 36 € | 225 € |

3.  **Jahresfreibetrag** (§ 39a Abs. 1 + 2) — 1.297 €
    **Monatsfreibetrag** (Juni bis Dezember = 1.297 € : 7) R. 39a.1 Abs. 7 LStR — **186 €**

Für gesetzliche Sozialversicherungsbeiträge (SA 2) ist kein Ansatz möglich.

**FALL 2**

Der AG hat 2018 **jährlich** die LSt anzumelden und abzuführen, weil die auf einen Jahresbetrag umgerechnete LSt **900 €** (75 € x 12) beträgt (§ 41a Abs. 2 Sätze 2 + 3).

**FALL 3**

Die monatliche Pauschalabgabe an die Minijob-Zentrale (§ 40a Abs. 6) beträgt **30 %** (15 % Rentenversicherung, 13 % Krankenversicherung und 2 % Pauschsteuer) von 350 € = **105 €** + Umlage U 1 + 2 und Insolvenzgeldumlage (1,20 % von 350 € = **4,20 €**) = **109,20 €**.

**FALL 4**

a)  Die Entfernungspauschale beträgt **132 €** (220 Arbeitstage x 2 km x 0,30 €).
b)  Ja, der Arbeitnehmer kann die tatsächlichen Aufwendungen für Fahrten mit öffentlichen Verkehrsmitteln zur Arbeitsstätte absetzen, § 9 Abs. 2 Satz 2 (siehe Lehrbuch S. 146 ff.).

**FALL 5**

Einkünfte aus nichtselbständiger Arbeit (§ 19)

|  |  | | |
|---|---|---|---|
| | Bruttoarbeitslohn | 23.056 € | |
| | –  WK-Pauschbetrag | – 1.000 € | 22.056 € |
| = | Summe der Einkünfte | | 22.056 € |
| – | Sonderausgaben | | – 2.800 € |
| = | **Einkommen** | | **19.256 €** |

Der Steuerpflichtige wird 2018 **nicht veranlagt**, weil die Voraussetzungen des § 46 Abs. 2 nicht erfüllt sind.

**FALL 6**

a)  **Nein**, weil die Einkünfte nach § 46 Abs. 2 nicht mehr als 410 € (1.960 € – 1.660 € = 300 €) betragen.
b)  **Ja**, und zwar nach § 46 Abs. 2 Nr. 8.

# Prüfungsfälle Einkommensteuer

**PRÜFUNGSFALL 1**

### 1. Persönliche Steuerpflicht

Dieter, Helga, Eva und Maria Müller sind unbeschränkt einkommensteuerpflichtig, weil sie im Inland einen Wohnsitz haben (§ 1 Abs. 1).

### 2. Alter der Steuerpflichtigen

**Mit Ablauf des 31.12.2017 hat Dieter Müller das 64. Lebensjahr vollendet. Helga Müller vollendet mit Ablauf des 09.10.2018 das 57. Lebensjahr.** Dieter Müller erfüllt die altersmäßigen Voraussetzungen für die Gewährung des **Altersentlastungsbetrags** (§ 24a).

### 3. Zu berücksichtigende Kinder

Die Töchter **Eva und Maria** sind **zu berücksichtigende Kinder. Eva, 22 Jahre alt**, weil sie für einen **Beruf ausgebildet** wird und **Maria**, weil sie **behindert** ist (§ 32 Abs. 4 **Nr. 2a** und **Nr. 3**). Die Eltern haben Anspruch auf zwei volle Kinderfreibeträge und zwei volle Betreuungsfreibeträge (§ 32 Abs. 6). Für Maria können zwei Drittel der Aufwendungen max. 4.000 € für die Kinderbetreuung als **Sonderausgaben** berücksichtigt werden (§ 10 Abs. 1 Nr. 5).

### 4. Veranlagungsart

Die Eheleute werden **zusammen** zur Einkommensteuer **veranlagt**, weil kein Ehegatte die Einzelveranlagung von Ehegatten beantragt hat (§ 26 Abs. 2).

### 5. Steuertarif

Ihr Einkommen wird nach dem **Splittingtarif** versteuert, weil sie zusammen veranlagt werden (§ 32a Abs. 5).

### 6. Ermittlung des zu versteuernden Einkommens

|  | | Ehemann € | Ehefrau € | gesamt € |
|---|---|---|---|---|
| Einkünfte aus Gewerbebetrieb (§ 15) | | | | |
| Tz. 1.2.1 | | | | |
| vorläufiger Gewinn | 56.995 € | | | |
| + Kopiergerät (§ 6 Abs. 2a) 405 € + 15 € | + 420 € | | | |
| − AfA (20 % von 420 € Sammelposten) | − 84 € | | | |
| + Werbegeschenke (§ 4 Abs. 7)* | + 100 € | 57.431 | | 57.431 |
| * Aufzeichnungspflicht verletzt (§ 4 Abs. 7) | | | | |
| Übertrag: | | 57.431 | | 57.431 |

|  | | | Ehemann € | Ehefrau € | gesamt € |
|---|---|---|---|---|---|
| Übertrag: | | | 57.431 | | 57.431 |
| Einkünfte aus nichtselbständiger Arbeit (§ 19) | | | | | |
| Tz. 1.2.1 | | | | | |
| Einnahmen | | 22.160 € | | 21.160 | 21.160 |
| − Arbeitnehmer-Pauschbetrag (§ 9a Nr. 1a) | | − 1.000 € | | | |
| Einkünfte aus Kapitalvermögen (§ 20) | | | | | |
| Tz. 1.2.2 und 1.2.3 | EM € | EF € | | | |
| Zinsen Eheleute (2.724,13 € : 73,625 x 100 : 2) | 1.850 | 1.850 | | | |
| Brutto-Dividenden EF (441,75 € : 73,625 x 100) | | 600 | | | |
| Einnahmen insgesamt | 1.850 | 2.450 | | | |
| − Sparer-Pauschbetrag | − 801 | − 801 | | | |
| = steuerpflichtige Einnahmen | 1.049 | 1.649 | | | |
| Die stpfl. Einnahmen unterlagen bereits der KapESt und dem SolZ und sind damit abgegolten. | | | 0 | 0 | 0 |
| Einkünfte aus V + V (§ 21) | | | | | |
| Tz. 1.2.4 für die Zeit vom 01.04. bis 30.06. | | | | | |
| Einnahmen: 3 x 1.300 € | | 3.900 € | | | |
| Werbungskosten: | | | | | |
| Erbbauzinsen | | − 99 € | | | |
| Hypothekenzinsen | | − 300 € | | | |
| Eintragungsgebühr Hypothek | | − 250 € | | | |
| Grundsteuer | | − 140 € | | | |
| AfA nach § 7 Abs. 4 (2 % von 487.000 € für 3 Monate) | | − 2.435 € | | | |
| | | 676 € | 338 | 338 | 676 |
| für die Zeit vom 01.07. bis 31.12. | | | | | |
| Für diesen Zeitraum sind keine Einkünfte aus V + V anzusetzen, weil das EFH selbst genutzt wird. | | | | | |
| Tz. 1.2.5 | | | | | |
| Die **Rente** aus der Berufsgenossenschaft ist nach § 3 Nr. 1a **steuerfrei**. | | | | | |
| = **Summe der Einkünfte** | | | 57.769 | 21.498 | 79.267 |

| | gesamt €|
|---|---|
| Übertrag: | 79.267 |
| – Altersentlastungsbetrag (§ 24a) | |
| EM: 19,2 % von 57.769 €, höchstens | 912 |
| EF: erfüllt nicht die altersmäßigen Voraussetzungen | |
| **= Gesamtbetrag der Einkünfte** | 78.355 |
| – Sonderausgaben 1 (SA 1) | |
| Zuwendung politische Partei (§ 34g)*  0 € | |
| Kein SA-Pauschbetrag (§ 10c), da Kinderbetreuungskosten  0 € | 0 |
| – **Kinderbetreuungskosten** (⅔ von 3.600 €) | 2.400 |
| **Altersvorsorgeaufwendungen** (§ 10 Abs. 1 Nr. 2) | |
| 86% von 4.122 (2.061 € + 2.061 €) = 3.545 € – 2.061 € = | 1.484 |
| **sonstige Vorsorgeaufwendungen i. S. d. § 10 Abs. 1 Nr. 3 und 3a** | |

| | | | |
|---|---|---|---|
| 1 | Krankenversicherungsbeiträge (1.839,88 + 2.340) gerundet | 4.180 € | |
| 2 | Pflegeversicherungsbeiträge (282,54 + 285,00) gerundet | 568 € | |
| 3 | weitere sonstige Vorsorgeaufwendungen (332 + 4.300**+ 93) | 4.725 € | |
| 4 | Summe | 9.473 € | |
| 5 | Höchstbetrag (EM: 2.800 + EF: 1.900) | 4.700 € | |
| 6 | mind. abziehbar (1.839,88 x 0,96 + 2.340 + 282,54 + 285) | 4.674 € | |
| 7 | der höhere Betrag der Zeile 5 oder 6 ist als SA abziehbar | **4.700 €** | 4.700 |

| | | | |
|---|---|---|---|
| – **außergewöhnliche Belastungen** | | | |
| a) nach § 33 | | | |
| Aufwendungen i. S. d. § 33 | 2.500 € | | |
| – zumutbare Belastung | | | |
| (2% von 15.340 + 3 % von 35.790 + 4 % | | | |
| von 27.225) | 2.470 € | | |
| = abziehbare agB | | 30 € | |
| b) nach § 33a | | | |
| 1. Unterhaltsaufwendungen ( 33a **Abs. 1**) | | | |
| **a) Ermittlung der Einkünfte der Mutter** | | | |
| Rente | 2.400 € | | |
| – Rentenfreibetrag (50 % von 2.000) | – 1.000 € | | |
| – WKP | – 102 € | | |
| = Einkünfte | 1.298 € | | |
| **b) Ermittlung der Bezüge der Mutter** | | | |
| Rentenfreib. (2.400 € – 1.400 €) | 1.000 € | | |
| + Zuschuss zur KV | 175 € | | |
| | 1.175 € | | |
| – Kostenpauschale | – 180 € | | |
| = Bezüge | 995 € | | |
| Einkünfte und Bezüge (a + b) | 2.293 € | | |
| Übertrag: | 2.293 € | 30 € | **69.771** |

|  |  |  | gesamt €|
|---|---|---|---|
| Übertrag: | 2.293 € | 30 € | 69.771 |
| **c) Ermittlung der abziehbaren agB** | | | |
| Die Einkünfte und Bezüge der Mutter | 2.293 € | | |
| übersteigen den Karenzbetrag von | 624 € | | |
| um | 1.669 € | | |
| Es könnten maximal 9.000 € – 1.669 € = 7.331 € abgezogen werden, **höchstens** können jedoch die tatsächlichen **Aufwendungen** abgezogen werden | | 1.200 € | |
| 2. Ausbildungsfreibetrag nach § 33a **Abs. 2** | | | |
| Freibetrag für Tochter Eva | | 924 € | |
| c) nach § 33b | | | |
| Pauschbeträge für Körperbehinderte | | | |
| Tochter Maria | 3.700 € | | |
| Herr Müller | 310 € | 4.010 € | |
| Pflege-Pauschbetrag (§ 33b Abs. 6) | | 924 € | 7.088 |
| = **Einkommen** | | | 62.683 |
| Kindergeld ist günstiger*** als die Freibeträge nach § 32 Abs. 6 | | | 0 |
| = **zu versteuerndes Einkommen** | | | **62.683** |

c) Die **Steuerermäßigung** nach § 35 beträgt **4.940 €** (3,8 x 1.300 €).

\* Für die **Zuwendung** und den Mitgliedsbeitrag an eine **politische Partei** wird den Steuerpflichtigen eine Steuerermäßigung nach **§ 34g** in Höhe von 495 € (= die Hälfte von 990 €) gewährt. Die Zuwendung und der Beitrag können deshalb **nicht** als **Sonderausgaben** berücksichtigt werden.

\*\* (88 % von 4.886 € = 4.300 €)

\*\*\* Die Günstigerprüfung ist von Amts wegen durchzuführen.

**P R Ü F U N G S F A L L  2**

### a) 1. Persönliche Steuerpflicht

Die Eheleute und ihre Kinder sind **unbeschränkt einkommensteuerpflichtig**, weil sie im **Inland** einen **Wohnsitz** haben (§ 1 Abs. 1).

### 2. Alter der Steuerpflichtigen

Mit Beginn des VZ 2018 haben Christoph und Lotte Schneider das **51. Lebensjahr vollendet**. Sie erfüllen **nicht** die altersmäßigen Voraussetzungen für die Gewährung des Altersentlastungsbetrags (§ 24a).

### 3. Zu berücksichtigende Kinder

Es sind **drei zu berücksichtigende Kinder**. **Annette, 22 Jahre alt**, befand sich in 2018 in der Berufsausbildung (§ 32 Abs. 4 Nr. 2a). **Heinrich, 16 Jahre alt**, und **Pia, 14 Jahre alt**, werden ohne weitere Voraussetzungen berücksichtigt (§ 32 Abs. 3).
Die Eltern haben für die drei Kinder Anspruch auf **drei volle Freibeträge nach § 32 Abs. 6** (Kinderfreibeträge und Betreuungsfreibeträge).

### 4. Veranlagungsart

Die Eheleute werden **zusammen** zur Einkommensteuer **veranlagt**, weil keiner die Einzelveranlagung von Ehegatten beantragt hat (§ 26 Abs. 2).

### 5. Steuertarif

**Splittingtarif**, weil sie zusammen veranlagt werden (§ 32a Abs. 5).

### b) 6. Ermittlung des zu versteuernden Einkommens

|  |  | Ehemann € | Ehefrau € | gesamt € |
|---|---|---|---|---|
| Einkünfte aus Gewerbebetrieb (§ 15 Abs. 1 Nr. 2) | | | | |
| Tz. 1.2.3 | | | | |
| Beteiligung KG (§ 4a Abs. 2 Nr. 2) | | | 4.000 | 4.000 |
| Einkünfte aus selbst. Arbeit (§ 18 Abs. 1 Nr. 1) | | | | |
| Tz. 1.2.1 | | | | |
| Betriebseinnahmen | 129.510 € | | | |
| vorl. Betriebsausgaben | − 60.594 € | | | |
| vorläufiger Gewinn | 68.916 € | | | |
| + Gerät (kein GWG) | + 1.200 € | | | |
| − AfA: 20 % von 1.200 € | | | | |
| + für 1 Monat (§ 7 Abs. 1) | − 20 € | | | |
| − Sonder-AfA (§ 7g Abs. 5) | | | | |
| (20 % von 1.200 €) | − 240 € | | | |
| Aktenvernichter = GWG | | | | |
| (netto < 800 €) Keine Korrektur | 0 € | | | |
| = Gewinn Artzpraxis | 69.856 € | | | |
| Tz. 1.2.2 | | | | |
| Gewinn aus schriftstellerischer Tätigkeit | 19.992 € | 89.848 | | 89.848 |
| Übertrag: | | 89.848 | 4.000 | 93.848 |

|  | Ehemann € | Ehefrau € | gesamt € |
|---|---|---|---|
| Übertrag: | 89.848 | 4.000 | 93.848 |

Einkünfte aus Kapitalvermögen (§ 20)

Tz. 1.2.3 (§ 20 Abs. 1 Nr. 1)

Brutto-Dividende
(625,81 € : 73,625 x 100)  850,00 €

Tz. 1.2.4 (§ 20 Abs. 1 Nr. 7)

| | | | |
|---|---|---|---|
| Zinsen (2.769,04 € : 73,625 x 100) | 3.761,00 € | | |
| Einnahmen insgesamt | 4.611,00 € | | |
| − Sparer-Pauschbetrag | − 1.602,00 € | | |
| = steuerpflichtige Einnahmen | 3.009,00 € | | |
| − KapESt (25 % von 3.009 €) | − 752,25 € | | |
| − SolZ (5,5 % von 752,25 €) | − 41,37 € | | |
| | 2.215,35 € | | |

| | | | | |
|---|---|---|---|---|
| Mit dem Abzug der KapESt und des SolZ sind die Kapitalerträge bereits steuerlich abgegolten.* | | 0 | 0 | 0 |

Einkünfte aus V + V (§ 21 Abs. 1 Nr.1)

Tz. 1.2.5

| | | | | |
|---|---|---|---|---|
| Einnahmen (§ 8 Abs. 1): Miete EG (120 x 9 x 12 €) | 12.960 € | | | |
| − Werbungskosten (§ 9 Abs. 1): Schuldzinsen (5.600 € : 2) | 2.800 € | | | |
| Damnum 2 % von 280.000 € = (5.600 € : 2) | 2.800 € | | | |
| Haushaftpflichtversicherung (300 € : 2) | 150 € | | | |
| Brandversicherung (600 € : 2) | 300 € | | | |
| AfA nach § 7 Abs. 4 Nr. 2 a 2 % von 450.000 € = 9.000 € : 2 = | 4.500 € | 1.205 | 1.205 | 2.410 |

| | Ehemann | Ehefrau | gesamt |
|---|---|---|---|
| = **Summe der Einkünfte** | 91.053 | 5.205 | 96.258 |
| = **Gesamtbetrag der Einkünfte** | | | 96.258 |

Sonderausgaben 1 (SA 1)

Zuwendungen (§ 10b Abs. 1) **8.500 €** (1.000 € + 7.500 €)
maximal abzugsfähig:
20 % von 96.258 = 19.252 €,
höchstens Zuwendungen   8.500

Übertrag:   87.758

| | € |
|---|---|

Übertrag: — **87.758**

Die Zuwendungen an **politische Parteien** können als SA nicht berücksichtigt werden, weil für sie eine Steuerermäßigung (§ 34g Abs. 1 Satz 2) von 350 € gewährt wird. — **0**

- Sonderausgaben 2 (SA 2)

  **Altersvorsorgeaufwendungen** (§ 10 Abs. 1 Nr. 2)
  86 % von 13.200 € max. 47.424 € (Versorgungskasse der Ärzte) = — **11.352**

  **sonstige Vorsorgeaufwendungen** (§ 10 Abs. 1 Nr. 3)

| | | | |
|---|---|---|---|
| 1, 2 | Kranken- und Pflegeversicherung | 4.320 € | |
| 3 | weitere sonstige Vorsorgeaufwendungen (150** + 160 + 124 + 540) | 974 € | |
| 4 | Summe | 5.294 € | |
| 5 | Höchstbetrag (2 x 2.800 €) | 5.600 € | |
| 6 | mindestens abziehbar | 4.320 € | |
| 7 | der höhere Betrag der Zeile 5 oder 6 max. Zeile 4 als SA | **5.294 €** | **5.294** |

- außergewöhnliche Belastungen

  a) nach § 33a **Abs. 2**

  Ausbildungsfreibetrag Tochter Annette — 924 €
  Für Heinrich und Pia wird kein Ausbildungsfreibetrag gewährt, weil sie unter 18 Jahre alt sind und nicht auswärtig untergebracht sind.

  b) nach § 33b Abs. 3 + Abs. 5

  Behinderten-Pauschbetrag
  Tochter Pia — 890 € — **1.814**

= **Einkommen** — **69.298**

= **zu versteuerndes Einkommen (ohne Freibeträge für Kinder)**\*** — **69.298**

Die **tarifliche Einkommensteuer** beträgt (ohne Freibeträge für Kinder) laut Splittingtabelle **13.674 €.**\*\*\*\*

\*    Da bisher kein Freistellungsauftrag vorlag, ist es sinnvoll, das Veranlagungswahlrecht § 32d Abs. 4 zu beantragen. Erstattungsanspruch: 212,50 € + 11,68 € + 940,25 € + 51,71 € = 1.216,14, abzüglich KapESt (752,25 €) und SolZ (41,37 €) = 422,52 €

\*\*   50 % von 300 € = 150 € der Gebäudehaftpflichtversicherung

\*\*\*  Die Günstigerprüfung ergibt, dass für zwei Kinder der Ansatz der Freibeträge für Kinder günstiger ist als das Kindergeld. Unter Berücksichtigung der Freibeträge für das erste Kind ergibt sich ein zu versteuerndes Einkommen in Höhe von (69.298 € – 7.428 € =) 61.870 € und damit eine tarifliche Einkommensteuer in Höhe von 11.280 €. Die Steuerersparnis beträgt 2.394 €, während das Kindergeld bei 2.328 € liegt und damit um 66 € ungünstiger ist. Unter Berücksichtigung des zweiten Kindes ergibt sich ein zu versteuerndes Einkommen in Höhe von 54.442 €. Dies führt zu einer tariflichen Einkommensteuer in Höhe von 9.006 €. Dies führt zu einer Steuerersparnis in Höhe von 2.274 € und ist damit um 54 € ungünstiger als das Kindergeld. Für das dritte Kind ist das Kindergeld ebenfalls günstiger als die Freibeträge für Kinder.

\*\*\*\*www.bundesfinanzministerium.de; Lohn- und Einkommensteuerrechner

**PRÜFUNGSFALL 3**

| | Ehemann € | Ehefrau € | gesamt € |
|---|---|---|---|
| Einkünfte aus nichtselbständiger Arbeit (§ 19) | | | |
| Brutto-Arbeitslohn (lt. Lohnsteuerb.)     55.360 € | | | |
| – Werbungskosten (§ 9 Abs. 1 + 2) | | | |
| Fahrtkosten*                               4.416 € | | | |
| Fachliteratur                               115 € | | | |
| Gewerkschaftsbeitrag                         180 € | | | |
| Kontoführungsgebühren                         16 € | 50.633 | | 50.633 |
| Einkünfte aus Vermietung und Verpachtung (§ 21) | | 1.750 | 1.750 |
| **Summe der Einkünfte** | 50.633 | 1.750 | 52.383 |
| **Gesamtbetrag der Einkünfte** | | | 52.383 |
| –  Sonderausgaben 1 (SA 1) | | | |
| Spenden für gemeinnützige Zwecke (§ 10b Abs. 1) | | | 125 |
| Spende politische Partei (§ 34g) Steuerabzug 125 € | | | 0 |
| –  Sonderausgaben 1 (SA 2) | | | |
| **Altersvorsorgeaufwendungen** (§ 10 Abs. 1 Nr. 2) | | | |
| 86 % von 10.298 € (5.149 € + 5.149 €) = 8.856 € – 5.149 € = | | | 3.707 |
| **sonstige Vorsorgeaufwendungen** (§ 10 Abs. 1 Nr. 3 und 3a) | | | |

| 1 | Krankenversicherungsbeiträge 4.407,30  gerundet | 4.408 € | |
|---|---|---|---|
| 2 | Pflegeversicherungsbeiträge 677,03 gerundet | 678 € | |
| 3 | weitere sonstige Vorsorgeaufwendungen | | |
| | (830,40 + 3.045** + 100 + 150) | 4.126 € | |
| 4 | Summe | 9.212 € | |
| 5 | Höchstbetrag (EM: 1.900 + EF: 1.900) | 3.800 € | |
| 6 | mindestens abziehbar (4.407,30 x 96 % + 677,03) | 4.908 € | |
| 7 | der höhere Betrag der Zeile 5 oder 6 ist als SA abziehbar | **4.908 €** | 4.908 |

| | | | |
|---|---|---|---|
| –  **außergewöhnliche Belastungen** | | | |
| nach § 33 | | | |
| Aufwendungen (§ 33 Abs. 1 + 2)*** | 4.850 € | | |
| –  zumutbare Belastung (§ 33 Abs. 3) | | | |
| (2% von 15.340 + 3 % von 35.790 + 4 % von 1.253) | – 1.430 € | | 3.420 |
| nach § 33a Abs. 2: | | | |
| Freibetrag älter als 18 Jahre u. auswärtig | | | |
| untergebracht | | | 924 |
| nach § 33b Abs. 3: | | | |
| Pauschbetrag für Behinderte (GdB: 50) | | | 570 |
| **Einkommen = zu versteuerndes Einkommen** | | | **38.729** |

\*    Ohne Einzelnachweis der tatsächlichen Aufwendungen können die Fahrtkosten nach den Regeln der R 9.5 Abs. 1 Satz 5 LStR 2015 bei einer Pkw-Benutzung mit **0,30 € je Fahrtkilometer** angesetzt werden (siehe Lehrbuch Seite 146 f.) (64 km x 0,30 € x 230 Tage = 4.416 €).

\*\*   88 % von 3.460 € = 3.045 €

\*\*\*  (750 + 2.250 + 8.100 - 5.000 - 1.250) = 4.850

Hinweis: Der Stpfl. erhält beim Vorliegen der Voraussetzungen eine **Steuerermäßigung** nach § 35a Abs. 2 von **300 €** (20 % von 1.500 €) für Hilfe im Haushalt.

## 2. Berechnung der Einkommensteuererstattung

| | |
|---|---:|
| **tarifliche** Einkommensteuer von 38.729 € lt. Splittingtabelle | 4.596 € |
| - Tarifermäßigung nach § 34g Satz 2 | |
| (50 % Spence an politische Parteien von 250 €) | - 125 € |
| - Steuerermäßigung nach § 35a | - 300 € |
| = **festzusetzende** Einkommensteuer | 4.171 € |
| - einbehaltene Lohnsteuer (§ 36 Abs. 2 Nr. 2) | - 6.484 € |
| = **Einkommensteuererstattung** (§ 36 Abs. 4 S. 2) | **2.313 €** |

## PRÜFUNGSFALL  4

### Zu 1.

| | | € |
|---|---:|---:|
| Einkünfte aus selbst. Arbeit (§ 18) | | |
| BE | 57.627 € | |
| - BA | -13.181 € | 44.446 |
| = **Summe der Einkünfte** | | 44.446 |
| - **Entlastungsbetrag für Alleinerziehende** (§ 24b) 1.908 € + 2 x 240 € | | 2.388 |
| = **Gesamtbetrag der Einkünfte** | | 42.058 |
| - **Sonderausgaben 2** (SA 2) Kinderbetreung ⅔ x 3.600 = 2.400, max. 4.000 (§ 10 Abs. 1 Nr. 5) | | 2.400 |

| | | | |
|---|---|---:|---:|
| 1 | Kranken- und Pflegeversicherungsbeiträge | 5.500 € | |
| 2 | freiwilligePflegeversicherungsbeiträge | 150 € | |
| 3 | weitere sonstige Vorsorgeaufwendungen | 0 € | |
| 4 | Summe | 5.650 € | |
| 5 | Höchstbetrag | 2.800 € | |
| 6 | mindestens abziehbar (5.500 + 150) | 5.650 € | |
| 7 | der höhere Betrag der Zeile 5 oder 6 ist als SA abziehbar | **5.650 €** | 5.650 |

| | | | |
|---|---|---:|---:|
| - **außergewöhnliche Belastungen** | | | |
| a) nach § 33 | | | |
| Aufwand | 2.780 € | | |
| zumutbare Belastung | | | |
| 1 % von 15.340 € + 1 % von 26.718 = | - 420 € | | 2.360 |
| Übertrag: | | | 31.648 |

|  | € |
|---|---:|
| Übertrag: | 31.648 |
| b) nach § 33a Abs. 2 Ausbildungsfreibetrag Sylvia ⁷⁄₁₂ von 924 € | 539 |
| Ausbildungsfreibetrag Thomas nicht auswärtig untergebracht | 0 |
| c) nach § 33b Abs. 3 Behinderten-Pauschbetrag Evelyn Herbst | 430 |
| **Einkommen (= zu versteuerndes Einkommen)** | **30.679** |

Zu 1.1    **Einzelveranlagung** (§ 25)

Zu 1.2    **Grundtabelle**

Zu 1.3    Sylvia: 4.788 € + 2.640 € =                                                              7.428 €
Thomas: 4.788 € + 2.640 € =                                                         7.428 €
Christian: 4.788 € + 2.640 € =                                                      7.428 €
(§ 32 Abs. 6 Sätze 1 + 2 sowie **Satz 3 Nr. 1**)

**Zu 2.**    Bruttoarbeitlohn (§ 19 Abs. 1 Nr. 1)                                   12.344 €
Rabatt (6.600 € – 5.000 €)                              1.600 €
– 4 % von 6.600 € (§ 8 Abs. 3 Satz1)                –   264 €
– Rabattfreibetrag (§ 8 Abs. 3 Satz 2)             – 1.080 €
                                                                 ─────────
                                                                        256 €        256 €

Einnahmen aus nichtselbständiger Arbeit                                 12.600 €

–    Werbungskoten (§ 9 )
Fahrtkosten (50 km x 0,30 € x 150 Tage)          2.250 €
Berufsbekleidung                                            250 €
Kontoführungsgebühren                                   16 €     – 2.516 €

**Summe der Einkünfte/Gesamtbetrag der Einkünfte**              **10.084 €**

Nach Abzug der Sonderausgaben (Vorsorgeaufwendungen und Ausbildungskosten) liegt das zu versteuernde Einkommen unter dem Grundfreibetrag von 9.000 €. In diesem Fall erhält Wiebke Seemann die Lohnsteuer in vollem Umfang erstattet.

Zu 2.1.    Antragsveranlagung (§ 46 Abs. 2 Nr. 8, Antrag bis 31.12.2022)

Zu 2.2    Ja, sie befindet sich in Erstausbildung und hat das 25. Lebensjahr noch nicht vollendet. Die Einkünfte und Bezüge spielen ab 2018 keine Rolle mehr.

**Zu 3.**

|  | | € |
|---|---|---|
| Einkünfte aus Gewerbebetrieb (§ 15) | | 3.150 |
| Einkünfte aus nichtselbständiger Arbeit (§ 19) | | |
| Betriebsrente (§ 19 Abs. 2) | 3.600 € | |
| – Versorgungsfreibetrag (§ 19 Abs. 2) 40 % x 3.600 = | – 1.440 € | |
| – Zuschlag zum VFB (§ 19 Abs. 2) | – 900 € | |
| – ANP (§ 9a Nr. 1b) | – 102 € | 1.158 |
| sonstige Einkünfte i. S. d. § 22 | | |
| Rente/Besteuerungsanteil | | |
| 9.600 € x 50 % = | 4.800 € | |
| + 3.600 € x 100 % (Rentenerhöhungsbetrag) | 3.600 € | |
| – WKP (§ 9 a Nr. 3) | – 102 € | 8.298 |
| **Summe der Einkünfte** | | 12.606 |
| AEB (40 % von 3.150 €, max. 1.900 €) | | 1.260 |
| **Gesamtbetrag der Einkünfte** | | **11.346** |

**Zu 4.**

Zu 4.1

| Brutto-Dividende (1.000 x 4 €) | 4.000 € |
|---|---|
| – Kapitalertragsteuer (25 % von 4.000 €) | – 1.000 € |
| – Solidaritätszuschlag (5,5 % von 1.000 €) | – 55 € |
| Gutschrift (Netto-Dividende) | **2.945 €** |

Zu 4.2 Mit dem Abzug der KapESt und des SolZ sind die Kapitalerträge abschließend abgegolten, sodass Herr Müller für die Kapitalerträge keine Einkommensteuererklärung an das Finanzamt abgeben muss.

Liegt sein individueller Steuersatz unter 25 %, sollte Herr Müller die große Veranlagungsoption wählen. Da Herr Müller keinen Freistellungsauftrag erteilt hatte, ist zu prüfen, ob die kleine Veranlagungsoption sinnvoll ist. Die kleine Veranlagungsoption ist immer dann sinnvoll, wenn ungenutztes Freistellungsvolumen zu einer nachträglichen Minderung/Erstattung der KapESt führt.

Zu 4.3

| Brutto-Dividende | 4.000,00 € |
|---|---|
| – Kapitalertragsteuer (4.000 € : 4,08) | – 980,39 € |
| – Kirchensteuer (8 % von 980,39 €) | – 78,43 € |
| – Soli (5,5 % von 980,39 €) | – 53,92 € |
| = Netto-Dividende | **2.887,26 €** |

| Zu 4.4 | Brutto-Dividende | 4.000 € | 4.000,00 € |
|---|---|---|---|
| | – Freistellungsauftrag | – 801 € | |
| | = BMG Abzugsteuer | 3.199 € | |
| | – Kapitalertragsteuer (25 % von 3.199 €) | | – 799,75 € |
| | – Soli (5,5 % von 799,75 €) | | – 43,98 € |
| | = Netto-Dividende | | **3.156,27 €** |

## B. Körperschaftsteuer

# 1 Einführung in die Körperschaftsteuer

**FALL 1**

Der Gewinn unterliegt **nicht** der **Körperschaftsteuer**, weil der Gewinn **nicht** von einer **juristischen** Person erzielt worden ist (§ 1 KStG greift hier nicht). Der **Einzelunternehmer** ist eine **natürliche** Person.
Der Gewinn unterliegt der **Einkommensteuer** (§ 15 Abs. 1 Nr. 1 EStG).

**FALL 2**

zu a)

Der Gewinn unterliegt **nicht** der **Körperschaftsteuer**, weil der Gewinn **nicht** von einer **juristischen** Person erzielt worden ist (§ 1 KStG greift hier nicht). Die **KG** ist eine **Personengesellschaft**, die weder der Körperschaftsteuer noch der Einkommensteuer unterliegt.

zu b)

Der Gewinnanteil des B unterliegt nicht der Körperschaftsteuer, sondern der **Einkommensteuer** (§ 15 Abs. 1 Nr. 2 EStG), da B eine **natürliche** Person ist.

**FALL 3**

zu a)

Der Gewinn der X-GmbH unterliegt der **Körperschaftsteuer**, weil die GmbH eine **juristische Person** ist (§ 1 Abs. 1 Nr. 1 KStG).

zu b)

Wird der Gewinn (oder Teile des Gewinns) ausgeschüttet, so unterliegt der Gewinnanteil bei C **nicht** der Körperschaftsteuer, da C eine **natürliche** Person ist. Der Gewinnanteil stellt **Einkünfte aus Kapitalvermögen** (§ 20 Abs. 1 Nr. 1 EStG) dar.
Seit dem 01.01.2009 wird für private Kapitalerträge grundsätzlich eine **Abgeltungsteuer** von 25 % (zuzüglich Solidaritätszuschlag und ggf. Kirchensteuer) erhoben.

**FALL 4**

zu a)

Der Gewinn der X-AG unterliegt der **Körperschaftsteuer**, weil die AG eine **juristische Person** ist (§ 1 Abs. 1 Nr. 1 KStG).

zu b)

Die Aufsichtsratsvergütung des D unterliegt **nicht** der **Körperschaftsteuer**, da D eine **natürliche** Person ist. Diese Einnahmen unterliegen somit der **Einkommensteuer** (§ 18 Abs. 1 Nr. 3 EStG). Hinweis: Siehe Lehrbuch Steuerlehre 2, Teil A, Abschnitt 6.3.2, Seite 53.

# 2 Körperschaftsteuerpflicht

**FALL 1**

**Unbeschränkte** Körperschaftsteuerpflicht, Prüfung aller Tatbestandsmerkmale:

| | |
|---|---|
| OSCAR GmbH | **Ja**, § 1 Abs. 1 Nr. 1 KStG |
| Heinrich Zengler GmbH & Co. KG | **Nein**, da die GmbH & Co.KG eine KG und damit eine Personengesellschaft ist. **Ja**, da die GmbH als Komplementär eine Kapitalgesellschaft ist (§ 1 Abs. 1 Nr. 1 KStG). |
| Wasserwerk der Stadt Bad Neuenahr-Ahrweiler | **Ja**, § 1 Abs. 1 Nr. 6 KStG |
| Volksbank Lahnstein eG | **Ja**, § 1 Abs. 1 Nr. 2 KStG |
| Post-Sportverein Koblenz e. V. | **Ja**, § 1 Abs. 1 Nr. 4 KStG |
| Reinhold Harsch KG | **Nein**, da die KG eine Personengesellschaft und somit keine juristische Person ist |
| Grimm GmbH | **Ja**, § 1 Abs. 1 Nr. 1 KStG |

**FALL 2**

Da die Austria AG weder ihren Sitz noch ihre Geschäftsleitung im Inland hat, ist sie **beschränkt** körperschaftsteuerpflichtig mit ihren **inländischen** Einkünften (§ 2 Nr. 1 KStG i. V. m. § 49 EStG).

**FALL 3**

zu a)

Die Andreas Klein GmbH ist **unbeschränkt** körperschaftsteuerpflichtig, weil sie ihren Sitz/ ihre Geschäftsleitung im Inland hat (§ 1 Abs. 1 Nr. 1 KStG).

zu b)

Die unbeschränkte Körperschaftsteuerpflicht hat zur **Folge**, dass **sämtliche** (in- und ausländische) **Einkünfte** der **Körperschaftsteuer unterliegen** (§ 1 Abs. 2 KStG).

zu c)

Für die Körperschaftsteuer der Andreas Klein GmbH ist das **Geschäftsleitungsfinanzamt** in **Dortmund** örtlich zuständig, weil die GmbH im Bezirk des Finanzamts Dortmund ihre Geschäftsleitung hat (§ 20 Abs. 1 AO).

# 3 Steuerbefreiungen

**F A L L  1**

**Unbeschränkte** Steuerbefreiung:

| | |
|---|---|
| Steuerberater Akademie Rheinland-Pfalz, Stiftung des bürgerlichen Rechts, Mainz | **Ja**, § 5 Abs. 1 Nr. 9 KStG |
| Sterbegeldkasse des steuerberatenden Berufs, VVaG, Bonn | **Ja**, § 5 Abs. 1 Nr. 3 KStG |
| Volksbank Köln eG, Köln | **Nein** |
| Vereinigte Wasserwerke Mittelrhein GmbH, Koblenz | **Nein** |

**F A L L  2**

Die Einnahmen aus dem ideellen Bereich sind steuerlich ohne Bedeutung. Die Mitgliedsbeiträge von 6.000 Euro sind nach § 5 Abs. 1 Nr. 9 **Satz 1** KStG von der KSt befre t.

Der Verein ist bezüglich seines wirtschaftlichen Geschäftsbetriebs 2018 von der Körperschaftsteuer **befreit**, weil die Einnahmen i. H. v. 10.000 Euro aus diesem Bereich den Betrag von **35.000 Euro** nicht übersteigen (§ 5 Abs. 1 Nr. 9 **Satz 2** KStG i. V. m. § 64 Abs. 3 AO).

# 4 Ermittlung des körperschaftsteuerlichen Einkommens

**F A L L  1**

Zehn Kunden erhalten Geschenke im Wert von jeweils 50 Euro (netto) (25 Euro Wein + 25 Euro weiteres Geschenk). Die Betragsgrenze von 35 Euro des **§ 4 Abs. 5 Nr. 1 EStG** wird bei diesen Personen überschritten, sodass die nicht abzugsfähigen Betriebsausgaben **500 Euro** (10 x 50 Euro) betragen.

Diese **nicht abzugsfähigen Betriebsausgaben** nach § 4 Abs. 5 Nr. 1 EStG i. H. v. 500 Euro sind im Rahmen der Ermittlung des zu versteuernden Einkommens nach R 7.1 Abs. 1 KStR 2015 als nicht abziehbare Aufwendungen (R 7.1 Abs. 1 Nr. 10 KStR 2015) wieder **hinzuzurechnen**. Die für die nicht abzugsfähigen Betriebsausgaben ebenfalls **nicht abzugsfähigen Vorsteuerbeträge** müssen ebenfalls hinzugerechnet werden (§ 10 Nr. 2 KStG), nämlich 500 Euro x 19 % = **95 Euro**.

Die Geschenke im Wert von 25 Euro für die 90 übrigen Kunden sind abzugsfähige Betriebsausgaben, da die Betragsgrenze von 35 Euro pro Person im Kalenderjahr nicht überschritten wird. Die Umsatzsteuer hierauf ist ebenfalls als Vorsteuer abziehbar.

## FALL 2

| | € |
|---|---:|
| = Einkommen **nach** Abzug der Zuwendungen | 150.000 |
| + sämtliche Zuwendungen (15.000 € + 10.000 € + 5.000 €) (R 7.1 Abs. 1 Nr. 11 KStR 2015) | 30.000 |
| = **Summe der Einkünfte** (Einkommen **vor** Abzug der Zuwendungen) | **180.000** |

- abzugsfähige Zuwendungen (R 7.1 Abs. 1 Nr. 22 KStR 2015)

| | € |
|---|---:|
| Zuwendungen **25.000 €** (15.000 € + 10.000 €) maximal abziehbar: **20 %** von 180.000 € = 36.000 € **oder 4 ‰** von 7.500.000 € = 30.000 € Der maximale Abzugsbetrag ist der höhere der nach beiden Methoden ermittelte Betrag (hier: 36.000 €) höchstens aber die tatsächlich gezahlten Zuwendungen* | - 25.000 |
| = **Gesamtbetrag der Einkünfte = Einkommen** (R 7.1 Abs. 1 Nrn. 29, 31 KStR 2015) | **155.000** |

---

\* Zuwendungen an politische Parteien sind nicht abzugsfähig.

## FALL 3

| | € |
|---|---:|
| vorläufiger **Jahresüberschuss lt. Handelsbilanz = Gewinn lt. Steuerbilanz** (R 7.1 Abs. 1 Nr. 1 KStR 2015) | **325.000** |
| + nichtabziehbare Aufwendungen (R 7.1 Abs. 1 Nr. 10 KStR 2015) | |
| KSt-Vorauszahlungen (§ 10 Nr. 2 KStG) | 180.000 |
| Solidaritätszuschlag (§ 10 Nr. 2 KStG) | 9.900 |
| Aufsichtsratvergütung (50 % von 40.000 €) (§ 10 Nr. 4 KStG) | 20.000 |
| = **steuerlicher Gewinn = GdE = Einkommen = zvE** (R 7.1 Abs. 1 Nrn. 21, 29, 31, 34 KStR 2015) | **534.900** |

## FALL 4

| | |
|---|---:|
| **vorläufiger** Jahresüberschuss lt. Handelsbilanz | **230.500 €** |
| ESt-liche Korrekturen (§ 60 Abs. 2 EStDV): | |
| + Tz. d) Steuerrechtlich ist keine TW-Abschreibung möglich, da die Wertminderung nur vorübergehend ist (§ 6 Abs. 1 Nr. 2 EStG) | 2.000 € |
| - Tz. e) Die planmäßigen Abschreibungen sind in Ordnung. Steuerrechtlich ist aber noch die Sonderabschreibung i. H. v. 20 % von 400.000 € = 80.000 € zu berücksichtigen | 80.000 € |
| + Tz. b) vGA (§ 8 Abs. 3 KStG; R 7.1 Abs. 1 Nr. 7 KStR 2015) i. H. v. 12 x 3.000 € = | 36.000 € |
| + Tz. c) keine vE, da es sich nicht um einen bilanzierungsfähigen Vorteil handelt | --- |
| + Tz. a) Bußgelder sind n. a. BA (§ 8 Abs. 1 KStG i. V. m. § 4 Abs. 5 Nr. 8 EStG; R 7.1 Abs. 1 Nr. 10 KStR 2015) | 3.000 € |
| = **steuerlicher Gewinn = GdE = Einkommen = zvE** (R 7.1 Abs 1 Nrn. 21, 29, 31, 34 KStR 2015) | **191.500 €** |

## FALL 5

Beteiligung an der S-AG:

Da die **Beteiligung nur 8 %** beträgt, sind die Erträge **voll steuerpflichtig** (§ 8b **Abs. 4** KStG) und die damit im Zusammenhang stehenden Aufwendungen können in voller Höher als Betriebsausgaben berücksichtigt werden. Da dies handelsrechtlich schon so erfasst wurde, ist keine Korrektur erforderlich.

Beteiligung an der M-GmbH:

Dividende i. H. v. 40.000 €, Aufwendungen im Zusammenhang damit 2.500 €

Die Dividende ist nach § 8b **Abs. 1** KStG **steuerfrei**. Dies führt zu einer Kürzung des Gewinns um 40.000 €. Allerdings gelten gemäß § 8b **Abs. 5** KStG **5 %** dieser Erträge als **nicht abziehbare Betriebsausgaben**. Dies führt zu einer Gewinnerhöhung um 2.000 € (5 % von 40.000 €). Die tatsächlichen Aufwendungen i. H. v. 2.500 € bleiben als Betriebsausgaben bestehen.

## FALL 6

|  | € |
|---|---:|
| Gesamtbetrag der Einkünfte i. S. d. § 10d EStG | 3.000.000 |
| – 1.000.000 € unbeschränkt | – 1.000.000 |
| = **verbleibender Betrag** | **2.000.000** |
| – eingeschränkter Abzug: 60 % von 2.000.000 € = | – 1.200.000 |
| **Einkommen = zu versteuerndes Einkommen** | **800.000** |

Insgesamt kann ein Verlust i. H. v. 2.200.000 € (= 1 Mio. € + 1,2 Mio. €) verrechnet werden. Es bleiben für die Verlustverrechnung in den Folgejahren noch 300.000 € (2,5 Mio. € – 2,2 Mio. €) übrig.

# 5 Körperschaftsteuertarif

## FALL 1

| | |
|---|---:|
| Gewinn vor Steuern | 500.000 € |
| – Gewerbesteuer | – 78.750 € |
| – Körperschaftsteuer (15 % von 500.000 €) | – 75.000 € |
| – Solidaritätszuschlag (5,5 % von 75.000 €) | – 4.125 € |
| = **maximaler Ausschüttungsbetrag** | **342.125 €** |

## FALL 2

| | |
|---|---:|
| maximaler Ausschüttungsbetrag der Hausmann-AG (vgl. Fall 1) | 342.125,00 € |
| – KapESt (25 % von 342.125 €) | – 85.531,25 € |
| – SolZ (5,5 % von 85.531,25 €) | – 4.704,22 € |
| = **Auszahlungsbetrag** | **251.889,53 €** |

**F A L L   3**

| | |
|---|---:|
| vorläufiger **handelsrechtlicher Jahresüberschuss = Steuerbilanzgewinn** | 40.000,00 € |
| + verdeckte Gewinnausschüttung (6 % von 30.000 €) | 1.800,00 € |
| (§ 8 Abs. 3 KStG; R 7.1 Abs. 1 Nr. 7 KStR 2015) | |
| + nichtabziehbare Aufwendungen (R 7.1 Abs. 1 Nr. 10 KStR 2015): | |
| Geldbuße (§ 4 Abs. 5 Nr. 8 EStG) | 500,00 € |
| GewSt-Vorauszahlungen (§ 4 Abs. 5b EStG) | 4.000,00 € |
| KSt-Vorauszahlungen (§ 10 Nr. 2 KStG) | 5.000,00 € |
| SolZ-Vorauszahlungen (§ 10 Nr. 2 KStG) | 275,00 € |
| 50 % Aufsichtsratsvergütungen (50 % von 4.300 €) (§ 10 Nr. 4 KStG) | 2.150,00 € |
| + alle Zuwendungen (§ 9 Abs. 1 Nr. 2 KStG; R 7.1 Abs. 1 Nr. 11 KStR 2015) | 5.000,00 € |
| = **steuerlicher Gewinn (SdE)** (R 7.1 Abs. 1 Nr. 21 KStR 2015) | 58.725,00 € |
| – Zuwendungen für gemeinnützige Zwecke | |
| (§ 9 Abs. 1 Nr. 2 KStG; R 7.1 Abs. 1 Nr. 22 KStR 2015) | |
| 20 % von 58.725 €, höchstens tatsächlich geleistete Zuwendungen | – 5.000,00 € |
| = **GdE = Einkommen = zu versteuerndes Einkommen** | 53.725,00 € |
| x **15 %** (§ 23 Abs. 1 KStG) | |
| = **Körperschaftsteuer** (abgerundet auf volle € gem. § 31 Abs. 1 S. 3 KStG) | **8.058,00 €** |

**F A L L   4**

tarifliche KSt: 15 % von 250.000 € = **37.500 €** und SolZ: 5,5% von 37.500 € = **2.062,50 €**
KSt-RS: 37.500 € – 35.000 € = **2.500 €** und  Solz-RS: 2.062,50 € – 1.925 € = **137,50 €**
**endgültiger handelsrechtlicher JÜ** = 150.000 € – 2.500 € – 137,50 € = **147.362,50 €**

# Prüfungsfälle Körperschaftsteuer

**P R Ü F U N G S F A L L   1**

| | | € |
|---|---|---:|
| = vorläufiger **JÜ lt. Handelsbilanz = Gewinn lt. Steuerbilanz** | | 253.630 |
| + nichtabziehbare Aufwendungen (R 7.1 Abs. 1 Nr. 10 KStR 2015): | | |
| Geschenke über 35 € (§ 4 Abs. 5 Nr. 1 EStG) | + | 980 |
| Körperschaftsteuer-Vorauszahlungen (§ 10 Nr. 2 KStG) | + | 25.000 |
| Solidaritätszuschlag (§ 10 Nr. 2 KStG) | + | 1.375 |
| Beiratsvergütungen (50 % von 12.000 €) (§ 10 Nr. 4 KStG) | + | 6.000 |
| + **sämtliche** Zuwendungen (2.850 € + 3.775 €) | + | 6.625 |
| (§ 9 Abs. 1 Nr. 2 KStG; R 7.1 Abs. 1 Nr. 11 KStR 2015) | | |
| = **steuerlicher Gewinn = Summe der Einkünfte** | | 293.610 |
| – **abziehbare** Zuwendungen (gemeinnützige Zwecke) | | |
| (R 7.1 Abs. 1 Nr. 22 KStR 2015) | | |
| max. **20 %** von 293.610 €, höchstens geleistete Zuwendungen | – | 2.850 |
| a) = **GdE = Einkommen = zu versteuerndes Einkommen** | | **290.760** |

b)    KSt (15 % von 290.760 €)                          43.614
      - Vorauszahlungen                              -   25.000

   =  **KSt-Rückstellung**                            **18.614**

      SolZ (5,5 % von 43.614 €)                        2.398,77
      - Vorauszahlungen                             -   1.375,00

   =  **SolZ-Rückstellung**                          **1.023,77**

c)    **Vorläufiger Jahresüberschuss lt. Handelsbilanz**    253.630,00
      - Zuführung KSt-Rückstellung                  -  18.614,00
      - Zuführung SolZ-Rückstellung                 -   1.023,77

   =  **endgültiger handelsrechtlicher Jahresüberschuss**  **233.992,23**

## PRÜFUNGSFALL 2

a)    Gewinn vor Steuern                           1.300.000 €
      - GewSt                                     -  222.950 €
      - KSt (15 % von 1.300.000 €)                -  195.000 €
      - SolZ (5,5 % von 195.000 €)                -   10.725 €

   =  **maximaler Ausschüttungsbetrag (Bruttodividende)**    **871.325 €**

b)    **Nein**, da die Bemessungsgrundlage für die KSt das zvE ist (§ 7 Abs. 1 KStG).
      Auf dieses haben Ausschüttungen keinen Einfluss, die KSt-Belastung bleibt somit gleich
      (hier: 15 % von 1.300.000 € = 195.000 €). Das gilt analog auch für den SolZ.

c)    maximaler Ausschüttungsbetrag (Bruttodividende)         871.325,00 €
      - Kapitalertragsteuer (25 % von 871.325 €)          -  217.831,25 €
      - Solidaritätszuschlag (5,5 % von 217.831,25 €)     -   11.980,72 €

   =  **Auszahlungsbetrag an die Anteilseigner (Nettodividende)**    **641.513,03 €**

## PRÜFUNGSFALL 3

zu a)

|  | € |
|---|---|
| = **vorläufiger handelsrechtlicher Jahresüberschuss** | **24.200** |
| = **Gewinn lt. Steuerbilanz** (R 7.1 Abs. 1 Nr. 1 KStR 2015) | **24.200** |
| nichtabziehbare Aufwendungen (R 7.1 Abs. 1 Nr. 10 KStR 2015): | |
| + nicht abzugsfähige Betriebsausgaben i.S.d. § 4 Abs. 5 Nr. 1 EStG | + 775 |
| + nicht abzugsfähige Bewirtungskosten (30 % von 750 €) (§ 4 Abs. 5 Nr. 2 EStG) – Die VorSt ist zu 100 % abzugsfähig (§ 15 Abs. 1a UStG); somit muss hierfür keine Korrektur erfolgen. | + 225 |
| + Körperschaftsteuer-Vorauszahlungen 2018 (§ 10 Nr. 2 KStG) | + 10.000 |
| + Solidaritätszuschlag 2018 (§ 10 Nr. 2 KStG) | + 550 |
| = **steuerlicher Gewinn/SdE = GdE = Einkommen = zvE** | **35.750** |

zu b)

Die tarifliche **Körperschaftsteuer** beträgt 2018 nach § 23 Abs. 1 KStG **15 % von 35.750 €**
= **5.362 €** (abgerundet auf volle € gem. § 31 Abs. 1 Satz 3 KStG) und der **SolZ 5,5 % von
5.362 € = 294,91 €**.

zu c)

Es ist **keine Körperschaftsteuer** mehr zu zahlen, da die Vorauszahlungen die tarifliche Körperschaftsteuer **übersteigen**. Deshalb ist eine **Forderung gegenüber dem Finanzamt** für die KSt i.H.v. 5.362 € – 10.000 € = –4.638 € und für den SolZ i.H.v. 294,91 € – 550,00 € = – 255,09 € zu aktivieren. Der **endgültige handelsrechtliche Jahresüberschuss** beträgt somit **29.093,09 €**.

**P R Ü F U N G S F A L L  4**

zu a)

| | | € |
|---|---|---:|
| | **vorläufiger handelsrechtlicher Jahresüberschuss** | **625.000** |
| = | **Gewinn lt. Steuerbilanz** (R 7.1 Abs. 1 Nr. 1 KStR 2015) | **625.000** |
| | Nichtabziehbare Aufwendungen nach R 7.1 Abs. 1 Nr. 1 KStR 2015: | |
| + | GewSt-Vorauszahlungen für 2018 (§ 4 Abs. 5b EStG) | + 4.000 |
| + | KSt-Vorauszahlungen für 2018 (§ 10 Nr. 2 KStG) | + 71.000 |
| + | SolZ-Vorauszahlungen für 2018 (§ 10 Nr. 2 KStG) | + 3.905 |
| + | Beiratsvergütungen (50 % von 3.000 €) (§ 10 Nr. 4 KStG) | + 1.500 |
| + | **sämtliche** Zuwendungen (2.000 € + 1.000 €) (§ 9 Abs. 1 Nr. 2 KStG; R 7.1 Abs. 1 Nr. 11 KStR 2015) | + 3.000 |
| = | **steuerlicher Gewinn = Summe der Einkünfte** | 708.405 |
| – | **abziehbare** Zuwendungen (gemeinnützige Zwecke) (§ 9 Abs. 1 Nr. 2 KStG; R 7.1 Abs. 1 Nr. 22 KStR 2015) maximal **20 %** von 708.405 €, höchstens geleistete Zuwendungen | – 2.000 |
| = | **Gesamtbetrag der Einkünfte = Einkommen = zvE** | **706.405** |

zu b)

Die tarifliche **Körperschaftsteuer** beträgt **105.960 €** (15 % von 706.405 €, abgerundet auf volle €). Der **SolZ** hierfür beträgt **5.827,80 €** (5,5 % von 105.960 €).
Die **KSt-Rückstellung** beträgt **34.960 €** (= 105.960 € – 71.000 €) und die **SolZ-Rückstellung** beträgt **1.922,80 €** (= 5.827,80 € – 3.905 €).

**P R Ü F U N G S F A L L  5**

| | | € |
|---|---|---:|
| | **vorläufiger handelsrechtlicher Jahresüberschuss** | **60.800** |
| = | **Gewinn lt. Steuerbilanz** (R 7.1 Abs. 1 Nr. 1 KStR 2015) | **60.800** |
| | Nichtabziehbare Aufwendungen nach R 7.1 Abs. 1 Nr. 10 KStR 2015: | |
| + | nicht abzugsfähige Bewirtungskosten (30 % von 3.000 €) (§ 4 Abs. 5 Nr. 2 EStG); keine Hinzurechnung der USt (§ 15 Abs. 1a UStG) | + 900 |
| + | Einstellung der GewSt-Rückstellung (§ 4 Abs. 5b EStG) | + 6.000 |
| + | KSt-Vorauszahlungen 2018 (§ 10 Nr. 2 KStG) | + 20.000 |
| + | Säumniszuschläge (KSt) (§ 10 Nr. 2 KStG) | + 300 |
| + | SolZ-Vorauszahlungen 2018 (§ 10 Nr. 2 KStG) | + 1.100 |
| + | **sämtliche** Zuwendungen (12.000 € + 1.700 €) (§ 9 Abs. 1 Nr. 2 KStG; R 7.1 Abs. 1 Nr. 11 KStR 2015) | + 13.700 |
| = | **steuerlicher Gewinn = Summe der Einkünfte** | **102.800** |

Übertrag:

| | € |
|---|---|
| = **steuerlicher Gewinn = Summe der Einkünfte** | **102.800** |
| - **abziehbare** Zuwendungen (gemeinnützige Zwecke) (§ 9 Abs. 1 Nr. 2 KStG; R 7.1 Abs. 1 Nr. 22 KStR 2015) **20 %** von 102.500 € = 20.500 €, höchstens geleistete Zuwendungen* | - 12.000 |
| = **Gesamtbetrag der Einkünfte** | **90.800** |
| - Verlustabzug (§ 10d EStG) | - 20.000 |
| = **Einkommen = zu versteuerndes Einkommen** | **70.800** |

\* Zuwendungen an politische Parteien sind nicht abzugsfähig.

**PRÜFUNGSFALL 6**

zu a)

| | € |
|---|---|
| **vorläufiger handelsrechtlicher Jahresüberschuss** | **638.925** |
| - Investitionszulage nach dem InvZulG (ist **keine Einnahme**; H 2 EStH) | - 15.750 |
| = **Gewinn lt. Steuerbilanz** (R 7.1 Abs. 1 Nr. 1 KStR 2015) Nichtabziehbare Aufwendungen nach R 7.1 Abs. 1 Nr. 10 KStR 2015: | **623.175** |
| + GewSt-Vorauszahlungen 2018 (§ 4 Abs. 5b EStG) | + 8.250 |
| **Keine Korrektur** der GewSt-Nachzahlung aus 2007, da diese 2007 noch abzugsfähig war (§ 52 Abs. 12 S. 7 EStG). | 0 |
| - Erstattung für KSt und SolZ 2017 (analog zu § 10 Nr. 2 KStG) | - 2.625 |
| + KSt-Vorauszahlungen 2018 (§ 10 Nr. 2 KStG) | + 90.000 |
| + SolZ-Vorauszahlungen 2018 (§ 10 Nr. 2 KStG) | + 4.950 |
| **Keine Korrektur** der Säumniszuschäge für die USt, da diese nicht unter das Abzugsverbot des § 10 KStG fallen. | 0 |
| + Spende an das Bayerische Rote Kreuz (§ 9 Abs. 1 Nr. 2 KStG; R 7.1 Abs. 1 Nr. 11 KStR 2015) | + 3.750 |
| = **steuerlicher Gewinn = Summe der Einkünfte** | **727.500** |
| - **abziehbare** Zuwendungen (gemeinnützige Zwecke) (§ 9 Abs. 1 Nr. 2 KStG; R 7.1 Abs. 1 Nr. 22 KStR 2015) **20%** von 727.500 € = 145.500 €, höchstens geleistete Zuwendungen | - 3.750 |
| = **GdE = Einkommen = zu versteuerndes Einkommen** | **723.750** |

zu b)

| | |
|---|---|
| KSt (15 % von 723.750 €; abgerundet auf volle € (§ 31 Abs. 1 S. 3 KStG)) | 108.562,00 € |
| + SolZ (5,5 % von 108.562,00 €) | + 5.970,91 € |
| - geleistete Vorauszahlungen 2018 (KSt: 90.000 € + SolZ: 4.950 €) | - 94.950,00 € |
| = **Körperschaftsteuer- und SolZ-Abschlusszahlung** (Nachzahlung) | **19.582,91 €** |

(Die Abschlusszahlung setzt sich zusammen aus **KSt 18.562,00 €** und **SolZ 1.020,91 €**.)

## C. Gewerbesteuer

# 1 Einführung in die Gewerbesteuer

**FALL 1**

|  | € |
|---|---|
| Gewinn aus Gewerbebetrieb | 35.000 |
| + Summe der Hinzurechnungen nach § 8 GewStG | 16.000 |
|  | 51.000 |
| − Summe der Kürzungen nach § 9 GewStG | 15.000 |
| = **maßgebender** Gewerbeertrag (ist bereits abgerundet) | 36.000 |
| − Freibetrag (natürliche Person) | 24.500 |
| = **endgültiger** Gewerbeertrag | 11.500 |
| x Steuermesszahl 3,5 % | |
| = Steuermessbetrag (3,5 % von 11.500 €), abgerundet auf volle € | 402 |
| x Hebesatz 450 % | |
| = **Gewerbesteuer** (450 % von 402 €) | **1.809** |

**FALL 2**

|  | € |
|---|---|
| **maßgebender** Gewerbeertrag (ist bereits abgerundet) | 36.000 |
| − Freibetrag (Kapitalgesellschaft) | 0 |
| = **endgültiger** Gewerbeertrag | 36.000 |
| x Steuermesszahl 3,5 % | |
| = Steuermessbetrag (3,5 % von 36.000 €), abgerundet auf volle € | 1.260 |
| x Hebesatz 475 % | |
| = **Gewerbesteuer** (475 % von 1.260 €) | **5.985** |

# 2 Steuerpflicht und Steuerbefreiungen

**FALL 1**

a) **Ja**, kraft Rechtsform (§ 2 Abs. 2 GewStG)
b) **Nein**, selbständiger Arbeit (§ 18 EStG)
c) **Nein**, Land- und Forstwirtschaft (§ 13 EStG) ⎦ H 2.1 Abs. 1 (Begriffsmerkmale) GewStH
d) **Ja**, kraft gewerblicher Betätigung (§ 2 Abs. 1 GewStG)
e) **Ja**, kraft gewerblicher Betätigung (§ 2 Abs. 1 GewStG)
f) **Ja**, Gewerbebetrieb kraft wirtschaftlichen Geschäftsbetriebs (§ 2 Abs. 3 GewStG)

**FALL 2**

Die Gewerbesteuerpflicht des Rodener beginnt am **04.01.2018**. Das Mieten der gewerblichen Räume und der Warenkauf sind nur Vorbereitungshandlungen, die noch keine Gewerbesteuerpflicht begründen.

# 3 Steuermessbetrag

| | |
|---|---:|
| BV 31.12.2018 | 118.900 € |
| BV 31.12.2017 | 125.300 € |
| Unterschiedsbetrag | − 6.400 € |
| + Entnahmen | + 50.700 € |
| − Einlagen | − 1.300 € |
| **Gewinn aus Gewerbebetrieb** 2018 | **43.000 €** |

Der **Gewinn aus Gewerbebetrieb** beträgt im EZ 2018 **104.000 €** (98.000 € + 6.000 €).

Die Gewerbesteuer ist seit 2008 keine Betriebsausgabe mehr und darf den Gewinn aus Gewerbebetrieb nicht mehr mindern (§ 4 Abs. 5b EStG).

Der **Finanzierungsanteil** i.S.d. § 8 Nr. 1d GewStG beträgt im EZ 2018 **14.280 €** (20 % von 71.400 €).

Der **Finanzierungsanteil** i.S.d. § 8 Nr. 1e GewStG beträgt im EZ 2018 **2.400 €** (50 % von 4.800 €).

| | | €|
|---|---|---:|
| 1. | 100 % der Entgelte für Schulden | |
| | 1.1 Zinsaufwendungen für langfristige Kredite 30.000 € | |
| | 1.2 Zinsaufwendungen für kurzfristige Kredite 9.000 € | 39.000,00 |
| 2. | 100 % der Gewinnanteile des stillen Gesellschafters | 10.000,00 |
| 3. | 20 % für Mietaufwendungen (20 % von 10.000 €) | 2.000,00 |
| 4. | 50 % der Pachtaufwendungen (50 % von 58.500 €) | 29.250,00 |
| 5. | 25 % der Aufwendungen für die zeitlich befriste Überlassung von Rechten (25 % von 120.000 €) | 30.000,00 |
| = | Summe der Finanzierungsanteile | 110.250,00 |
| − | Freibetrag | − 100.000,00 |
| = | verbleibender Betrag | 10.250,00 |
| x | 25 % (= **Hinzurechnungsbetrag** nach § 8 **Nr. 1** GewStG) | **2.562,50** |

Die Kürzung für den Grundbesitz beträgt 1,2 % vom 1,4-fachen des Einheitswerts des Betriebsgrundstücks = **840 €**.

## FALL 7

Die Kürzung beträgt 80 % von 840 € =                                    **672€**
§ 20 Abs. 2 GewStDV

## FALL 8

Die Kürzung für den Grundbesitz beträgt:

in 2018: 1,2 % von 140 % von 80.000 € =                              **1.344€**

in 2019: 1,2 % von 140 % von 90.000 € =                              **1.512€**

Maßgebend sind die Verhältnisse zu Beginn des Jahres, § 20 Abs. 1 GewStDV.

## FALL 9

Zuwendungen **4.400€** (1.400 € + 3.000 €)
maximal abziehbar:
**20%** von 50.000 € = 10.000 €,
höchstens Zuwendungen                                                 **4.400€**

Die Zuwendungen an **politische Parteien** (§ 10b **Abs. 2 EStG**) sind **nicht** abzugsfähig.

## FALL 10

Zuwendungen **4.400€** (1.400 € + 3.000 €)
maximal abziehbar:
**20%** von 50.000 € = 10.000 €,
höchstens Zuwendungen                                                 **4.400€**

Die Zuwendungen an **politische Parteien** sind für Kapitalgesellschaften nicht abzugsfähig
(§ 9 Abs. 1 Nr. 2 KStG).

## FALL 11

2018:

|   |   | € | € |
|---|---|---|---|
|   | Verlust aus Vorjahren (EZ 2016 und 2017) | 2.500.000 |  |
|   | positiver maßgebender Gewerbeertrag im EZ 2018 |  | 2.000.000 |
| − | uneingeschränkter Verlustabzug | 1.000.000 | − 1.000.000 |
| = | verbleibender positiver maßgebender Gewerbeertrag |  | 1.000.000 |
| − | eingeschränkter Verlustabzug (60 % v. 1.000.000 €) | 600.000 | − 600.000 |
| = | **vorläufiger** Gewerbeertrag im EZ 2018 |  | **400.000** |
|   | Verlustvortrag für die EZ 2019 ff. | 900.000 |  |

2019:

|   |   | € | € |
|---|---|---|---|
|   | verbleibender Verlust aus Vorjahren (EZ 2016 und 2017) | 900.000 |  |
|   | positiver maßgebender Gewerbeertrag im EZ 2019 |  | 1.000.000 |
| − | uneingeschränkter Verlustabzug | 900.000 | − 900.000 |
| = | verbleibender positiver maßgebender Gewerbeertrag |  | 100.000 |
| − | eingeschränkter Verlustabzug (60 % v. 0 €) |  | − 0 |
| = | **vorläufiger** Gewerbeertrag im EZ 2019 |  | **100.000** |

## FALL 12

|  | € |
|---|---|
| **vorläufiger** Gewerbeertrag | 105.215,00 |
| Abrundung auf volle hundert Euro | 105.200,00 |
| − Freibetrag (natürliche Person) | − 24.500,00 |
| = **endgültiger** Gewerbeertrag | 80.700,00 |
| x Steuermesszahl 3,5 % | |
| = Steuermessbetrag (3,5 % von 80.700 €), abrunden R. 14.1 Satz 3 GewStR | **2.824,00** |

## FALL 13

|  | € |
|---|---|
| **vorläufiger** Gewerbeertrag | 14.315,00 |
| Abrundung auf volle hundert Euro | 14.300,00 |
| − Freibetrag (Kapitalgesellschaft) | 0,00 |
| = **endgültiger** Gewerbeertrag | 14.300,00 |
| x Steuermesszahl 3,5 % | |
| = Steuermessbetrag (3,5 % von 14.300 €), abrunden R.14.1 Satz 3 GewStR | **500,00** |

## FALL 14

|  | € |
|---|---|
| **vorläufiger** Gewerbeertrag (01.09. bis 31.12.) | 40.000,00 |
| kein Freibetrag, da Kapitalgesellschaft | 0,00 |
| = **endgültiger** Gewerbeertrag | 40.000,00 |
| x Steuermesszahl 3,5 % | |
| = Steuermessbetrag (3,5 % von 40.000 €) | **1.400,00** |

## FALL 15

|  | € |
|---|---|
| Gewinn aus Gewerbebetrieb (Tz. 1) | 21.000,00 |
| + Hinzurechnungen nach § 8 | |

|  |  |
|---|---|
| 100 % der Zinsaufwendungen für Hypothek | 2.786 € |
| 20 % Miete für Registrierkasse (20 % von 1.625 €) | 325 € |
| = Summe der Finanzierungsanteile | 3.111 € |
| - Freibetrag 100.000 Euro, höchstens | - 3.111 € |
| = verbleibender Betrag | 0 € |

|  | € |
|---|---|
| | 0,00 |
| | 21.000,00 |
| - Kürzungen nach § 9 | |
| Grundbesitzkürzung | |
| 1,2 % von 25.000 € x 140 % (Tz. 3) | 420,00 |
| Gewinnanteil OHG (Tz. 4) | 4.750,00 |
| = **vorläufiger** Gewerbeertrag | 15.830,00 |
| Abrundung auf volle hundert Euro | 15.800,00 |
| - Freibetrag 24.500 €, höchstens | - 15.800,00 |
| = **endgültiger** Gewerbeertrag | 0,00 |
| x Steuermesszahl 3,5 % | |
| = Steuermessbetrag (3,5 % von 0 €) | **0,00** |

## FALL 16

|  | € |
|---|---|
| Gewinn aus Gewerbebetrieb (Tz. 1) | 74.581,00 |
| + Hinzurechnungen nach § 8 | |

|  |  |
|---|---|
| 1. 100 % der Entgelte für Schulden | 35.000 € |
| 2. 100 % der Gewinnanteile des st. Gesellschafters | 15.000 € |
| 3. 20 % der Miete für Computer (20 % von 12.000 €) | 2.400 € |
| 4. 50 % der Pacht für Grundstück (50 % von 78.000 €) | 39.000 € |
| 5. 25 % der Aufwendungen für die Überlassung | |
| von Rechten (25 % von 120.000 €) | 30.000 € |
| = Summe der Finanzierungsanteile | 121.400 € |
| - Freibetrag | - 100.000 € |
| = verbleibender Betrag | 21.400 € |

|  | € |
|---|---|
| x 25 % (= Hinzurechnungsbetrag nach § 8 Nr. 1) | 5.350,00 |
| | 79.931,00 |
| - Kürzungen nach § 9 | |
| Keine Grundbesitzkürzung, da nicht zu Beginn des Jahres im Betriebsvermögen, § 20 Abs. 1 Satz 2 GewStDV | 0,00 |
| = **vorläufiger** Gewerbeertrag | 79.931,00 |
| Abrundung auf volle hundert Euro | 79.900,00 |
| - Freibetrag | - 24.500,00 |
| = **endgültiger** Gewerbeertrag | 55.400,00 |
| x Steuermesszahl 3,5 % | |
| = Steuermessbetrag (3,5 % von 55.400 €), abrunden R. 14.1. S. 3 GewStR | **1.939,00** |

# 4  Festsetzung und Erhebung der Gewerbesteuer

**FALL  1**

|  |  | € |
|---|---|---|
| Gewinn aus Gewerbebetrieb (Tz. 1) |  | 84.695,00 |
| + Hinzurechnungen nach § 8 |  |  |
| 100 % der Zinsaufwendungen | 2.250 € |  |
| 20 % der Miete für Kühlanlage (20 % von 3.000 €) | 600 € |  |
| 20 % der Miete für Computer (20 % von 24.000 €) | 4.800 € |  |
| 50 % der Miete für Lagerhalle (50 % von 23.400 €) | 11.700 € |  |
| = Summe der Finanzierungsanteile | 19.350 € |  |
| − Freibetrag 100.000 Euro, höchstens | − 19.350 € |  |
| = verbleibender Betrag | 0 € | 0,00 |
| Verlustanteil aus der KG-Beteiligung (Tz. 2) |  | 12.125,00 |
|  |  | 96.820,00 |
| − Kürzungen nach § 9 |  |  |
| Grundbesitzkürzung (Tz. 14) |  |  |
| 1,2 % x 140 % x 50.000 € |  | 840,00 |
| Zuwendungen für wissenschaftliche Zwecke, 20 % x 84.695 €, max. |  | 4.800,00 |
| = **vorläufiger** Gewerbeertrag |  | 91.180,00 |
| Abrundung auf volle hundert Euro |  | 91.100,00 |
| − Freibetrag |  | − 24.500,00 |
| = **endgültiger** Gewerbeertrag |  | 66.600,00 |
| x Steuermesszahl 3,5 % |  |  |
| = Steuermessbetrag (3,5 % von 66.600 €), abrunden R. 14.1. GewStR |  | 2.331,00 |
| x Hebesatz 410 % |  |  |
| = **Gewerbesteuer** (410 % von 2.331 €) |  | **9.557,71** |

**FALL  2**

| | |
|---|---|
| Betriebsvermögen am 31.12.2018 | 118.900 € |
| Betriebsvermögen am 31.12.2017 | 125.300 € |
| Unterschiedsbetrag | − 6.400 € |
| + Entnahme | 50.700 € |
| − Einlage | − 1.300 € |
| **Gewinn aus Gewerbebetrieb** | **43.000 €** |

|  |  | € |
|---|---|---|
| **Gewinn aus Gewerbebetrieb** |  | **43.000,00** |
| + Hinzurechnungen nach § 8 |  |  |
| 100 % der Darlehenszinsen | 2.100 € |  |
| 20 % der Miete für Einrichtungen (20 % von 1.200 €) | 240 € |  |
| = Summe der Finanzierungsanteile | 2.340 € |  |
| − Freibetrag 100.000 Euro, höchstens | − 2.340 € | 0,00 |
| Übertrag: |  | 43.000,00 |

|  | € |
|---|---|
| Übertrag: | 43.000,00 |
| Verlustanteil OHG | 1.500,00 |
|  | 44.500,00 |
| − Kürzungen nach § 9 Grundbesitzkürzung 1,2 % von 112.000 € (80.000 € x 1,4) | − 1.344,00 |
| = **vorläufiger** Gewerbeertrag | 43.156,00 |
| Abrundung auf volle hundert Euro | 43.100,00 |
| − Freibetrag | − 24.500,00 |
| = endgültiger Gewerbeertrag | 18.600,00 |
| x Steuermesszahl 3,5 % |  |
| = Steuermessbetrag (3,5 % von 18.600 €), abrunden R. 14.1 GewStR | 651,00 |
| x Hebesatz 420 % |  |
| = **Gewerbesteuer** (420 % von 651 €) | **2.734,20** |

# 5 Zerlegung

**FALL 1**

|  |  | Zerlegungsanteil |
|---|---|---|
| Gemeinde A | 60 % von 24.000 €* | **14.400 €** |
| Gemeinde B | 30 % von 24.000 €** | **7.200 €** |
| Gemeinde C | 10 % von 24.000 €*** | **2.400 €** |
|  |  | 24.000 € |

* 504.000 x 100 : 840.000 = 60 %
** 252.000 x 100 : 840.000 = 30 %
*** 84.000 x 100 : 840.000 = 10 %

**FALL 2**

| Betriebsstätten | Zerlegungsanteile |  | Hebesätze |  | Gewerbesteuer |
|---|---|---|---|---|---|
| Gemeinde A | 14.400 € | x | 475 % | = | **68.400 €** |
| Gemeinde B | 7.200 € | x | 490 % | = | **35.280 €** |
| Gemeinde C | 2.400 € | x | 440 % | = | **10.560 €** |
|  | 24.000 € |  |  |  | 114.240 € |

# 6 Gewerbesteuerrückstellung

|  |  | € |
|---|---|---:|
|  | Gewinn aus Gewerbebetrieb | 89.300,00 |
| + | Hinzurechnungen (§ 8 GewStG) | + 9.700,00 |
|  |  | 99.000,00 |
| − | Kürzungen (§ 9 GewStG) | − 1.000,00 |
| = | maßgebender Gewerbeertrag (§ 10 GewStG) | 98.000,00 |
|  | Abrundung auf volle 100 Euro (ist bereits abgerundet) | 98.000,00 |
| − | Freibetrag (§ 11 Abs. 1 GewStG) | − 24.500,00 |
| = | (endgültiger) Gewerbeertrag | 73.500,00 |
| x | (einheitliche) Steuermesszahl 3,5 % |  |
| = | Steuermessbetrag (3,5 % von 73.500 €) abrunden auf volle € | 2.572,00 |
| x | Hebesatz 380 % |  |
| = | Gewerbesteuer (380 % von 2.572 €) | 9.773,60 |
| − | **Gewerbesteuervorauszahlungen für 2018** | − 4.500,00 |
| = | Gewerbesteuerrückstellung 2018 | 5.273,60 |

**FALL 2**

| | € |
|---|---:|
| Gewinn aus Gewerbebetrieb | 84.695,00 |
| **Gewerbesteuervorauszahlungen für 2018** | |
| + § 4 Abs. 5b EStG | + 3.000,00 |
| Gewerbeertrag (§ 7 Abs. 1 GewStG) | 87.695,00 |

Hinzurechnungen (§ 8 GewStG)

| | | |
|---|---:|---:|
| 100 % der Entgelte für Schulden | 2.250 € | |
| 20 % der Miete von 24.000 € | 4.800 € | |
| 20 % der Miete von 3.000 € = | 600 € | |
| 50 % der Miete von 23.400 € = | 11.700 € | |
| = Summe der Finanzierungsanteile | 19.350 € | |
| − Freibetrag 100.000 Euro, höchstens | − 19.350 € | |
| = verbleibender Betrag | 0 € | |
| x 25 % (= Hinzurechnungsbetrag) | | 0 € |
| Verlustanteil KG | | 12.125 € | 12.125,00 |
| | | 99.820,00 |

| | | | |
|---|---|---:|---:|
| − | Kürzungen (§ 9 GewStG) | | |
| | Grundbesitzkürzung | | |
| | 1,2 % von 70.000 € (50.000 € x 1,4) | 840 € | |
| | Zuwendung für wissenschaftliche Zwecke | 4.800 € | 5.640,00 |
| = | maßgebender Gewerbeertrag (§ 10 GewStG) | | 94.180,00 |
| | Abrundung auf volle 100 Euro | | 94.100,00 |
| − | Freibetrag (§ 11 Abs. 1 GewStG) | | − 24.500,00 |
| = | (endgültiger ) Gewerbeertrag | | 69.600,00 |
| x | (einheitliche) Steuermesszahl 3,5 % | | |
| = | Steuermessbetrag (3,5 % von 69.600 €) | | 2.436,00 |
| x | Hebesatz 410 % | | |
| = | Gewerbesteuer (410 % von 2.436 €) | | 9.987,60 |
| − | **Gewerbesteuervorauszahlungen für 2018** | | − 3.000,00 |
| = | Gewerbesteuerrückstellung 2018 | | 6.987,60 |

# Prüfungsfälle Gewerbesteuer

## PRÜFUNGSFALL 1

|  | € |
|---|---|
| Gewinn aus Gewerbebetrieb | 64.444,00 |
| + Zuwendungen für gemeinnützige Zwecke und politische Partei* | + 2.000,00 |
| = Gewinn lt. EStG | 66.444,00 |

+ Hinzurechnungen nach § 8

| | | | |
|---|---|---|---|
| 100 % der Entgelte für Schulden (Darlehenszinsen 6 % von 80.000 € = 4.800 € für 3 Monate) | 1.200 € | | |
| 100 % des Damnums (4 % von 80.000 € = 3.200 € : 10 Jahre = 320 € für 3 Monate) | 80 € | | |
| 100 % der Kontokorrentzinsen | 256 € | | |
| 20 % der Leasingraten (20 % von 13.200 €) | 2.640 € | | |
| 100 % der Gewinnanteile des st. Gesellschafters | 10.000 € | | |
| = Summe der Finanzierungsanteile | 14.176 € | | |
| − Freibetrag 100.000 Euro, höchstens | − 14.176 € | | |
| = verbleibender Betrag | 0 € | 0 € | |
| Verlustanteil OHG | | 8.500 € | 8.500,00 |
| | | | 74.944,00 |

− Kürzungen nach § 9

| | | |
|---|---|---|
| Grundbesitzkürzung (§ 20 Abs. 2 GewStDV) 1,2 % x 140 % x 85 % x 80.000 € | 1.142 € | |
| Betriebsgrundstück neu, keine Kürzung | 0 € | |
| Zuwendung für gemeinnützige Zwecke, 20 % x 66.444 = 13.288 €, max. 1.500 € | 1.500 € | 2.642,00 |

| | € |
|---|---|
| = **maßgebender** Gewerbeertrag | 72.302,00 |
| Abrundung auf volle 100 Euro | 72.300,00 |
| − Freibetrag | − 24.500,00 |
| = **endgültiger** Gewerbeertrag | 47.800,00 |
| x Steuermesszahl 3,5 % | |
| = Steuermessbetrag (3,5 % von 47.800 €) | 1.673,00 |
| x Hebesatz 400 % | |
| = **Gewerbesteuer** (400 % von 1.673 €) | **6.692,00** |

* Die Zuwendungen haben den (handelsrechtlichen) Gewinn aus Gewerbebetrieb des Einze unternehmers gemindert, obwohl dies nicht zulässig ist. Deshalb werden die Zuwendungen dem Gewinn wieder hinzugerechnet (siehe auch Lehrbuch S. 419).

## PRÜFUNGSFALL 2

Zu 1.

**Hinzurechnungen:**
§ 8 Nr. 1 GewStG: 12.000 € Darlehnszinsen (Freibetrag max. 100.000 €)    0 €

**Kürzungen:**
§ 9 Nr. 1 GewStG: 1,2 % von 100.000 € = 1.200 € x 140 % =    1.680 €

Zu 2.

| | | |
|---|---|---:|
| | **Gewerbeertrag** | 30.000 € |
| − | Freibetrag (Kapitalgesellschaft) | 0 € |
| x | Steuermesszahl 3,5 % | |
| = | Steuermessbetrag (3,5 % von 30.000 €) | 1.050 € |
| x | Hebesatz (480 %) | |
| = | **Gewerbesteuer** (480 % von 1.050 €) | **5.040 €** |

**PRÜFUNGSFALL 3**

a)

| | €|
|---|---:|
| vorläufiger handelsrechtlicher Gewinn (Tz. 1) | 207.850 |
| + Geschäftsführergehalt § 15 Abs. Nr. 2 EStG (Tz. 4) | 81.600 |
| + Gewerbesteuervorauszahlungen § 4 Abs. 5 b EStG(Tz. 8) | 20.000 |
| = Gewerbeertrag (steuerrechtlicher Gewinn) | 309.450 |
| + Hinzurechnungen nach § 8 | |

Entgelte für Schulden:

| | | |
|---|---:|---:|
| • 100 % der Kontokorrentzinsen (Tz. 7) | 1.925 € | |
| • 100 % der Darlehenszinsen (Tz. 3) = 6.000 € x 3 % x ¹¹⁄₁₂ | 1.650 € | |
| • 100 % des Damnums (Tz. 3) 1.200 € : 5 x ¹¹⁄₁₂ = | 220 € | |
| • 100 % des Gewinnanteils des echten stillen Ges. (Tz. 9) | 2.600 € | |
| • 20 % der Mietaufwendungen Nähmaschine (Tz 5) | 1.200 € | |
| • 50 % Miete für Grundbesitz (Tz. 10) | 3.120 € | |
| = Summe der Finanzierungsanteile | 10.715 € | |
| − Freibetrag 100.000 Euro, höchstens | −10.715 € | 0 |
| | | 309.450 |

| | |
|---|---:|
| − Kürzungen nach § 9 | |
| 1,2 % von 105.000 € (75.000 € x 140 %) (Tz. 2) | 1.260 |
| Gewinnanteil Tuch KG (Tz. 6) | 2.500 |
| vorläufiger Gewerbeertrag | 305.690 |
| Abrundung auf volle 100 Euro | 305.600 |
| − Freibetrag | − 24.500 |
| = endgültiger Gewerbeertrag | 281.100 |
| x Steuermesszahl 3,5 % | |
| = Steuermessbetrag (3,5 % x 281.100 €) abrunden auf volle € | 9.838 |
| x Hebesatz (480 %) | |
| = Gewerbesteuer (480 % von 9.838 €) | 47.222 |
| − Gewerbesteuervorauszahlungen | − 20.000 |
| = **Gewerbesteuer-Rückstellung** | **27.222** |

b)  vorläufiger handelsrechtlicher Gewinn 207.850 € − 27.222 € =
**endgültiger handelsrechtlicher Gewinn**                    **180.628 €**

## D.  Bewertungsgesetz

# 2  Wirtschaftliche Einheit

### F A L L  1

a)   Mietwohngrundstück,
b)   Geschäftsgrundstück,
c)   gemischt genutztes Grundstück,
d)   Geschäftsgrundstück,
e)   Einfamilienhaus,
f)   Geschäftsgrundstück,
g)   Zweifamilienhaus,
h)   Geschäftsgrundstück,
i)   sonstiges bebautes Grundstück.

### F A L L  2

a)   Das Lagefinanzamt **München** ist für die Feststellung des Einheitswertes zuständig
(§ 18 Abs. 1 Nr. 1 AO).

b)   Das Grundstück ist ein **gemischt genutztes Grundstück**, weil es teils eigenen gewerblichen
Zwecken, teils Wohnzwecken dient und weder ein Geschäftsgrundstück (die gewerbliche
Nutzung ist nicht größer als 80 %) noch ein Mietwohngrundstück ist (die Nutzung zu
Wohnzwecken ist nicht größer als 80 %).

c)   Das Grundstück gehört zum zu 75 % zum **Betriebsvermögen** und zu 25 % zum
**Grundvermögen**.

### F A L L  3

|     | Betriebsgrundstück | Geschäftsgrundstück |
|-----|--------------------|---------------------|
| 1.  | Betriebsvermögen | Grundvermögen |
| 2.  | Grundstück dient dem eigenen gewerblichen Betrieb | Grundstück dient zu mehr als 80 % gewerblichen Zwecken |

### F A L L  4

a)   Grundvermögen,
b)   Betriebsvermögen,
c)   Betriebsvermögen,
d)   Betriebsvermögen,
e)   Betriebsvermögen,
f)   Betriebsvermögen.

### F A L L  5

In der Steuerbilanz **muss** der Gewerbetreibende die Gebäudeteile, die er eigenbetrieblich
nutzt, als **notwendiges** Betriebsvermögen aktivieren. Die Gebäudeteile, die fremden Wohnzwecken dienen, **kann** er bilanzieren (**gewillkürtes** Betriebsvermögen). Die eigengenutzte
Wohnung **darf** er **nicht** bilanzieren. Somit gehören **80 %** des Gebäudes zum einkommensteu-
erlichen **Betriebsvermögen** und stellen auch ein Betriebsgrundstück im Sinne des BewG dar.
Zum Grundvermögen gehören demnach der zu eigenen Wohnzwecken genutzte Teil (20 %).

# 4 Begriff und Bedeutung des Einheitswerts

**FALL 1**

zu 1.

| | |
|---|---:|
| Jahresrohmiete (185 qm x 2 DM x 12 Monate) | 4.400 DM |
| x Vervielfältiger lt. Anlage 7 zum BewG | x 12,5 |
| = Grundstückswert (4.400 € x 12,5) | 55.500 DM |
| abgerundeter Einheitswert | **55.500 DM** |
| Umrechnung in Euro (55.500 : 1,95583), auf volle Euro abgerundet | **28.376 €** |

zu 2.

| | |
|---|---:|
| 28.376 € x 2,6 v.T. = | **73,78 €** |

zu 3.

| | |
|---|---:|
| 73,78 € x 360 % = | **265,61 €** |

**FALL 2**

zu 1.

| | |
|---|---:|
| Bodenwert (898 qm x 12 DM) | 10.776 DM |
| + Gesamtgebäudewert (980 cbm x 173 DM) | 169.540 DM |
| + Gesamtwert Außenanlagen (4 % von 169.540 DM) | 6.782 DM |
| = Ausgangswert | 187.098 DM |
| Grundstückswert (Wertzahl 75 %) (75 % von 187.098 DM) | 140.324 DM |
| abgerundeter Einheitswert in DM | 140.300 DM |
| Umrechnung in Euro (140.300 DM : 1,95583) | 71.734,25 € |
| abgerundeter Einheitswert in Euro | **71.734,00 €** |

zu 2.

| | |
|---|---:|
| 71.734 € x 3,1 v.T. = | **222,38 €** |

zu 3.

| | |
|---|---:|
| 222,38 € x 360 % = | **800,57 €** |

**FALL 3**

Die Steuermesszahl und die Grundsteuer berechnen sich für das EFH wie folgt:

| | | | |
|---|---|---|---:|
| Einheitswert | | 60.000,00 € | |
| | | - 38.346,89 € x 2,6 v.T. = | 99,70 € |
| | Rest | 21.653,11 € x 3,5 v.T. = | 75,79 € |
| Steuermesszahl | | | 175,49 € |
| x Hebesatz der Gemeinde 400 % = GrundSt | | | 701,96 € |

**FALL  4**

Die Steuermesszahl und die Grundsteuer berechnen sich für das Grundstück wie folgt:

| | |
|---|---:|
| 1.000 m² x 4 DM/m² = | 4.000,00 DM |
| Einheitswert | 4.000,00 DM |
| Umrechnung in € | 2.045,00 € |
| Steuermesszahl 3,5 % | 71,58 € |
| Grundsteuerhebesatz 400 % | 286,30 € |

# 5 Feststellungsarten

**FALL  1**

| | a) | b) | c) | d) | e) |
|---|---|---|---|---|---|
| letzter EW in DM | 1.100.000 | 900.000 | 60.000 | 44.200 | 30.000 |
| neuer Wert in DM | 1.205.000 | 995.000 | 54.000 | 40.600 | 34.000 |
| Wertabweichung | + 105.000 | + 95.000 | – 6.000 | – 3.600 | + 4.000 |
| Festgrenze überschritten | ja | nein | ja | nein | nein |
| Bruchteilsgrenze überschritten | | ja | | nein | ja |
| und Mindestgrenze erreicht | | ja | | | nein |
| **Wertfortschreibung** | **ja** | **ja** | **ja** | **nein** | **nein** |

**FALL  2**

1. Zum 01.01.2018 erfolgt eine **Zurechnungsfortschreibung** wegen Eigentümerwechsels.

2. Zum 01.01.2019 erfolgt eine **Artfortschreibung**, weil aus dem gemischt genutzten Grundstück ein Geschäftsgrundstück geworden ist.

3. Ebenfalls zum 01.01.2019 ist **möglicherweise** eine **Wertfortschreibung** vorzunehmen. Dies ist der Fall, wenn der neue Wert (= Einheitswert) den bisherigen um $\frac{1}{10}$, mindestens um 5.000 DM überschreitet; oder aber 100.000 DM überschreitet.

**FALL  3**

1. Auf den **01.01.2009** ist eine **Zurechnungsfortschreibung** vorzunehmen, weil sich die Eigentumsverhältnisse geändert haben.

2. Auf den **01.01.2018** ist eine **Art- und Wertfortschreibung** vorzunehmen.
   Durch den Ausbau des Dachgeschosses wurde aus dem Zweifamilienhaus ein Mietwohngrundstück. Durch den Ausbau hat sich der Wert um 27.700 DM, d.h., um 22,99 % (= mehr als $\frac{1}{10}$ und mindestens 5.000 DM) erhöht.

# 6 Bedarfsbewertung des Grundvermögens für Zwecke der Erbschaft- und Schenkungsteuer

**FALL 1**

|  | € |
|---|---|
| **Bodenwert:** |  |
| Grundstücksfläche x Bodenrichtwert (1.440 qm x 400 €/qm) | 576.000 |
| **Gebäudeertragswert:** |  |
| Rohertrag (übliche Miete)   73.440 € |  |
| − Bewirtschaftungskosten lt. Anlage 23 (RND 64 Jahre) (73.440 € x 21 %)   − 15.422 € |  |
| = Reinertrag des Grundstücks   58.018 € |  |
| − Bodenwertverzinsung (§ 188 Abs. 2 Nr. 1 BewG) (5 % von 576.000 €)   − 28.800 € |  |
| = Gebäudereinertrag   29.218 € |  |
| x Vervielfältiger lt. Anlagen 21 und 22 BewG (29.218 € x 19,12 bei einer RND von 64 Jahren) | 558.648 |
| = **Ertragswert** | **1.134.648** |

**FALL 2**

|  | € |
|---|---|
| **Bodenwert:** |  |
| Grundstücksfläche x Bodenrichtwert (2.250 qm x 700 €/qm) | 1.575.000 |
| **Gebäudeertragswert:** |  |
| Regelherstellungskosten x Bruttogrundfläche Gebäude [1.360 €/qm lt. Anlage 24 (1.03) BewG x 500 qm] |  |
| = Gebäudeherstellungswert   680.000 € |  |
| − Alterswertminderung lt. Anlagen 21 und 22 BewG [680.000 € x 17,14 % (12 Jahre RND/70 Jahre GND)]   − 116.552 € |  |
| = Gebäudesachwert | 563.448 |
| = vorläufiger Sachwert | 2.138.448 |
| x Wertzahl lt. Anlage 25 I. BewG (1,0) |  |
| = **Sachwert** | **2.138.448** |

# E. Erbschaftsteuer

## 3 Bereicherung des Erwerbers

**FALL**

zu 1.

Der Vorgang unterliegt gem. § 1 Abs. 1 Nr. 1 i.V.m. § 3 Nr. 1 ErbStG als **Erwerb von Todes wegen** (Erbanfall) der Erbschaftsteuer.
Die Söhne sind **unbeschränkt** steuerpflichtig i.S.d. § 2 Abs. 1 Nr. 1, da der Erblasser (Hans Alt) zum Zeitpunkt seines Todes Inländer gewesen ist.

zu 2.

Die beiden Söhne haben für Zwecke der Erbschaftsteuer die **Steuerklasse I**.

zu 3.

Die Söhne können **keine sachlichen Steuerbefreiungen** in Anspruch nehmen, vor allem nicht für Hausrat oder andere bewegliche Gegenstände.

zu 4.

Die **Bemessungsgrundlage** ermittelt sich wie folgt:

| | |
|---|---:|
| Steuerwert des Nachlasses: | |
| Anteile an der Altbräu AG, Kurswert | 10.000.000 € |
| Barvermögen | 150.000 € |
| Nachlassverbindlichkeiten: | |
| – Erbfallverbindlichkeit (Auto): | – 15.000 € |
| – Pauschbetrag für Erbfallkosten ohne Nachweis: | – 10.300 € |
| = Bereicherung des Erwerbers: | **10.124.700 €** |

## 4 Steuerberechnung

**FALL  1**

zu 1.

| | |
|---|---:|
| Wert der Bereicherung (50 %) | 3.000.000 € |
| – persönlicher Freibetrag gem. § 16 ErbStG | – 500.000 € |
| – besonderer Versorgungsfreibetrag gem. § 17 ErbStG | – 256.000 € |
| = steuerpflichtiger Erwerb | 2.244.000 € |

Bei Steuerklasse I ist der relevante Erbschaftsteuertarif 19 %. Daraus ergibt sich eine Steuer in Höhe von **426.360 €** (19 % von 2.244.000 €).

zu 2.

| | | |
|---|---|---:|
| | Wert der Bereicherung je Sohn (10 %) | 600.000 € |
| − | persönlicher Freibetrag gem. § 16 ErbStG | − 400.000 € |
| = | steuerpflichtiger Erwerb | 200.000 € |

Es ist kein besonderer Versorgungsfreibetrag gem. § 17 ErbStG zu gewähren, da beide Söhne das 27. Lebensjahr bereits vollendet haben.

In der Steuerklasse I ist der relevante Erbschaftsteuertarif 11 %. Daraus ergibt sich eine Steuer in Höhe von **22.000 €** (11 % von 200.000 €) für jeden Sohn.

zu 3.

| | | |
|---|---|---:|
| | Wert der Bereicherung je Enkel (2,5 %) | 150.000 € |
| − | persönlicher Freibetrag gem. § 16 ErbStG 200.000 €, höchstens | −150.000 € |
| = | steuerpflichtiger Erwerb | 0 € |

Es ist kein besonderer Versorgungsfreibetrag gem. § 17 ErbStG zu gewähren, da die Enkel keine Kinder des Erblassers sind.

Steuer fällt keine an.

zu 4.

| | | |
|---|---|---:|
| | Wert der Bereicherung des Cousins (2,5 %) | 150.000 € |
| − | persönlicher Freibetrag gem. § 16 ErbStG | − 20.000 € |
| = | steuerpflichtiger Erwerb | 130.000 € |

Es ist kein besonderer Versorgungsfreibetrag gem. § 17 ErbStG zu gewähren, da der Cousin kein Kind des Erblassers ist.

In der Steuerklasse III ist der relevante Erbschaftsteuertarif 30 %. Daraus ergibt sich eine Steuer in Höhe von **39.000 €** (30 % von 130.000 €).

zu 5.

| | | |
|---|---|---:|
| | Wert der Bereicherung der Geliebten (17,5 %) | 1.050.000 € |
| − | persönlicher Freibetrag gem. § 16 ErbStG | − 20.000 € |
| = | steuerpflichtiger Erwerb | 1.030.000 € |

Es ist kein besonderer Versorgungsfreibetrag gem. § 17 ErbStG zu gewähren, da die Geliebte keine Ehefrau des Erblassers ist.

In der Steuerklasse III ist der relevante Erbschaftsteuertarif 30 %. Daraus ergibt sich eine Steuer in Höhe von **309.000 €** (30 % von 1.030.000 €).

## FALL 2

| | | |
|---|---|---:|
| | Wert der Bereicherung | 6.400.000 € |
| x | Steuersatz 35 % = | 2.240.000 € |
| | Steuer bei 6.000.000 € x 30 % | 1.800.000 € |
| + | ¾ von (6.400.000 − 6.000.000) | 300.000 € |
| Die Steuer beträgt damit höchstens | | 2.100.000 €. |

## Teil 2:  Zusätzliche Fälle und Lösungen

## A.  Einkommensteuer

**FALL**

Der ledige 37-jährige Steuerpflichtige Herbert Dreher, Köln, ermittelt für den Veranlagungszeitraum 2018 folgende Beträge:

| | |
|---|---:|
| Einkünfte aus nichtselbständiger Arbeit | 57.800 € |
| Einkünfte aus Vermietung und Verpachtung | - 12.340 € |
| Abziehbare Sonderausgaben | 3.840 € |
| Verlustabzug (Verlustvortrag aus Vorjahr) | 4.440 € |

Ermitteln Sie die Summe der Einkünfte, den Gesamtbetrag der Einkünfte, das Einkommen und das zu versteuernde Einkommen.

Lösung:

| | | € |
|---|---|---:|
| | Einkünfte aus nichtselbständiger Arbeit | 57.800 |
| | Einkünfte aus Vermietung und Verpachtung | - 12.340 |
| = | **Summe der Einkünfte und Gesamtbetrag der Einkünfte** | **45.460** |
| - | Verlustabzug (Verlustvortrag) vorrangig vor SoA § 10d Abs. 1 Satz 1 | - 4.440 |
| - | Sonderausgaben | - 3.840 |
| = | **Einkommen und zu versteuerndes Einkommen** | **37.180** |

**FALL**

Karla Klein, Mannheim, 44 Jahre, konfessionslos, ist seit 3 Jahren Witwe und alleinerziehende Mutter eines 12 jährigen Kindes, das im Haushalt der Mutter lebt. Sie macht für 2018 folgende Angaben:

| | |
|---|---:|
| Freibetrag für Alleinerziehende | 1.908,00 € |
| Abzugsfähige Sonderausgaben | 6.133,00 € |
| Einkünfte aus Vermietung und Verpachtung | - 4.570,00 € |
| Einkünfte aus nichtselbständiger Arbeit | 64.380,00 € |
| Sonstige Einkünfte | 8.897,00 € |
| Verlustabzug § 10d | 3.450,00 € |
| Einkünfte aus Gewerbebetrieb | 10.980,00 € |
| Freibeträge für Kinder § 32 | 7.428,00 € |

Ermitteln Sie die Summe der Einkünfte, den Gesamtbetrag der Einkünfte, das Einkommen und das zu versteuernde Einkommen für den Veranlagungszeitraum 2018 unter Verwendung des § 2.

Lösung:

| | |
|---|---:|
| Einkünfte Gewerbebetrieb (§ 15) | 10.980,00 € |
| Einkünfte aus nichtselbständiger Arbeit (§ 19) | 64.380,00 € |
| Einkünfte aus Vermietung und Verpachtung (§ 21) | - 4.570,00 € |
| Sonstige Einkünfte (i.S.d. § 22) | 8.897,00 € |
| = **Summe der Einkünfte** | **79.687,00 €** |
| - Entlastungsbetrag für Alleinerziehende (§ 24b) | - 1.908,00 € |
| = **Gesamtbetrag der Einkünfte (§ 2 Abs. 3)** | **77.779,00 €** |
| - Verlustabzug (§ 10d) | - 3.450,00 € |
| - Sonderausgaben (§ 10 ff.) | - 6.133,00 € |
| = **Einkommen (§ 2 Abs. 4** | **68.196,00 €** |
| - Freibeträge für Kinder 2018 (§§ 31, S 32 Abs. 6) | - 7.428,00 € |
| = **zu versteuerndes Einkommen** | **60.768,00 €** |

**FALL**

Der Steuerberater Leonard Groß, Berlin, will 50 % der Kosten eines Abonnements einer überregionalen Zeitung, die er neben der regionalen Tageszeitung bezieht, als Betriebsausgaben abziehen, weil die überregionale Zeitung umfassend auch über die steuerrechtliche Entwicklung informiert.

Kann Herr Groß die Kosten der überregionalen Zeitung als Betriebsausgaben abziehen?

Lösung:

Die Kosten sind insgesamt **nicht** als Betriebsausgaben **abziehbar**. Die betrieblichen und privaten Veranlassungsbeiträge greifen so ineinander, dass eine Trennung nicht möglich ist. Es fehlt an einer Möglichkeit zur Aufteilung nach objektiven Kriterien (BMF-Schreiben vom 06.07.2010, BStBl I 2010, S. 614 Rn. 17).

**FALL**

Der Steuerpflichtige Werner Klein, Bonn, nimmt während seiner 14-tägigen Urlaubsreise an einem eintägigen Fachseminar teil.

Kann Herr Klein die Kosten des Fachseminars als Betriebsausgaben/Werbungskosten abziehen?

Lösung:

Die Aufwendungen für die Urlaubsreise sind nicht abziehbar. Die Aufwendungen, die unmittelbar mit dem **Fachseminar** zusammenhängen (Seminargebühren, Fahrtkosten vom Urlaubsort zum Tagungsort, ggf. Pauschbetrag für Verpflegungsmehraufwendungen), sind als Betriebsausgaben/Werbungskosten abziehbar (BMF-Schreiben vom 06.07.2010, BStBl I 2010, S. 614 Rn. 11).

## FALL

Der Internist Dr. Fabel, Mainz, besucht einen Fachkongress in London. Er reist früh am Samstag an. Die Veranstaltung findet ganztägig von Dienstag bis Donnerstag statt. Am Sonntagabend reist er nach Mainz zurück.

Kann Herr Dr. Fabel die Kosten für den Fachkongress als Betriebsausgaben abziehen?

Lösung:

Die Kosten für **zwei Übernachtungen** (von Dienstag bis Donnerstag) sowie die **Kongressgebühren** sind vollständig als Betriebsausgaben **abziehbar**. Die **Flugkosten** sind **gemischt veranlasst** und entsprechend den Veranlassungsbeiträgen aufzuteilen. 3/6 **der Flugkosten** sind **betrieblich** veranlasst und daher **abziehbar**.

## FALL

Der Winzer Felix Moser betreibt in der Pfalz einen reinen Weinbaubetrieb. Das Wirtschaftsjahr beginnt am 1. September und endet am 31. August des Folgejahres (§ 8c Abs. 1 Nr. 3 EStDV). Moser erzielt mit seinem Weinbau folgenden Gewinn:

| | |
|---|---|
| 2017/2018 | 36.000,00 € |
| 2018/2019 | 48.000,00 € |

Ermitteln Sie den Gewinn für den VZ 2018.

Lösung:

| | | |
|---|---|---|
| 8/12 des Gewinns aus 2017/2018 | = | 24.000 € |
| 4/12 des Gewinns aus 2018/2019 | = | 16.000 € |
| = **Gewinn 2018** | = | **40.000 €** |

## FALL

Der vorsteuerabzugsberechtigte Einzelgewerbetreibende Karsten Huber, München, der seinen Gewinn nach § 5 EStG ermittelt, plant 2018 die Anschaffung eines Bürogeräts für 2020. Die Voraussetzungen des § 7g Abs. 1 EStG sind erfüllt. Nach vorliegendem Angebot wird der voraussichtliche Kaufpreis des Geräts brutto 1.023,40 € betragen. In 2018 nimmt Herr Huber, der bisher noch keine Investitionsabzugsbeträge gewinnmindernd abgezogen hat, den maximal möglichen Investitionsabzugsbetrag für dieses Gerät in Anspruch.

In 2020 erwirbt Herr Huber das Gerät für brutto 1.023,40 €. Die betriebsgewöhnliche Nutzungsdauer des Bürogeräts beträgt 7 Jahre. Im Jahr der Anschaffung sind die Voraussetzungen § 7g Abs. 6 erfüllt.

1. Wie hoch ist der Investitionsabzugsbetrag in 2018?
2. Wie wird der Investitionsabzugsbetrag in 2018 berücksichtigt?
3. Wie kann der Investitionsabzugsbetrag im Jahr der Anschaffung (in 2020) berücksichtigt werden?
4. Wie hoch ist die Bemessungsgrundlage für die AfA nach § 7 Abs. 1 EStG zum 31.12.2020, wenn die Wahlrechte § 7g Abs. 2 Satz 1 und Satz 2 in Anspruch genommen werden?
5. Wie kann das Gerät in 2020 steuerrechtlich behandelt werden?

Lösung:

**zu 1.**
Der **Investitionsabzugsbetrag** beträgt nach § 7g Abs. 1 Satz 1 EStG in 2018 **344 €**
[40 % von 860 € (1.023,4 € : 1,19) = 344 €].

**zu 2.**
Der **Investitionsabzugsbetrag** ist in 2018 **außerbilanziell gewinnmindernd abzuziehen**
(§ 7g Abs. 1 Satz 1 EStG).

**zu 3.**
Der **Investitionsabzugsbetrag** kann im Jahr der Anschaffung (in 2020) **gewinnerhöhend**
außerhalb der Bilanz **hinzugerechnet** werden (§ 7g Abs. 2 Satz 1 EStG).

**zu 4.**
Die Bemessungsgrundlage für die AfA nach § 7 Abs. 1 EStG beträgt **516 €**, wie die
folgende Berechnung gemäß § 7g Abs. 2 Satz 2 EStG zeigt:

|  |  |
|---|---:|
| Kaufpreis (1.023,40 € brutto : 1,19) = | 860 € netto |
| − Investitionsabzugsbetrag (40 % von 860 €) | −344 € |
| = Bemessungsgrundlage für die AfA zum 31.12.2020 **516 €** |  |

**zu 5.**
Herr Huber kann Aufwendungen bis 800 Euro in 2020 **in voller Höhe** nach § 6 Abs. 2 EStG
als Betriebsausgaben **abziehen** (BMF-Schreiben vom 30.09.2010, BStBl I 2010, S. 755
Rn. 2).
**Alternativ** zur Sofortabschreibung kann sich Herr Huber auch für die **Aktivierung** und
**Abschreibung über** die betriebsgewöhnliche **Nutzungsdauer** von sieben Jahren entscheiden
(BMF-Schreiben vom 30.09.2010, BStBl I 2010, S. 755 Rn. 1).

**FALL**

Der vorsteuerabzugsberechtigte Einzelgewerbetreibende Fritz Baden, Stuttgart, der seinen
Gewinn nach § 5 EStG ermittelt, plant 2018 die Anschaffung eines Computers für 2021.
Die Voraussetzungen des § 7g Abs. 1 EStG sind erfüllt. Nach vorliegendem Angebot wird
der voraussichtliche Kaufpreis des Computers brutto 1.428 € betragen. In 2018 nimmt Herr
Baden, der bisher noch keine Investitionsabzugsbeträge gewinnmindernd abgezogen hat,
den maximal möglichen Investitionsabzugsbetrag für den Computer in Anspruch. Er möchte
nicht die Sonderabschreibung nach § 7g Abs. 5 EStG geltend machen.
In 2021 erwirbt Herr Baden den Computer für brutto 1.428 €. Die betriebsgewöhnliche
Nutzungsdauer des Computers beträgt 3 Jahre.

1. Wie hoch ist der Investitionsabzugsbetrag in 2018?
2. Wie wird der Investitionsabzugsbetrag in 2018 berücksichtigt?
3. Wie kann der Investitionsabzugsbetrag im Jahr der Anschaffung (in 2021)
   berücksichtigt werden?
4. Wie hoch ist die Bemessungsgrundlage für die AfA nach § 7 Abs. 1 EStG zum
   31.12.2021?
5. Wie ist der Computer in 2021 steuerrechtlich zu behandeln?

Lösung:

**zu 1.**
Der **Investitionsabzugsbetrag** beträgt nach § 7g Abs. 1 Satz 1 EStG in 2018 **480 €**
[40 % von 1.200 € (1.428 € : 1,19) = 480 €].

**zu 2.**
Der **Investitionsabzugsbetrag** ist in 2018 **außerbilanziell gewinnmindernd abzuziehen**
(§ 7g Abs. 1 Satz 1 EStG).

**zu 3.**
Der **Investitionsabzugsbetrag** kann im Jahr der Anschaffung (in 2021) **gewinnerhöhend**
außerhalb der Bilanz **hinzugerechnet** werden (§ 7g Abs. 2 Satz 1 EStG).

**zu 4.**
Die Bemessungsgrundlage für die AfA beträgt **720 €**, wie die folgende Berechnung gemäß
§ 7g Abs. 2 Satz 2 EStG zeigt, wenn die Hinzurechnung nach § 7g Abs. 2 Satz 1 erfolgt:

|  |  |
|---|---|
| Kaufpreis (1.428 € brutto : 1,19) = | 1.200 € netto |
| – Investitionsabzugsbetrag (§ 7g Abs. 2 Satz 2 | – 480 € |
| = Bemessungsgrundlage für die AfA zum 31.12.2021 | 720 € |

**zu 5.**
Der **Computer** kann über die ND (3 Jahre) abgeschrieben werden (**AfA**: 720 € : 3 = **240 €**).
**Alternativ** kann er als GWG **sofort** abgeschrieben oder in einen **Sammelposten eingestellt
und über fünf Jahre abgeschrieben** werden (**AfA**: 20 % von 720 € = **144 €**). Das Wahlrecht
des § 6 Abs. 2a Satz 1 EStG ist **für jedes Wirtschaftsjahr einheitlich auszuüben**.

**FALL**

Rüdiger Lorenz, Wuppertal, betreibt unter der Firma Bauunternehmung Rüdiger Lorenz e. K.
ein Baugeschäft. Die (vereinfachte) Bilanz zum 31.12.2018 weist folgende Werte aus:

| A | (vereinfachte) Bilanz zum 31. Dezember 2018 | | P |
|---|---|---|---|
| Anlagevermögen | 800.000,00 € | Eigenkapital | 180.000,00 |
| Umlaufvermögen | 50.000,00 € | Fremdkapital | 670.000,00 |
| | 850.000,00 € | | 850.000,00 |

Herr Lorenz plant für das Jahr 2019 u. a. die folgenden Anschaffungen:

| Nr. | Art des Wirtschaftsguts | voraussichtliche Anschaffungskosten |
|---|---|---|
| 1. | neue Rüttelplatte (ND 11 Jahre) | 14.000 € |
| 2. | gebrauchter Lkw (ND 8 Jahre) | 90.000 € |
| 3. | Thermsteine, Zement etc. | 320.000 € |
| 4. | Lagerplatz | 60.000 € |
| 5. | Lagerhalle | 160.000 € |

Herr Lorenz übermittelt die Summe der Abzugsbeträge nach amtlich vorgeschriebenen
Datensätzen durch Datenfernübertragung. Herr Lorenz, der bisher § 7g EStG noch nicht in
Anspruch genommen hat, möchte bei der steuerlichen Gewinnermittlung 2018 den maxi-
mal möglichen Investitionsabzugsbetrag geltend machen. Der Gewinn 2018 beträgt ohne
Berücksichtigung des Investitionsabzugsbetrages 240.000 €. Die Voraussetzungen § 7g
Abs. 6 sind im Jahr der Anschaffung erfüllt.

a) Kann Herr Lorenz für den Veranlagungszeitraum 2018 überhaupt einen Investitionsabzugsbetrag in Anspruch nehmen? Begründen Sie Ihre Antwort mithilfe des Gesetzes.

b) Unterstellen Sie, dass Herr Lorenz die Voraussetzungen des § 7g EStG für die Inanspruchnahme des Investitionsabzugsbetrages erfüllt. Ermitteln Sie den maximal möglichen Investitionsabzugsbetrag für das Jahr 2018. Begründen Sie Ihre Antwort mithilfe des Gesetzes.

c) Fortsetzung Aufgabe b). Auf welche Art und Weise und mit welcher Wirkung wird der Investitionsabzugsbetrag in 2018 berücksichtigt?

d) Fortsetzung Aufgabe a) + b). Herr Lorenz schafft die o.g. Wirtschaftsgüter (Nr. 1 bis 5) im Januar 2019 zu den in 2018 geplanten Kaufpreisen an.
Auf welche Art und Weise kann Herr Lorenz diese Anschaffungen nach § 7 + § 7g EStG bei seiner steuerlichen Gewinnermittlung 2018 berücksichtigen, wenn er die Wahlrechte § 7g Abs. 2 Satz 2 und § 7g Abs. 5 in 2019 in Anspruch nehmen möchte?

e) Welche Folgen ergeben sich, wenn Herr Lorenz in 2019 alle Wirtschaftsgüter außer der Rüttelplatte (Nr. 2 bis 5) anschafft?

Lösung:

### zu a)
Nach § 7g Abs. 1 Satz 2 EStG kann Herr Lorenz den Investitionsabzugsbetrag im Jahr 2018 grundsätzlich in Anspruch nehmen, da er:
- das Größenmerkmal des § 7g Abs. 1 Satz 2 Nr. 1 Buchst. a EStG nicht überschreitet (das Betriebsvermögen beträgt nur 180.000 €, vgl. Bilanz 2018) und
- die Summe der Abzugsbeträge nach amtlich vorgeschriebenen Datensätzen durch Datenfernübertragung übermittelt (§ 7g Abs. 1 Satz 2 Nr. 2 EStG) und
- die Verbleibensvoraussetzungen des § 7g Abs. 1 Satz 1 EStG voraussichtlich erfüllen wird.

### zu b)
Bei der geplanten Anschaffung muss es sich nach § 7g Abs. 1 Satz 1 EStG um ein **abnutzbares bewegliches Wirtschaftsgut des Anlagevermögens** handeln. § 7g Abs. 1 Satz 1 EStG schreibt **nicht** vor, dass es sich um ein **neues** Wirtschaftsgut handeln muss, d.h., es wird **auch** die Anschaffung **gebrauchter** Gegenstände gefördert. Seit 2017 wird auf die wirtschaftsgutbezogene Angabe verzichtet. Herr Lorenz kann die folgenden maximalen Investitionsabzugsbeträge in Anspruch nehmen:

| Nr. | Art des Wirtschaftsguts | voraussichtliche AK | Vermögensart | max. IAB |
|-----|-------------------------|---------------------|--------------|----------|
| 1. | neue Rüttelplatte | 14.000 € | abn. bew. AV | **5.600 €** |
| 2. | gebrauchter Lkw | 90.000 € | abn. bew. AV | **36.000 €** |
| 3. | Thermsteine, Zement etc. | 320.000 € | UV | **0 €** |
| 4. | Lagerplatz | 60.000 € | nabn. unbew. AV | **0 €** |
| 5. | Lagerhalle | 160.000 € | abn. unbew. AV | **0 €** |
| | Summe | | | **41.600 €** |

### zu c)
Der Investitionsabzugsbetrag wird **außerbilanziell gewinnmindernd** berücksichtigt. Der Gewinn wird außerhalb der Buchführung/Bilanz wie folgt ermittelt:

| | |
|---|---:|
| Gewinn vor Berücksichtigung der Investitionsabzugsbeträge | 240.000 € |
| − Summe der Investitionsabzugsbeträge | − 41.600 € |
| = steuerlicher Gewinn 2018 | **198.400 €** |

## zu d)

Der in 2018 in Anspruch genommene Investitionsabzugsbetrag kann in 2019 nach § 7g Abs. 2 Satz 1 EStG **außerbilanziell gewinnerhöhend** berücksichtigt werden, d.h., der Gewinn laut Finanzbuchhaltung 2019 ist um 41.600 € zu erhöhen (keine Ertragsbuchung). [Hinweis: Der Hinzurechnungsbetrag beträgt 40 % der **tatsächlichen** Anschaffungs- bzw. Herstellungskosten und **darf** den Betrag des **Investitionsabzugsbetrages nicht übersteigen.**]

Außerdem sind die **Anschaffungskosten** nach § 7g Abs. 2 Satz 2 EStG um die jeweils in Anspruch genommenen Investitionsabzugsbeträge durch **Aufwandsbuchung** bilanziell in der Finanzbuchhaltung zu **kürzen**, d.h., es tritt eine gewinnmindernde Wirkung ein.

| Wirtschaftsgut | Anschaffungskosten | 40 %-Kürzung | reduzierte AK |
|---|---|---|---|
| neue Rüttelplatte | 14.000 € | 5.600 € | **8.400 €** |
| gebrauchter Lkw | 90.000 € | 36.000 € | **54.000 €** |

[Hinweis: Die 40 %-**Kürzung** darf den **Hinzurechnungsbetrag** des Jahres **nicht übersteigen.**]

Darüber hinaus kann Herr Lorenz nach § 7g Abs. 5 i.V.m. Abs. 6 EStG für die neue Rüttelplatte und den gebrauchten Lkw jeweils bis zu **20 % Sonderabschreibung** in Anspruch nehmen, da er das **Größenmerkmal „Betriebsvermögen 2018 = 235.000 Euro" erfüllt** (Betriebsvermögen 2018 lt. Sachverhalt 180.000 €).

Die Sonderabschreibung kann direkt in voller Höhe im Jahr der Anschaffung (VZ 2019) in Anspruch genommen werden. Herr Lorenz hat aber auch die Option, die 20 % Sonderabschreibung auf das Jahr der Anschaffung und die vier Folgejahre (VZ 2019 – 2023) zu verteilen. Die prozentuale Aufteilung des Gesamtbetrages von 20 % bestimmt Herr Lorenz selbst.

Die **reduzierten Anschaffungskosten** stellen die **Bemessungsgrundlage** für die **Sonderabschreibung** sowie für die **lineare Abschreibung** dar (§ 7g Abs. 2 Satz 2 EStG). Die zukünftige lineare AfA fällt somit geringer aus (§ 7 Abs. 1 Satz 1 EStG).

Da Herr Lorenz einen möglichst geringen Gewinnausweis anstrebt, wird er im VZ 2019 die folgenden Abschreibungen vornehmen:

| Wirtschaftsgut | reduzierte AK | Sonder-AfA (20 %) | lineare AfA |
|---|---|---|---|
| neue Rüttelplatte (ND 11 Jahre) | 8.400 € | **1.680 €** | **764 €** |
| gebrauchter Lkw (ND 8 Jahre) | 54.000 € | **10.800 €** | **6.750 €** |

## zu e)

Durch den Wegfall der wirtschaftsgutbezogenen Angaben seit dem VZ 2018 kann Herr Lorenz den ursprünglich für die Rüttelplatte gedachten Betrag auch einem anderen beweglichen Wirtschaftsgut des Anlagevermögens zuteilen, das er bis 2021 anschafft. Wenn Herr Lorenz innerhalb des Investitionszeitraums des § 7g Abs. 1 Satz 2 Nr. 2 Buchst. b EStG (d.h. bis spätestens 2021) weder die Rüttelplatte noch ein anderes bewegliches Wirtschaftsgut des Anlagevermögens anschafft, wird die Inanspruchnahme des Investitionsabzugsbetrages 2018 rückwirkend versagt, d.h., es kommt zu einer **Gewinnkorrektur des Jahres 2018** („Rückgängigmachung" nach § 7g Abs. 3 Satz 1 EStG).

Erfolgt bis 2021 keine Anschaffung, wird der Gewinn 2018 um den in 2018 abgezogenen Investitionsabzugsbetrag wie folgt rückwirkend erhöht:

| | |
|---|---:|
| Gewinn nach Berücksichtigung der Investitionsabzugsbeträge | 198.400 € |
| + Investitionsabzugsbetrag Rüttelplatte | + 5.600 € |
| = rückwirkend korrigierter steuerlicher Gewinn 2018 | 204.000 € |

Der **Steuerbescheid 2018** ist insoweit **zu ändern**. Es kommt zu einer Nachversteuerung der 5.600 € sowie i. d. R. zu einer Verzinsung nach § 233a AO (siehe BMF-Schreiben vom 15.08.2014, BStBl I 2014, S. 1174).

### F A L L

Einzelhändler Rolf Neuser, Bonn, ermittelt seinen Gewinn durch Betriebsvermögensvergleich. Er erfüllt im VZ 2018 die Voraussetzungen des § 7g Abs. 1 EStG. Herr Neuser plant im Dezember 2018 u. a. die Anschaffung eines neuen Tischkopiergerätes für das Jahr 2019. Das Gerät soll laut Angebot eines Elektrohändlers brutto 999,60 € kosten. Im März 2019 kauft Herr Neuser dieses Kopiergerät zum angebotenen Preis. Die betriebsgewöhnliche Nutzungsdauer beträgt 7 Jahre. Herr Neuser möchte in den Jahren 2018 und 2019 jeweils einen möglichst geringen steuerlichen Gewinn ausweisen.

Erläutern Sie die Auswirkung des Kopiergerätekaufs auf die steuerlichen Gewinne der Jahre 2018 und 2019. Begründen Sie Ihre Antwort mithilfe des Gesetzes.

Lösung:

### Gewinnauswirkung im VZ 2018

Da Herr Neuser die Voraussetzungen des § 7g Abs. 1 EStG erfüllt, kann er für die geplante Anschaffung des Kopiergerätes einen **Investitionsabzugsbetrag** in Höhe von 40 % der voraussichtlichen Anschaffungskosten (40 % von 840 € = **336 €**) in Anspruch nehmen. Der **steuerliche Gewinn** wird **außerbilanziell** um **336 € reduziert**.

### Gewinnauswirkung im VZ 2019

Herr Neuser kann im Jahr der Anschaffung den **Gewinn um 336 € außerbilanziell erhöhen** (§ 7g Abs. 2 Satz 1 EStG). Außerdem kann er die **Anschaffungskosten** des Kopiergerätes mittels Aufwandsbuchung **bilanziell um 336 € reduzieren** (§ 7g Abs. 2 Satz 2 EStG).

| | |
|---|---:|
| Anschaffungskosten | 840 € |
| − Kürzung in Höhe des Investitionsabzugsbetrags | − 336 € |
| = reduzierte Anschaffungskosten | **464 €** |

Die Anschaffungskosten haben sich durch die Kürzung gem. § 7g Abs. 2 Satz 2 EStG von 840 € auf 464 € reduziert, d. h., der Tischkopierer verändert hierdurch steuerrechtlich seine Eigenschaft wie folgt:

**Wandel vom Sammelposten i. S. d. § 6 Abs. 2a EStG** (Anschaffungskosten > 250 Euro, jedoch ≤ 1.000 Euro), der über 5 Jahre abzuschreiben ist (wäre günstiger als AfA über ND von 7 Jahren), **zu einem sofort voll abschreibungsfähigen GWG i. S. d. § 6 Abs. 2 EStG** (Anschaffungskosten ≤ 800 Euro).

Es kommt zu einer maximalen gewinnmindernden Wirkung in Höhe der ursprünglichen Anschaffungskosten (840 €). Außerdem entfällt der verwaltungstechnische Aufwand der Poolbildung/Pool-AfA.

## FALL

Einzelhändler Rolf Neuser, Bonn, ermittelt seinen Gewinn durch Betriebsvermögensvergleich. Er erfüllt im VZ 2018 die Voraussetzungen des § 7g Abs. 1 EStG. Im März 2019 erwirbt Herr Neuser eine neue Registrierkasse für netto 3.600 €. Die betriebsgewöhnliche Nutzungsdauer beträgt 6 Jahre. Herr Neuser hat für dieses Investitionsobjekt in den Vorjahren keine Vergünstigung durch § 7g EStG in Anspruch genommen. Herr Neuser möchte im VZ 2019 einen möglichst geringen steuerlichen Gewinn ausweisen.

Erläutern Sie die Auswirkung des Registrierkassenkaufs auf den steuerlichen Gewinn des Jahres 2019. Begründen Sie Ihre Antwort mithilfe des Gesetzes.

Lösung:

Da Herr Neuser die Voraussetzungen des § 7g Abs. 6 EStG erfüllt, kann er im Jahr der Anschaffung der Registrierkasse eine **Sonderabschreibung** in Höhe von 20 % der Anschaffungskosten gem. § 7g Abs. 5 EStG vornehmen (20 % von 3.600 € = **720 €**).

Die Inanspruchnahme der Sonderabschreibung ist nicht von der Inanspruchnahme eines Investitionsabzugsbetrages in 2018 abhängig. Die beiden Fördermechanismen „**Investitionsabzugsbetrag und Sonderabschreibung" sind voneinander unabhängig**.

Außerdem kann Herr Neuser die **zeitanteilige lineare AfA** nach § 7 Abs. 1 Satz 1 EStG in Anspruch nehmen (3.600 € x 16 ⅔ % x ¹⁰⁄₁₂ = **500 €**).

Die **Sonderabschreibung** und die **zeitanteilige AfA** sind **bilanziell** vorzunehmen.

Die **außerbilanzielle** Hinzurechnung sowie die Kürzung der Anschaffungskosten muss aufgrund des fehlenden Investitionsabzugsbetrages **nicht** vorgenommen (§ 7g Abs. 2 EStG) werden.

**F A L L**

Einzelhändler Alois Theis, München, ermittelt seinen Gewinn durch Betriebsvermögensvergleich. Er erfüllt im VZ 2018 die Voraussetzungen des § 7g Abs. 1 EStG. Herr Theis plant im Dezember 2018 u.a. die Anschaffung einer neuen Registrierkasse für das Jahr 2019. Die Kasse soll laut Angebot eines Händlers netto 4.000 € kosten. Im Januar 2019 kauft Herr Theis die Kasse zum Preis von netto 3.600 €. Die betriebsgewöhnliche Nutzungsdauer beträgt 6 Jahre. Herr Theis möchte in den Jahren 2018 und 2019 jeweils einen möglichst geringen steuerlichen Gewinn ausweisen.

Erläutern Sie die Auswirkung des Registrierkassenkaufs auf den steuerlichen Gewinn der Jahre 2018 und 2019. Begründen Sie Ihre Antwort mithilfe des Gesetzes.

Lösung:

**Gewinnauswirkung im VZ 2018**
Da Herr Theis die Voraussetzungen des § 7g Abs. 1 EStG erfüllt, kann er für die geplante Anschaffung einen **Investitionsabzugsbetrag** in Höhe von 40 % der voraussichtlichen Anschaffungskosten (40 % von 4.000 € = **1.600 €**) in Anspruch nehmen. Der steuerliche **Gewinn** wird **außerbilanziell** um **1.600 € reduziert**.

**Gewinnauswirkung im VZ 2019**
Herr Theis kann im Jahr der Anschaffung den **Gewinn um 40 % der tatsächlich angefallenen Anschaffungskosten (40 % von 3.600 € = 1.440 €) außerbilanziell erhöhen** (§ 7g Abs. 2 Satz 1 EStG). Außerdem kann er die **Anschaffungskosten** der Registrierkasse mittels Aufwandsbuchung **bilanziell um 1.440 reduzieren** (§ 7g Abs. 2 Satz 2 EStG).

|  |  |
|---|---:|
| Anschaffungskosten | 3.600 € |
| – Kürzung (40 % von 3.600 €) | – 1.440 € |
| = reduzierte Anschaffungskosten | **2.160 €** |

Herr Theis kann zusätzlich gem. § 7g Abs. 5 + 6 EStG eine **Sonderabschreibung** in Höhe von 20 % der reduzierten Anschaffungskosten vornehmen (20 % von 2.160 € = **432 €**).

Außerdem kann Herr Theis die **lineare AfA** nach § 7 Abs. 1 Satz 1 EStG in Anspruch nehmen (2.160 € x 16 ⅔ % = **360 €**).

Er hat aber auch die Möglichkeit, den Investitionsabzugsbetrag für andere Investitionen einzusetzen oder nach 3 Jahres gewinnerhöhend aufzulösen, was allerdings zu einer Verzinsung der Steuernachforderung führt und im Gegensatz zu dem Ziel eines möglichst niedrigen steuerlichen Gewinns in 2019 steht.

**Mögliche zusätzliche Gewinnauswirkung im VZ 2018**
Da die geplanten Anschaffungskosten **über** den tatsächlichen Anschaffungskosten liegen, hat Herr Theis im VZ 2018 einen zu hohen Investitionsabzugsbetrag in Anspruch genommen. Es kommt grds. zu einer **rückwirkenden Korrektur (Kürzung) des Investitionsabzugsbetrages 2018** (40 % von 400 € = 160 €). Der Gewinn 2018 steigt um 160 € (§ 7g Abs. 3 Satz 1 EStG).

Er hat aber auch die Möglichkeit, die Differenz (160 Euro) bis zum Ablauf des VZ 2021 für andere Investitionen einzusetzen oder nach drei Jahren gewinnerhöhend aufzulösen, was allerdings zu einer Verzinsung der Steuernachforderung führt. Sofern eine weitere Anschaffung eines beweglichen Wirtschaftsgutes des Anlagevermögens bis 2021 geplant ist, sollte der überschießende Investitionsabzugsbetrag (160 Euro) fortgeschrieben werden, um einen möglichst niedrigen steuerlichen Gewinn in 2019 zu erzielen.

## FALL

Einzelhändler Alois Theis, München, ermittelt seinen Gewinn durch Betriebsvermögensvergleich. Er erfüllt im VZ 2018 die Voraussetzungen des § 7g Abs. 1 EStG. Herr Theis plant im Dezember 2018 u.a. die Anschaffung einer neuen Registrierkasse für das Jahr 2019. Die Kasse soll laut Angebot eines Händlers netto 3.600 € kosten. Im Januar 2019 kauft Herr Theis die Kasse zum Preis von netto 4.000 €. Die betriebsgewöhnliche Nutzungsdauer beträgt 6 Jahre. Herr Theis möchte in den Jahren 2018 und 2019 jeweils einen möglichst geringen steuerlichen Gewinn ausweisen.

Erläutern Sie die Auswirkung des Registrierkassenkaufs auf den steuerlichen Gewinn der Jahre 2018 und 2019. Begründen Sie Ihre Antwort mit Hilfe des Gesetzes.

Lösung:

**Gewinnauswirkung im VZ 2018**
Da Herr Theis die Voraussetzungen des § 7g Abs. 1 EStG erfüllt, kann er für die geplante Anschaffung einen **Investitionsabzugsbetrag** in Höhe von 40 % der voraussichtlichen Anschaffungskosten (40 % von 3.600 € = **1.440 €**) in Anspruch nehmen. Der steuerliche **Gewinn** wird **außerbilanziell** um **1.440 € reduziert**.

**Gewinnauswirkung im VZ 2019**
Herr Theis kann im Jahr der Anschaffung den **Gewinn um 40 %** der tatsächlich angefallenen Anschaffungskosten, jedoch höchstens um den in Anspruch genommenen **Investitionsabzugsbetrag (40 % von 3.600 € = 1.440 €) außerbilanziell erhöhen** (§ 7g Abs. 2 Satz 1 EStG).
Außerdem kann er die **Anschaffungskosten** der Registrierkasse in Höhe des Hinzurechnungsbetrages mittels Aufwandsbuchung **bilanziell um 1.440 € reduzieren** (§ 7g Abs. 2 Satz 2 EStG). Nutzt er das Wahlrecht, verringern sich die Anschaffungskosten.

| | |
|---|---:|
| Anschaffungskosten | 4.000 € |
| - Kürzung (40 % von 3.600 €) | - 1.440 € |
| = reduzierte Anschaffungskosten | **2.560 €** |

Herr Theis kann zusätzlich gem. § 7g Abs. 5 und 6 EStG eine **Sonderabschreibung** in Höhe von 20 % der reduzierten Anschaffungskosten vornehmen (20 % von 2.560 € = **512,00 €**).

Außerdem kann Herr Theis die **lineare AfA** nach § 7 Abs. 1 Satz 1 EStG in Anspruch nehmen (2.560 € x 16 ⅔ % = **427 €**).

**FALL**

Schreinermeister Hermann Wirtz, Köln, ermittelt seinen Gewinn nach § 4 Abs. 3 EStG. Im Veranlagungszeitraum 2018 haben seine aufgezeichneten Betriebseinnahmen 99.975 € und seine aufgezeichneten Betriebsausgaben 40.060 € betragen. Wirtz versteuert seine Umsätze nach vereinnahmten Entgelten und ist zum Vorsteuerabzug berechtigt.

Prüfen Sie die folgenden Sachverhalte und ermitteln Sie den berichtigten Gewinn nach § 4 Abs. 3 EStG. Wahlrechte sind so auszuüben, dass die geringste steuerliche Belastung entsteht.

1. Wirtz hat am 18.10.2018 Waren zum Nettoeinkaufspreis (Teilwert) von 500 € entnommen. Beim Erwerb der Ware wurde der Vorsteuerabzug in Anspruch genommen. Wirtz hat 500 € als Betriebseinnahme angesetzt.

2. Wirtz hat am 19.10.2018 einem Geschäftsfreund einen Blumenstrauß geschenkt. Die Rechnung über 32,10 € (einschl. 7 % USt) hat er bar bezahlt, jedoch nicht als Betriebsausgabe abgesetzt.

3. Im Veranlagungszeitraum 2018 sind Forderungsausfälle in Höhe von 1.190 € (inkl. 19 % USt) eingetreten. Wirtz hat 1.190 € als Betriebsausgabe abgesetzt.

4. Wirtz hat am 31.12.2018 seiner Bank den Auftrag erteilt, eine Fachbuchrechnung über 141,65 € zu überweisen. Die Bank führt am 02.01.2019 den Auftrag aus. Wirtz hat 141,65 € als Betriebsausgabe in 2018 abgesetzt.

5. Wirtz hat am 10.01.2018 ein Grundstück, das ausschließlich betrieblich genutzt wird, für 20.000 € erworben. Da er den Kaufpreis im Jahre 2018 bar gezahlt hat, hat er 20.000 € als Betriebsausgabe abgesetzt.

6. Zum 01.01.2018 hat Wirtz ein Darlehen in Höhe von 20.000 € zur Finanzierung des Grundstücks aufgenommen. Die Bank hat 1.000 € Bearbeitungsgebühren (Disagio) einbehalten. Wirtz hat 19.000 € als Betriebseinnahme angesetzt. Das Disagio ist als marktüblich anzusehen.

7. Wirtz zahlt für das Darlehen pro Monat 100 € Zinsen. Für 2018 wurden bisher 1.200 € überwiesen und als Betriebsausgaben erfasst. Die zum 1. Januar 2019 fälligen Zinsen für den Monat Januar 2019 wurden bereits am 28.12.2018 überwiesen. Diese hat Wirtz bisher noch nicht berücksichtigt.

8. Wirtz erhält am 21.08.2018 von einem Kunden eine am 14.08.2018 ausgelieferte Warensendung zurück. Der Rechnungsbetrag lautet über 3.570 € (3.000 € + 570 € USt). Weder die Lieferung noch die Rücksendung sind bisher erfasst worden.

Lösung:

| Nr. | Vorgänge | Betriebseinnahmen | | Betriebsausgaben | |
|-----|----------|------------------|---|------------------|---|
| | | +<br>€ | ./.<br>€ | +<br>€ | ./.<br>€ |
| | Ausgangswerte | 99.975,00 | | 40.060,00 | |
| 1. | Sachentnahme wurde richtig als BE angesetzt. Die USt auf die unentg. L. ist noch nicht berücksichtigt.<br>19 % von 500 € = 95 € | 95,00 | | | |
| 2. | Wirtz kann 32,10 € als BA absetzen (§ 4 Abs. 5 Nr. 1). | | | 32,10 | |
| 3. | Forderungsausfälle sind keine BA; der Einkauf der Ware, dem kein entsprechender Erlös beim Verkauf gegenübersteht, hat sich gewinnmindernd ausgewirkt. | | | | 1.190,00 |
| 4. | Er kann die Fachbuchrechnung 2018 als BA absetzen [H 11 (Überweisung) EStH]. | | | | |
| 5. | Ausgaben für die Anschaffung von WG des nicht abnutzbaren AV können erst im Zeitpunkt ihrer Veräußerung oder Entnahme als BA abgesetzt werden. | | | | 20.000,00 |
| 6. | Darlehnsaufnahme stellt keine BE dar.<br>Bearbeitungsgebühren sind BA. | | 19.000,00 | 1.000,00 | |
| 7. | Bezahlte Zinsen sind als regelmäßig wiederkehrende BA richtig berücksichtigt (§ 11). | | | | |
| 8. | Lieferung und Rücksendung wurden richtig behandelt. | | | | |
| | | 100.070,00 | 19.000,00 | 41.092,10 | 21.190,00 |
| | ./. | 19.000,00 | | 21.190,00 | |
| | Betriebseinnahmen | 81.070,00 | | 19.902,10 | |
| − | Betriebsausgaben | 19.902,10 | | | |
| = | **berichtigter Gewinn** | **61.167,90** | | | |

**F A L L**

Erstellen Sie für die Blumenhändlerin Helga Huber aus Passau die Einnahmenüberschuss-rechnung nach § 4 Abs. 3 EStG für 2018. Es ergeben sich bisher Betriebseinnahmen in Höhe von 101.108,48 € und Betriebsausgaben von 85.455,30 €. Die Voraussetzungen des § 7g EStG sind erfüllt. § 7g Abs. 2 Satz 1 wird 2018 nicht in Anspruch genommen. Die Steuerpflichtige versteuert ihre Umsätze nach den allgemeinen Vorschriften des UStG. Prüfen Sie die folgenden Sachverhalte und ermitteln Sie nach dem Schema von Seite 128 des Lösungsbuches den steuerlich berichtigten Gewinn.

1.  Am 27.12.2018 zahlte ein Kunde mit Scheck. Frau Huber reichte den Scheck in Höhe von 55 € am 03.01.2019 bei der Bank ein, die ihn mit Wertstellung vom 08.01.2019 gutschrieb. Der Betrag wurde in 2019 als Betriebseinnahme angesetzt.

2.  Die Rate für ein betriebliches Darlehen in Höhe von 850 € für IV/18, fällig am 31.12., wurde am 08.01.2019 dem Geschäftskonto belastet und in 2019 als Betriebsausgabe abgesetzt. Im Betrag sind 500 € Tilgung enthalten.

3.  Bei einem Geschäftsessen mit einem guten Kunden hat Frau Huber in 2018 die ordnungsgemäße und angemessene Rechnung in Höhe von 107,10 € brutto bar bezahlt. Bisher wurde nichts aufgezeichnet.

4.  Da Frau Huber zum Valentinstag zu viele Blumen eingekauft hatte, musste sie 30 Sträuße statt für je 25 € für je 10 € verkaufen. Sie hat 300 € als Betriebseinnahmen erfasst.

5.  Am 29.12.2018 wurden Pflanzen im Wert von 1.070 € brutto geliefert. Mangels genügend Bargeld wurde die vorliegende Rechnung bei Lieferung durch Barzahlung in Höhe von 500 € und der Rest in Höhe von 570 € am 08.01.2019 durch Überweisung beglichen. Bisher wurde nichts aufgezeichnet.

6.  Im September 2018 wurde eine neue Ladeneinrichtung geliefert und eingebaut, Nutzungsdauer 10 Jahre. Folgende Rechnungen wurden noch nicht berücksichtigt: Rechnung der Firma Kunz über Ladeneinrichtung in Höhe von 3.000 € + 19 % USt. Die Rechnung wurde unter Abzug von 3 % Skonto am 27.09.2018 sofort bar bezahlt. Rechnung der Firma Elektro-Meier für die Installation der Ladeneinrichtung in Höhe von 450 € + 19 % USt, ebenfalls am 27.09.2018 bar bezahlt.
    Die Vorsteuer wurde ordnungsgemäß erfasst. In der Gewinnermittlung 2017 wurde für die Ladeneinrichtung ein Investitionsabzugsbetrag in Höhe von 1.200 € als Betriebs-ausgabe abgesetzt. Der Investitionsabzugsbetrag soll 2018 aufgelöst werden.

7.  Frau Huber nutzt ihren Pkw überwiegend betrieblich, aber auch privat, führt aber kein Fahrtenbuch. Der Listenpreis des Pkws betrug bei Anschaffung 29.080 € brutto. Die Anschaffungskosten betrugen am 04.01.2018 24.000 € bei einer Nutzungsdauer von 6 Jahren. Für 2018 ist weder die Abschreibung noch die Entnahme des Pkws berück-sichtigt worden. Die Wohnung von Frau Huber befindet sich beim Ladengeschäft.

8.  Im August wurde die Schaufensterscheibe eingeschlagen. Die Reparaturkosten von 1.500 € + USt wurden durch Banküberweisung bezahlt und richtig aufgezeichnet. Die Versicherung erstattete 1.500 €. Der Vorgang ist noch nicht berücksichtigt.

9.  Allen Kunden, die am 22.12.2018 in den Laden kamen, schenkte Frau Huber einen kleinen Weihnachtsstern (Pflanze). Insgesamt verschenkte sie 40 Stück, die sie für je 1 € netto eingekauft hatte. Dieser Betrag ist in den Betriebsausgaben 2018 enthalten.

10. Einer guten Kundin schenkte Frau Huber zum Geburtstag einen Blumenstrauß, den sie für 50 € + 7 % USt gekauft hatte. Auch dieser Betrag ist in den Betriebsausgaben 2018 enthalten.

Lösung:

| Nr. | Vorgänge | Betriebseinnahmen + € | Betriebseinnahmen ./. € | Betriebsausgaben + € | Betriebsausgaben ./. € |
|---|---|---|---|---|---|
| | Ausgangswerte | 101.108,48 | | 85.455,30 | |
| 1. | Scheckeingang = Zahlung [H 11 (Scheck, Scheckkarte) EStH] | 55,00 | | | |
| 2. | Zinsen = BA (§ 11 EStG, 10 Tage Regel) | | | 350,00 | |
| 3. | 70 % von 90 € = 63,00 € (§ 4 Abs. 5 Nr. 2 EStG) | | | 63,00 | |
| | gesamte Vorsteuer = BA (§ 15 Abs. 1a Satz 2 UStG) | | | 17,10 | |
| 4. | BE richtig erfasst. | | | | |
| 5. | Abfluss 2018 (§ 11 EStG) [H (Überweisung) EStH] | | | 500,00 | |
| 6. | AK Ladeneinrichtung: netto (3.000 – 90)       2.910,00 € Elektroinstallation        450,00 € AK        3.360,00 € lineare AfA: 10 % von 3.360 € x ⁶⁄₁₂ 20 % Sonder-AfA nach § 7g EStG Auflösung Investitionsabzugsbetrag | 1.200,00 | | 112,00 672,00 | |
| 7. | lineare AfA: 16 ⅔ % v. 24.000 € 1 % von 29.000 € x 12 davon 80 % 20 % von (1 % x 29.000 x 12) = 3.480 € 19 % USt von 2.784 € | 2.784,00 696,00 528,96 | | 4.000,00 | |
| 8. | Versicherungsentschädigung = BE | 1.500,00 | | | |
| 9. | Geschenke = BA (§ 4 Abs. 5 Nr. 1) | | | | |
| 10. | Blumenstrauß über 35 Euro keine Betriebsausgabe (§ 4 Abs. 5 Nr. 1) | | | | 53,50 |
| | | 107.872,44 | 0,00 | 91.169,40 | 53,50 |
| | ./. | 0,00 | | 53,50 | |
| | Betriebseinnahmen | 107.872,44 | | 91.115,90 | |
| – | Betriebsausgaben | 91.115,90 | | | |
| = | **berichtigter Gewinn** | **16.756,54** | | | |

**FALL**

Der Schriftsteller Michael Bach, Koblenz, Steuernummer 22/220/1046/3, ermittelt seinen Gewinn nach § 4 Abs. 3 EStG. Folgende Sachverhalte hat Herr Bach in 2018 aufgezeichnet. Herr Bach möchte einen möglichst geringen steuerlichen Gewinn erzielen. Seine Umsätze versteuert er zu 7 % nach den allgemeinen Vorschriften des UStG. Sonderabschreibungen werden nicht vorgenommen. Alle Zahlungen wurden, soweit nicht das Gegenteil erwähnt wird, 2018 geleistet.

1. Die Honorareinnahmen des Herrn Bach haben 190.203 € betragen.
2. An Umsatzsteuer hat Herr Bach an das Finanzamt 9.512 € abgeführt.
3. Für die Nutzung eines zum Betriebsvermögens gehörenden Gebäudes erzielte Herr Bach Mieteinnahmen einschließlich der umlagefähigen Kosten (Nebenkosten) in Höhe von 14.400 €.
4. Die umlagefähigen Kosten für das vermietete Gebäude betrugen 4.150 €.
5. An Darlehenszinsen sind für das Gebäude 8.291 € angefallen.
6. An Personalkosten sind für eine geringfügig entlohnte Beschäftigte folgende Beträge angefallen:

|                    |             |
|--------------------|------------:|
| 400,00 € x 12 =    | 4.800,00 €  |
| 139,20 € x 12 =    | 1.670,40 €  |
| insgesamt          | 6.470,40 €  |

7. Die AfA auf unbewegliche Wirtschaftsgüter betrug lt. Anlagenverzeichnis 36.744,80 €.
8. Die AfA auf bewegliche Wirtschaftsgüter betrug lt. Anlagenverzeichnis 10.000 €.
9. Für Porto, Telefon und Bürokosten hat Herr Bach 2.821,26 € gezahlt.
10. Für Fachbücher und Fachzeitschriften sind 3.680 € angefallen.
11. Am 28.12.2018 kaufte Herr Bach einen Bürostuhl (Nutzungsdauer 13 Jahre) für 415 € + USt. Er bezahlte sofort mit Bankscheck unter Abzug von 3 % Skonto. Die Belastung auf dem betrieblichen Bankkonto erfolgte am 03.01.2019. Sein Konto wies jederzeit eine ausreichende Deckung auf.
12. Zu Weihnachten hat Herr Bach seinem Verlagslektor ein Geschenk im Wert von 33,60 € gemacht.

a) Wie hoch ist der steuerrechtliche Gewinn für Michael Bach im VZ 2018?

b) Besorgen Sie sich eine Anlage EÜR zur Einkommensteuererklärung 2018 und tragen Sie die Sachverhalte in die Anlage ein.

Lösung:

zu a)

| Nr. | Vorgänge | Betriebseinnahmen € | Betriebsausgaben € |
|---|---|---|---|
| 1. | Honorareinnahmen | 190.203,00 | |
| 2. | Umsatzsteuer | | 9.512,00 |
| 3. | Mieteinnahmen einschließlich Nebenkosten | 14.400,00 | |
| 4. | umlagefähige Kosten | | 4.150,00 |
| 5. | Darlehenszinsen | | 8.291,00 |
| 6. | Personalkosten für geringfügig entlohnte Beschäftigte:<br>400,00 € x 12 = 4.800,00 €<br>139,20 € x 12 = 1.670,40 €<br>insgesamt 6.470,40 € | | 6.470,40 |
| 7. | AfA auf unbewegliche Wirtschaftsgüter | | 36.744,80 |
| 8. | AfA auf bewegliche Wirtschaftsgüter | | 10.000,00 |
| 9. | Porto, Telefon und Büromaterial | | 2.821,26 |
| 10. | Fachbücher und Fachzeitschriften | | 3.680,00 |
| 11. | Bürostuhl:<br>netto 415,00 €<br>– 3 % Skonto 12,45 €<br>= AK 402,55 €<br>Vorsteuer (402,55 € x 19 % = 76,48 €) = BA<br>Der Bürostuhl kann nach § 6 Abs. 2 EStG sofort in voller Höhe als Betriebsausgabe abgezogen werden. | | 76,48<br><br><br><br>402,55 |
| 12. | Geschenk unter 35 Euro ist eine Betriebsausgabe (§ 4 Abs. 5 Nr. 1 EStG) | | 33,60 |
| | Summe | 204.603,00 | 82.182,09 |

|   | Betriebseinnahmen | 204.603,00 € |
|---|---|---|
| – | Betriebsausgaben | 82.182,09 € |
| = | Gewinn | **122.420,91 €** |

zu b)

Einnahmenüberschussrechnung Seite 1

**2018**

| | | |
|---|---|---|
| 1 | Name des Steuerpflichtigen bzw. der Gesellschaft/Gemeinschaft/Körperschaft <br> Bach | **Anlage EÜR** |
| 2 | Vorname <br> Michael | Bitte für jeden Betrieb eine gesonderte Anlage EÜR übermitteln! |
| 3 | (Betriebs-)Steuernummer  22/220/10463 | 77 18 1 |

**Einnahmenüberschussrechnung**
nach § 4 Abs. 3 EStG für das Kalenderjahr 2018  Beginn          Ende

99 15

| 4 | davon abweichend 131 | T T M M | 2 0 1 8 | 132 | T T M M J J J |

5  Art des Betriebs                    100   schriftst. Tätigkeit

6  Rechtsform des Betriebs

7  Einkunftsart                        103   Land- und Forstwirtschaft = 1, Gewerbebetrieb = 2, Selbständige Arbeit = 3

8  Betriebsinhaber                     104   Stpfl./Ehemann/Person A (Ehegatte A/Lebenspartner[in] A)/Gesellschaft/Körperschaft = 1, Ehefrau/Person B (Ehegatte B/Lebenspartner[in] B) = 2, Beide Ehegatten/Lebenspartner[innen] = 3

9  Wurde im Kalenderjahr/Wirtschaftsjahr der Betrieb veräußert oder aufgegeben? (Bitte Zeile 78 beachten)  111      Ja = 1

10 Wurden im Kalenderjahr/Wirtschaftsjahr Grundstücke/grundstücksgleiche Rechte entnommen oder veräußert?  120      Ja = 1 oder Nein = 2

**1. Gewinnermittlung**

**Betriebseinnahmen**

99 20

EUR          Ct

11 Betriebseinnahmen als umsatzsteuerlicher **Kleinunternehmer** (nach § 19 Abs. 1 UStG)  111

12 davon nicht steuerbare Umsätze sowie Umsätze nach § 19 Abs. 3 Satz 1 Nr. 1 und 2 UStG  119          *(weiter ab Zeile 17)*

13 Betriebseinnahmen als **Land- und Forstwirt**, soweit die Durchschnittssatzbesteuerung nach § 24 UStG angewandt wird  104

14 Umsatzsteuerpflichtige Betriebseinnahmen  112        190.203,00

15 Umsatzsteuerfreie, nicht umsatzsteuerbare Betriebseinnahmen sowie Betriebseinnahmen, für die der Leistungsempfänger die Umsatzsteuer nach § 13b UStG schuldet  103      14.400,00

16 Vereinnahmte Umsatzsteuer sowie Umsatzsteuer auf unentgeltliche Wertabgaben  140

17 Vom Finanzamt erstattete und ggf. verrechnete Umsatzsteuer (Die Regelung zum 10-Tageszeitraum nach § 11 Abs. 1 Satz 2 EStG ist zu beachten.)  141

18 Veräußerung oder Entnahme von Anlagevermögen  102

19 Private Kfz-Nutzung  106

20 Sonstige Sach-, Nutzungs- und Leistungsentnahmen  108

21 Auflösung von Rücklagen und Ausgleichsposten (Übertrag aus Zeile 90)

22 **Summe Betriebseinnahmen** (Übertrag in Zeile 71)  159        204.603,00

**Betriebsausgaben**

99 25

EUR          Ct

23 Betriebsausgabenpauschale **für bestimmte Berufsgruppen** und/oder Freibetrag nach § 3 Nr. 26, 26a und/oder 26b EStG  190

24 Sachlicher Bebauungskostenrichtbetrag und Ausbaukostenrichtbeträge für **Weinbaubetriebe**/Betriebsausgabenpauschale für **Forstwirte**  191

25 Waren, Rohstoffe und Hilfsstoffe einschl. der Nebenkosten  100

26 Bezogene Fremdleistungen  110

27 Ausgaben für eigenes Personal (z. B. Gehälter, Löhne und Versicherungsbeiträge)  120      6.470,40

**Absetzung für Abnutzung (AfA)**

28 AfA auf unbewegliche Wirtschaftsgüter (Übertrag aus Zeile 6 der Anlage AVEÜR)  136        36.744,80

29 AfA auf immaterielle Wirtschaftsgüter (Übertrag aus Zeile 9 der Anlage AVEÜR)  131

30 AfA auf bewegliche Wirtschaftsgüter (Übertrag aus Zeile 13 der Anlage AVEÜR)  130      10.000,00

**Übertrag (Summe Zeilen 23 bis 30)**        53.215,20

## Einnahmenüberschussrechnung Seite 2

(Betriebs-)Steuernummer   22/220/10463

|  | | | EUR | Ct |
|---|---|---|---:|---:|
| | **Übertrag (Summe Zeilen 23 bis 30)** | | 5 3.2 1 5,2 0 | |
| 31 | Sonderabschreibungen nach § 7g Abs. 5 und 6 EStG (Übertrag aus Zeile 13 der Anlage AVEÜR) | 134 | | |
| 32 | Herabsetzungsbeträge nach § 7g Abs. 2 Satz 2 EStG (Erläuterungen auf gesondertem Blatt) | 138 | | |
| 33 | Aufwendungen für geringwertige Wirtschaftsgüter nach § 6 Abs. 2 EStG | 132 | 4 0 2,5 5 | |
| 34 | Auflösung Sammelposten nach § 6 Abs. 2a EStG (Übertrag aus Zeile 19 der Anlage AVEÜR) | 137 | | |
| 35 | Restbuchwert der ausgeschiedenen Anlagegüter (Übertrag der Summe der Einzelbeträge aus Spalte „Abgänge" der Anlage AVEÜR ohne Zeile 22) | 135 | | |

**Raumkosten und sonstige Grundstücksaufwendungen** (ohne häusliches Arbeitszimmer)

| | | | EUR | Ct |
|---|---|---|---:|---:|
| 36 | Miete/Pacht für Geschäftsräume und betrieblich genutzte Grundstücke | 150 | | |
| 37 | Aufwendungen für doppelte Haushaltsführung (z. B. Miete) | 152 | | |
| 38 | Sonstige Aufwendungen für betrieblich genutzte Grundstücke (ohne Schuldzinsen und AfA) | 151 | 4.1 5 0,0 0 | |

**Sonstige unbeschränkt abziehbare Betriebsausgaben**

| | | | EUR | Ct |
|---|---|---|---:|---:|
| 39 | Aufwendungen für Telekommunikation (z. B. Telefon, Internet) | 280 | | |
| 40 | Übernachtungs- und Reisenebenkosten bei Geschäftsreisen des Steuerpflichtigen | 221 | | |
| 41 | Fortbildungskosten (ohne Reisekosten) | 281 | | |
| 42 | Kosten für Rechts- und Steuerberatung, Buchführung | 194 | | |
| 43 | Miete/Leasing für bewegliche Wirtschaftsgüter (ohne Kraftfahrzeuge) | 222 | | |
| 44 | Beiträge, Gebühren, Abgaben und Versicherungen (ohne solche für Gebäude und Kraftfahrzeuge) | 223 | | |
| 45 | Werbekosten (z. B. Inserate, Werbespots, Plakate) | 224 | | |
| 46 | Schuldzinsen zur Finanzierung von Anschaffungs- und Herstellungskosten von Wirtschaftsgütern des Anlagevermögens (ohne häusliches Arbeitszimmer) | 232 | | |
| 47 | Übrige Schuldzinsen | 234 | | |
| 48 | Gezahlte Vorsteuerbeträge | 185 | 7 6,4 8 | |
| 49 | An das Finanzamt gezahlte und ggf. verrechnete Umsatzsteuer (Die Regelung zum 10-Tageszeitraum nach § 11 Abs. 2 Satz 2 EStG ist zu beachten.) | 186 | 9.5 1 2,0 0 | |
| 50 | Rücklagen, stille Reserven und/oder Ausgleichsposten (Übertrag aus Zeile 90) | | | |
| 51 | Übrige unbeschränkt abziehbare Betriebsausgaben | 183 | 1 4.7 9 2,2 6 | |

| | **Beschränkt abziehbare Betriebsausgaben und Gewerbesteuer** | | nicht abziehbar EUR | Ct | | abziehbar EUR | Ct |
|---|---|---|---|---|---|---:|---:|
| 52 | Geschenke | 164 | | | 174 | 3 3,6 0 | |
| 53 | Bewirtungsaufwendungen | 165 | | | 175 | | |
| 54 | Verpflegungsmehraufwendungen | | | | 171 | | |
| 55 | Aufwendungen für ein häusliches Arbeitszimmer (einschl. AfA und Schuldzinsen) | 162 | | | 172 | | |
| 56 | Sonstige beschränkt abziehbare Betriebsausgaben | 168 | | | 177 | | |
| 57 | Gewerbesteuer | 217 | | | 218 | | |

**Kraftfahrzeugkosten und andere Fahrtkosten**

| | | | EUR | Ct |
|---|---|---|---:|---:|
| 58 | Leasingkosten | 144 | | |
| 59 | Steuern, Versicherungen und Maut | 145 | | |
| 60 | Sonstige tatsächliche Fahrtkosten ohne AfA und Zinsen (z. B. Reparaturen, Wartungen, Treibstoff, Kosten für Flugstrecken, Kosten für öffentliche Verkehrsmittel) | 146 | | |
| 61 | Fahrtkosten für nicht zum Betriebsvermögen gehörende Fahrzeuge (Nutzungseinlage) | 147 | | |
| 62 | Fahrtkosten für Wege zwischen Wohnung und erster Betriebsstätte; Familienheimfahrten (pauschaliert oder tatsächlich) | 142 — | | |
| 63 | Mindestens abziehbare Fahrtkosten für Wege zwischen Wohnung und erster Betriebsstätte (Entfernungspauschale); Familienheimfahrten | 176 + | | |
| 64 | Nicht abziehbare Beträge (Beispiele siehe Anleitung) | 139 — | | |
| 65 | **Summe Betriebsausgaben** (Übertrag in Zeile 72) | 199 | 8 2.1 8 2,0 9 | |

2018AnlEÜR802

2018AnlEÜR802

Einnnahmenüberschussrechnung Seite 3

(Betriebs-)Steuernummer  22/220/10463

## Ermittlung des Gewinns

| | | | EUR | Ct |
|---|---|---|---|---|
| 71 | Summe der Betriebseinnahmen (Übertrag aus Zeile 22) | | 204.603,0 | 0 |
| 72 | abzüglich Summe der Betriebsausgaben (Übertrag aus Zeile 65) — | | 82.182,0 | 9 |
| | **zuzüglich** | | | |
| 73 | – Hinzurechnung der Investitionsabzugsbeträge nach § 7g Abs. 2 Satz 1 EStG aus 2015 (Erläuterungen auf gesondertem Blatt) 180 + | | , | |
| 74 | – Hinzurechnung der Investitionsabzugsbeträge nach § 7g Abs. 2 Satz 1 EStG aus 2016 (Erläuterungen auf gesondertem Blatt) 181 + | | , | |
| 75 | – Hinzurechnung der Investitionsabzugsbeträge nach § 7g Abs. 2 Satz 1 EStG aus 2017 (Erläuterungen auf gesondertem Blatt) 182 + | | , | |
| 76 | – Gewinnzuschlag nach § 6c i. V. m. § 6b Abs. 7 und 10 EStG 123 + | | , | |
| | **abzüglich** | | | |
| 77 | – Investitionsabzugsbeträge nach § 7g Abs. 1 EStG 187 — | | , | |
| 78 | Hinzurechnungen und Abrechnungen bei Wechsel der Gewinnermittlungsart (Erläuterungen auf gesondertem Blatt) 250 | | , | |
| 79 | Ergebnisanteile aus Beteiligungen an Personengesellschaften (auch Kostenträgergemeinschaften) 255 | | , | |
| 80 | Korrigierter Gewinn/Verlust 290 | | 122.420,9 | 1 |

| | | Gesamtbetrag | Korrekturbetrag |
|---|---|---|---|
| 81 | Bereits berücksichtigte Beträge, für die das InvStG gilt (Erläuterungen auf gesondertem Blatt) 263 | , | 264 , |
| 82 | Bereits berücksichtigte Beträge, für die das Teileinkünfteverfahren bzw. § 8b KStG gilt 261 | , | 262 , |

| | | | EUR | Ct |
|---|---|---|---|---|
| 83 | Steuerpflichtiger Gewinn/Verlust vor Anwendung des § 4 Abs. 4a EStG 293 | | 122.420,9 | 1 |
| 84 | Hinzurechnungsbetrag nach § 4 Abs. 4a EStG 271 + | | , | |
| 85 | **Steuerpflichtiger Gewinn/Verlust** 219 | | 122.420,9 | 1 |

**Nur bei Personengesellschaften/gesonderten Feststellungen:**

| 86 | Anzusetzender steuerpflichtiger Gewinn/Verlust nach Anwendung des § 4 Abs. 4a EStG ohne Berücksichtigung des InvStG, des Teileinkünfteverfahrens bzw. § 8b KStG (Betrag lt. Zeile 80 zuzüglich Betrag lt. Zeile 84) | , |

*(zu erfassen in den Zeilen 4, 5 und/oder 7 der Anlage FE 1 bzw. in Zeile 4 der Anlage FG)*

### 2. Ergänzende Angaben   99  27

**Rücklagen und stille Reserven**
(Erläuterungen auf gesondertem Blatt)

| | | Bildung/Übertragung | | Auflösung | |
|---|---|---|---|---|---|
| | | EUR | Ct | EUR | Ct |
| 87 | Rücklagen nach § 6c i. V. m. § 6b EStG, R 6.6 EStR 187 | , | 120 | , |
| 88 | Übertragung von stillen Reserven nach § 6c i. V. m. § 6b EStG, R 6.6 EStR 170 | , | | |
| 89 | Ausgleichsposten nach § 4g EStG 191 | , | 125 | , |
| 90 | Gesamtsumme 190 | , | 124 | , |

*(Übertrag in Zeile 50)*      *(Übertrag in Zeile 21)*

### 3. Zusätzliche Angaben bei Einzelunternehmen   99  29

**Entnahmen und Einlagen i. S. d. § 4 Abs. 4a EStG**

| | | | EUR | Ct |
|---|---|---|---|---|
| 91 | Entnahmen einschl. Sach-, Leistungs- und Nutzungsentnahmen 122 | | , | |
| 92 | Einlagen einschl. Sach-, Leistungs- und Nutzungseinlagen 123 | | , | |

**FALL**

Die Eheleute Schäfer (Zusammenveranlagung) haben im Veranlagungszeitraum 2018 Einkünfte aus Land- und Forstwirtschaft in Höhe von 1.300 € und Einkünfte aus Gewerbebetrieb in Höhe von 62.000 € erzielt.

Ermitteln Sie den Gesamtbetrag der Einkünfte der Familie Schäfer für den VZ 2018.

Lösung:

|   | | |
|---|---|---:|
|   | Einkünfte aus Land- und Forstwirtschaft (§ 13 EStG) | 1.300 € |
| + | Einkünfte aus Gewerbebetrieb (§ 15 EStG) | 62.000 € |
| = | Summe der Einkünfte (§ 2 Abs. 2 EStG) | 63.300 € |
| - | Freibetrag nach § 13 Abs. 3 EStG* | 0 € |
| = | Gesamtbetrag der Einkünfte (§ 2 Abs. 3 EStG) | **63.300 €** |

\* Der Freibetrag für L+F beträgt grundsätzlich 1.800 € (bei Zusammenveranlagung). Die Summe der Einkünfte übersteigt jedoch 61.400 €. Der Freibetrag gem. § 13 Abs. 3 EStG ist nicht zu gewähren.

**FALL**

Sachverhalt wie im Fall zuvor mit dem Unterschied, dass die Einkünfte aus Gewerbebetrieb 50.000 € betragen.

Ermitteln Sie den Gesamtbetrag der Einkünfte der Familie Schäfer für den VZ 2018.

Lösung:

|   | | |
|---|---|---:|
|   | Einkünfte aus Land- und Forstwirtschaft (§ 13 EStG) | 1.300 € |
| + | Einkünfte aus Gewerbebetrieb (§ 15 EStG) | 50.000 € |
| = | Summe der Einkünfte (§ 2 Abs. 2 EStG) | 51.300 € |
| - | Freibetrag nach § 13 Abs. 3 EStG* | 1.300 € |
| = | Gesamtbetrag der Einkünfte (§ 2 Abs. 3 EStG) | **50.000 €** |

\* Der Freibetrag für L+F beträgt grundsätzlich 1.800 € (bei Zusammenveranlagung). Er ist jedoch auf die Höhe der Einkünfte aus L+F begrenzt (im Fall sind dies 1.300 €).

**FALL**

Landwirt Huber, Landsberg, verfügt über eine regelmäßig landwirtschaftlich genutzte Fläche von 100 Hektar.

Ermitteln Sie die maximalen Vieheinheiten i. S. d. § 13 Abs. 1 Nr. 1 Satz 2 EStG.

Lösung:

| Stufen | Max. VE je Hektar | Max. VE je Stufe |
|---|---|---|
| 0 - 20 Hektar | 10 VE | 200 VE |
| 21 - 30 Hektar | 7 VE | 70 VE |
| 31 - 50 Hektar | 6 VE | 120 VE |
| 51 - 100 Hektar | 3 VE | 150 VE |
| | | **540 VE** |

Wenn Landwirt Huber ausschließlich Einkünfte aus L+F erzielen will, darf er maximal 540 VE auf seiner regelmäßig landwirtschaftlich genutzten Fläche (100 ha) halten.

### FALL

Der Winzer Rudolf Gerlach, der in Bernkastel einen reinen Weinbaubetrieb betreibt, ermittelt seinen Gewinn für den Zeitraum vom 01.09. bis zum 31.08. (§ 4a Abs. 1 Nr. 2 Satz 2 i.V.m. § 8c Abs. 1 Nr. 3 EStDV). In diesen Zeiträumen ermittelt er folgende Gewinne/ Verluste:

| | |
|---|---|
| 2016/2017 | 96.000,00 € |
| 2017/2018 | 91.200,00 € |
| 2018/2019 | – 42.000,00 € |

Ermitteln Sie den Gewinn aus Land- und Forstwirtschaft für den VZ 2018.

Lösung:

| | | |
|---|---|---|
| 2017/2018 | 8/12 x   91.200,00 € | 60.800,00 € |
| 2018/2019 | 4/12 x – 42.000,00 € | – 14.000,00 € |
| | | 46.800,00 € |

### FALL

Anton Zwick betreibt in Leiwen an der Mosel einen land- und forstwirtschaftlichen Betrieb. Seine weinbaulich genutzte Fläche beträgt 2 Hektar (= 20.000 qm). Seine selbst bewirtschaftete landwirtschaftliche Fläche beträgt 12 Hektar. Herr Zwick besitzt seit vielen Jahren den folgenden durchschnittlichen Viehbestand:

- 5.000 Legehennen,
- 40 Milchkühe.

Prüfen Sie, zu welcher Einkunftsart die Tierzucht bzw. Tierhaltung gehört.
[Lösungshinweis: siehe § 13 Abs. 1 Nr. 1 Satz 2 EStG/R 13.2 Abs. 1 bis 3 EStR 2012]

Lösung:

a) Ermittlung der landwirtschaftlich genutzten Fläche (R 13.2 Abs. 3 EStR 2012)

|   | Landwirtschaftlich genutzte Gesamtfläche | 14 ha |
|---|---|---|
| − | Flächen gem. R 13.2 Abs. 3 Satz 2 EStR 2012 (Weinbau) | − 2 ha |
| = | Regelmäßig landwirtschaftlich genutzte Fläche (R 13.2 Abs. 3 Satz 1 EStR) | **12 ha** |

b) Ermittlung der maximalen (unschädlichen) VE i.S.d. § 13 Abs. 1 Nr. 1 Satz 2 EStG

$$12 \text{ ha} \times 10 \text{ VE/ha} = \textbf{120 VE}$$

Verfügt Herr Zwick über mehr als 120 Vieheinheiten, so gehört der darüber hinausgehende Bestand zur gewerblichen Tierzucht/Tierhaltung (Einkünfte gem. § 15 EStG, vgl. auch R 13.2 Abs. 2 EStR 2012).

c) Ermittlung der vorhandenen Vieheinheiten gem. R 13.2 Abs. 1 EStR 2012

| Tierart | Anzahl | Vieheinheiten pro Tier | Vieheinheiten gesamt |
|---|---|---|---|
| Milchkühe | 40 | 1,00 VE | 40,0 VE |
| Legehennen | 5.000 | 0,02 VE | 100,0 VE |
|  |  |  | 140,0 VE |

d) Zuordnung des Tierbestandes zu den Einkünften gem. § 13 und § 15 EStG

Die maximal zulässigen VE werden um 20 VE überschritten (§ 13 Abs. 1 Nr. 1 Satz 2 EStG). Bei der Herausrechnung der überzähligen VE ist zu beachten:

1. ein Zweig (Tierbestand) kann nur einer Einkunftsart zugerechnet werden, d.h., es ist immer der komplette Zweig herauszurechnen (R 13.2 Abs. 2 Satz 2 EStR 2012),
2. es sind zunächst die Zweige (Tierbestände) herauszurechnen, die den geringsten Flächenbedarf haben (R 13.2 Abs. 2 Satz 4 bis 6 EStR 2012).

Im vorliegenden Fall muss Herr Zwick den gesamten Bestand an Legehennen – und somit alle Einnahmen aus diesem Zweig – seinem gewerblichen Bereich zuordnen (§ 15 EStG).

Der verbleibende Zweig (Milchkühe) ist dem land- und forstwirtschaftlichen Bereich zuzuordnen (§ 13 EStG).

Erzielen die Beteiligten bei den Fällen 1 bis 6 Einkünfte aus Gewerbebetrieb?
Begründen Sie Ihre Antwort unter Hinweis auf die Rechtsgrundlagen.

1.  Bernd Friedrich betreibt unter der Firma „Bernd Friedrich Autoservice e. K." eine im Handelsregister Koblenz eingetragene Kfz-Werkstatt.

2.  Ina Ernst betreibt in der Innenstadt von Bonn einen kleinen, nicht im Handelsregister eingetragenen Kiosk.

3.  Roland und Marie Gerke betreiben in München die „Gerke Baustoff OHG". Außerdem sind Ulf Gerke und Renate Gerke als stiller Gesellschafter an der OHG beteiligt. Ulf Gerke hat der Gesellschaft 20.000 € zu Verfügung gestellt. Laut Gesellschaftsvertrag besitzt Ulf Gerke umfassende Mitspracherechte. Seine Gewinn- und Verlustbeteiligung beträgt 10 %. Im Falle der Unternehmensliquidation bzw. seines Ausscheidens erhält Ulf Gerke einen im Gesellschaftsvertrag genau definierten Anteil an den stillen Reserven des Unternehmens. Renate Gerke hat der Gesellschaft 40.000 € zur Verfügung gestellt. Ihre rechtliche Gesellschafterstellung entspricht den gesetzlichen Vorschriften der §§ 230 ff. HGB.

4.  Die Brüder Lutz und Leo Gruber betreiben in Hermeskeil einen kleinen landwirtschaftlichen Betrieb in der Rechtsform einer OHG.

5.  Wie Fall 4, jedoch gehört zum Unternehmensgegenstand auch der Handel mit Landmaschinen. Der Umsatz aus dem Landmaschinenhandel beträgt im Durchschnitt der letzten drei Jahre 25 % des Gesamtumsatzes, mit zunehmender Tendenz.

6.  Sarah und Lara Lurtz betreiben in Ulmen einen kleinen landwirtschaftlichen Betrieb in der Rechtsform einer GmbH & Co. KG (Komplementär = GmbH).

Lösung:

zu 1.

**Ja**, Herr Friedrich erzielt Einkünfte i. S. d. § 15 Abs. 1 Nr. 1 EStG.
Er betreibt ein gewerbliches Einzelunternehmen. Die nachfolgenden Tatbestandsvoraussetzungen des § 15 Abs. 2 Satz 1 EStG sind alle erfüllt:

*   Selbständigkeit [H 15.1 (Allgemeines) EStH],
*   Nachhaltigkeit [H 15.2 (Wiederholungsabsicht) EStH],
*   Gewinnerzielungsabsicht [H 15.3 (Beweisanzeichen) + (Totalgewinn) EStH],
*   Beteiligung am allgemeinen wirtschaftlichen Verkehr [H 15.4 (Allgemeines) + (Kundenkreis) EStH],
*   keine Land- und Forstwirtschaft (R 15.5 EStR 2012),
*   keine selbständige Tätigkeit i. S. d. § 18 [H 15.6 (Allgemeines) + (Abgrenzung selbständige Arbeit/Gewerbebetrieb) EStH] .

zu 2.

**Ja**, vgl. Lösung zu 1.

Der fehlende Eintrag im Handelsregister ist für die Qualifizierung der Einkünfte irrelevant. Die Tatsache hat lediglich Auswirkung auf die Art der Gewinnermittlung [Betriebsvermögensvergleich (§ 4 Abs. 1 i. V. m. § 5 EStG) oder Einnahmenüberschussrechnung (§ 4 Abs. 3 EStG)].

zu 3.

Roland und Marie Gerke:

**Ja**, beide Gesellschafter erzielen als **Mitunternehmer** einer gewerblichen Personengesellschaft Einkünfte gem. § 15 Abs. 1 Nr. 2 EStG. Zu diesen Einkünften zählen die „normale" Gewinnbeteiligung und i.d.R. alle sonstigen Vergütungen.

Ulf Gerke:

**Ja**, Ulf Gerke erzielt als **atypisch stiller Gesellschafter** ebenfalls Einkünfte gem. § 15 Abs. 1 Nr. 2 EStG. Seine gesellschaftsrechtliche Stellung geht weit über die des handelsrechtlich normierten stillen Gesellschafters (§§ 230 ff. HGB) hinaus. Er kann Mitunternehmerinitiative entfalten (umfassende Mitspracherechte). Außerdem trägt er Mitunternehmerrisiko (Verlustbeteiligung + Beteiligung an den stillen Reserven).
Seine rechtliche Stellung ist mit der eines Kommanditisten vergleichbar (vgl. auch H 15.8 „Mitunternehmerinitiative" + „Mitunternehmerrisiko" + „Stiller Gesellschafter").

Renate Gerke:

**Nein**, sie erzielt als **typisch stille Gesellschafterin** Einkünfte aus Kapitalvermögen (§ 20 Abs. 1 Nr. 4 EStG). Ihre gesellschaftsrechtliche Stellung ist mit der eines Kreditgebers vergleichbar (z. B. partiarisches Darlehen = Darlehen, bei dem die Zinsen in Form einer Gewinnbeteiligung gezahlt werden).

zu 4.

**Nein**, sie erzielen Einkünfte aus Land- und Forstwirtschaft (§ 13 Abs. 1 Nr. 1 EStG). Sie betreiben zwar eine OHG (Personengesellschaft), jedoch fehlt die Gewerblichkeit dieser Gesellschaft (§ 15 Abs. 2 EStG).

zu 5.

**Ja**, jetzt erzielen beide Gesellschafter Einkünfte gem. § 15 Abs. 1 Nr. 2 i. V. m. § 15 Abs. 3 Nr. 1 EStG.

Die gewerbliche Tätigkeit des Landmaschinenhandels „infiziert" die gesamte Betätigung der OHG als gewerblich. Der Anteil der gewerblichen Tätigkeit spielt i.d.R. keine Rolle (volle „Infektionswirkung").

zu 6.

**Ja**, beide Gesellschafterinnen erzielen Einkünfte gem. § 15 Abs. 1 Nr. 2 i. V. m. § 15 Abs. 3 Nr. 2 EStG.

Obwohl die Gesellschafterinnen eine ausschließlich landwirtschaftlich tätige Personengesellschaft (GmbH & Co. KG) betreiben, gibt die Komplementärin (GmbH) dem gesamten Unternehmen das gewerbliche Gepräge.

**FALL**

Die „Arndt & Brecht Möbelwerke OHG" erzielt in 2018 einen Handelsbilanzgewinn in Höhe von 300.000 €. Im Gesellschaftsvertrag der OHG wurde eine Gewinnverteilung i. S. d. HGB festgelegt. Frau Arndt ist mit 210.000 € und Herr Brecht mit 170.000 € an der OHG beteiligt. Herr Brecht erhält ein jährliches Geschäftsführergehalt in Höhe von 60.000 €. Außerdem erhält er für die Überlassung eines Parkplatzes eine jährliche Miete in Höhe von 4.000 €. Frau Arndt gewährt der OHG seit 2016 ein mit 7 % zu verzinsendes Fälligkeitsdarlehen in Höhe von 50.000 €. Alle Aufwendungen wurden in der Finanzbuchhaltung entsprechend den handelsrechtlichen Vorgaben als Aufwand erfasst.

a)  Ermitteln Sie den steuerlichen Gewinn der OHG.

b)  Ermitteln Sie den steuerlichen Gewinnanteil jedes Gesellschafters.

Lösung:

Hinweis: A = Arndt, B = Brecht

a) Ermittlung des steuerlichen Gewinns

|   | | | |
|---|---|---:|---:|
| | Handelsbilanzgewinn | | 300.000 € |
| + | **Sonderbetriebseinnahmen** | | |
| | Gesellschafter A (7 % von 50.000 €) | 3.500 € | |
| | Gesellschafter B (60.000 € + 4.000 €) | 64.000 € | 67.500 € |
| − | **Sonderbetriebsausgaben** | | |
| | Gesellschafter A | 0 € | |
| | Gesellschafter B | 0 € | 0 € |
| = | **steuerlicher Gewinn** (§ 15 Abs. 1 Nr. 2 EStG) | | **367.500 €** |

b) Verteilung des steuerlichen Gewinns auf die Gesellschafter

| Gesellschafter | Vorweggewinn | Kapitalverzinsung | Restgewinn | Gewinnanteil |
|---|---|---|---|---|
| A | 3.500 € | 8.400 € | 142.400 € | 154.300 € |
| B | 64.000 € | 6.800 € | 142.400 € | 213.200 € |
| | 67.500 € | 15.200 € | 284.800 € | **367.500 €** |

**FALL**

Leni Abel und Vera Blum betreiben eine Lebensmittelgroßhandlung in der Rechtsform einer KG. Die Kapitalbeteiligungen betragen 20.000 € (Abel) und 280.000 € (Blum). Frau Abel besitzt laut Gesellschaftsvertrag als Komplementärin das alleinige Geschäftsführungs- und Vertretungsrecht. Hierfür erhält sie ein jährliches Gehalt in Höhe von 75.000 €. Das Gehalt wurde in der Finanzbuchhaltung als Aufwand erfasst. Frau Blum erhält laut Gesellschaftsvertrag als Ausgleich für ihren enormen Kapitaleinsatz eine jährliche Risikoprämie in Höhe von 5 % des eingesetzten Kapitals. Dieser Betrag wurde in der Buchführung noch nicht berücksichtigt. Weitere Kapitalverzinsungen sind nicht vorgesehen. Im Übrigen entsprechen die jeweiligen Gesellschafterrechte den handelsrechtlichen Vorgaben der §§ 161 ff. HGB. Der handelsrechtliche Gewinn 2018 in Höhe von 400.000 € ist nach Abzug der Risikoprämie im Verhältnis 4 (Abel) : 6 (Blum) aufzuteilen.

a)   Ermitteln Sie den steuerlichen Gewinn der KG.

b)   Ermitteln Sie den steuerlichen Gewinnanteil jedes Gesellschafters

Lösung:

Hinweis: A = Abel, B = Blum

a) Ermittlung des steuerlichen Gewinns

|   | | | |
|---|---|---|---|
| | Handelsbilanzgewinn | | 400.000 € |
| + | **Sonderbetriebseinnahmen** | | |
| | Gesellschafter A | 75.000 € | |
| | Gesellschafter B | 0 € | 75.000 € |
| – | **Sonderbetriebsausgaben** | | |
| | Gesellschafter A | 0 € | |
| | Gesellschafter B | 0 € | 0 € |
| = | **steuerlicher Gewinn** (§ 15 Abs. 1 Nr. 2 EStG) | | **475.000 €** |

b) Verteilung des steuerlichen Gewinns auf die Gesellschafter

| Gesellschafter | Vorweggewinn | Kapitalverzinsung | Restgewinn | Gewinnanteil |
|---|---|---|---|---|
| A | 75.000 € | 0 € | 154.400 € | 229.400 € |
| B | 0 € | 14.000 € | 231.600 € | 245.600 € |
| | 75.000 € | 14.000 € | 386.000 € | **475.000 €** |

**FALL**

Gewerbetreibender Leo Sachs hat im Januar 2018 die folgenden selbständig nutzungsfähigen Wirtschaftsgüter des beweglichen abnutzbaren Anlagevermögens angeschafft:

| | | | | | |
|---|---|---|---|---|---|
| Wirtschaftsgut A: | Anschaffungskosten | 1.200 €, | Nutzungsdauer (ND) | 8 Jahre, |
| Wirtschaftsgut B: | Anschaffungskosten | 900 €, | Nutzungsdauer (ND) | 3 Jahre, |
| Wirtschaftsgut C: | Anschaffungskosten | 840 €, | Nutzungsdauer (ND) | 6 Jahre, |
| Wirtschaftsgut D: | Anschaffungskosten | 140 €, | Nutzungsdauer (ND) | 4 Jahre, |
| Wirtschaftsgut E: | Anschaffungskosten | 910 €, | Nutzungsdauer (ND) | 7 Jahre. |

Weitere Anschaffungen wurden in 2018 nicht getätigt. § 7g EStG ist nicht anwendbar
Herr Sachs möchte die neuen Wirtschaftsgüter in 2018 steuerrechtlich möglichst hoch abschreiben.

Wie wird Herr Sachs die neuen Wirtschaftsgüter abschreiben?

Lösung:

Die folgende Tabelle stellt die grundsätzlichen AfA-Alternativen mit ihren jeweiligen Auswirkungen auf den Betriebsausgabenabzug dar.

| Wirtschaftsgut (WG) | Sofort-AfA | AfA über ND | Pool-AfA |
|---|---|---|---|
| A | — | 150 €* | — |
| B | — | 300 €* | 180 € |
| C | — | 140 €* | 168 € |
| D | 140 €* | 35 € | — |
| E | — | 130 €* | 182 € |

WG A (AK > 1.000 €) und WG D (AK < 250 €) fallen nicht unter das Gebot der einheitlichen Ausübung des AfA-Wahlrechts während eines Wirtschaftsjahres.
Die WG B, C und E fallen hingegen unter das „Einheitlichkeitsgebot", da ihre AK über 250 € liegen und 1.000 € nicht übersteigen (§ 6 Abs. 2a Satz 5 EStG).
Möchte Herr Sachs z. B. beim WG B eine AfA über die ND vornehmen, so muss er die WG C und E ebenfalls über die ND abschreiben. Möchte er z. B. das WG E in einen Sammelposten einstellen, so muss er die WG B und C ebenfalls in den Sammelposten einstellen.
Aufgrund des „Einheitlichkeitsgebotes" sollte sich Herr Sachs in der vorliegenden Situation für eine AfA über die ND bei allen Wirtschaftsgütern mit AK über 250 € bis max. 1.000 € entscheiden. Die Entscheidung führt zu einem maximalen Betriebsausgabenabzug (vgl. die mit einem * markierten AfA-Beträge).

## FALL

Erzielen die Beteiligten bei den Fällen 1 bis 8 Einkünfte aus selbständiger Arbeit i.S.d. § 18 EStG?

Begründen Sie Ihre Antwort unter Hinweis auf die Rechtsgrundlagen.

1.  Dr. med. Jürgen Noll betreibt in München eine Arztpraxis.

2.  Dr. Ina Grill betreibt in Köln eine Apotheke.

3.  Vera Bendel betreibt in Olpe eine Tanzschule.

4.  Carla Ritter betreibt in Kiel ein Gymnastikstudio. Sie erteilt persönlich diverse Fitness- und Entspannungskurse. An Gerätschaften sind Matten, Bälle und Bänder vorhanden. Größere Fitnessgeräte gehören nicht zu ihrer Ausstattung.

5.  Arnold Schwarzenberger betreibt in Berlin ein Fitnessstudio mit allen hierfür erforderlichen Gerätschaften. Er erstellt für seine Kunden Trainingspläne, betreut sie in der Anfangsphase persönlich und führt bei Bedarf Beratungsgespräche durch. Die fortgeschrittenen Kunden trainieren in Eigenregie nach vorgegebenen oder selbst erstellten Trainingsplänen.

6.  Richter Dr. Gerald Trumm, Bremen, veröffentlicht – gegen Honorar – gelegentlich Fachaufsätze in einer juristischen Fachzeitschrift. Außerdem verkauft er gelegentlich selbst erstellte Aquarelle.

7.  Diplom Handelslehrer Erwin Koch betreibt in Jena eine kaufmännische Privatschule mit 400 Schülern. Er beschäftigt 30 Lehrkräfte verschiedenster Fachrichtungen (z. B. Sprachen, Kunst, Naturwissenschaften, Betriebswirtschaft). Herr Koch leitet die Schule. Sein Unterrichtseinsatz beträgt 6 Stunden pro Woche.

8.  Kfz-Meister Hans Neiß ist in Worms als selbständiger Kfz-Sachverständiger tätig.

Lösung:

### zu 1.

**Ja**, Herr Dr. Noll erzielt Einkünfte i.S.d. § 18 Abs. 1 Nr. 1 EStG.
Er übt die selbständige Berufstätigkeit eines Arztes aus (Katalogberuf). Die hierfür erforderliche medizinische Ausbildung liegt vor.

### zu 2.

**Nein**, Frau Dr. Grill erzielt Einkünfte i.S.d. § 15 Abs. 1 Nr.1 EStG.
Der Beruf des Apothekers zählt nicht zu den Katalogberufen des § 18 Abs. 1 Nr. 1 EStG. Eine den Ärzten vergleichbare (ähnliche) Tätigkeit wird nicht ausgeübt. Frau Dr. Grills Tätigkeit besteht überwiegend in der Lieferung von Waren/Medikamenten.
Sie lindert nicht die Leiden der Kunden aufgrund einer persönlichen medizinischen Leistung.

### zu 3.

**Ja**, Frau Bendel erzielt Einkünfte i.S.d. § 18 Abs. 1 Nr. 1 EStG.
Sie übt eine selbständige unterrichtende Tätigkeit aus.

### zu 4.

**Ja**, Frau Ritter erzielt Einkünfte i.S.d. § 18 Abs. 1 Nr. 1 EStG.
Sie übt eine selbständige unterrichtende Tätigkeit aus.

zu 5.

**Nein**, Herr Schwarzenberger erzielt Einkünfte i.S.d. § 15 Abs. 1 Nr.1 EStG.
Er leitet zwar seine Kunden bei Bedarf an. Ansonsten überlässt er jedoch den Kunden die
Geräte zur freien Verfügung [keine unterrichtende Tätigkeit/vgl. H 15.6 (Unterrichtende
Tätigkeit) EStH].

zu 6.

Richtertätigkeit:
Herr Dr. Trumm erzielt als Beamter Einkünfte i.S.d. § 19 Abs. 1 Nr. 1 EStG.

Autorentätigkeit:
Herr Dr. Trumm erzielt als selbständiger Schriftsteller Einkünfte i.S.d. § 18 Abs. 1 Nr. 1
EStG. Selbst eine einmalige Veröffentlichung führt zum gleichen Ergebnis, wenn davon
auszugehen ist, dass bei einer erneuten Gelegenheit die Tätigkeit wiederholt wird.

Künstlertätigkeit:
Grundsätzlich erzielt Herr Dr. Trumm als Künstler Einkünfte i.S.d. § 18 Abs. 1 Nr. 1 EStG.
Es wäre jedoch zu prüfen, ob das Kriterium der Gewinnerzielungsabsicht (bezogen auf
die Totalperiode) erfüllt ist. In vielen Fällen wird eine steuerlich unbeachtliche Liebhaberei
vorliegen (insbesondere, wenn die Aufwendungen die Einnahmen dauerhaft übersteigen).
Laut Rechtsprechung handelt es sich dann lediglich um ein vom wirtschaftlichen Erfolg
unabhängiges Hobby [z.B. BFH v. 14.07.2003, BStBl II 2003, S. 804/vgl. auch H 15.3
(Abgrenzung der Gewinnerzielungsabsicht zur Liebhaberei) EStH]

zu 7.

**Nein**, Herr Koch erzielt Einkünfte i.S.d. § 15 Abs. 1 Nr.1 EStG.
Herr Koch leitet zwar die Schule eigenverantwortlich. Seine unterrichtliche Tätigkeit tritt
jedoch aufgrund des enormen Verwaltungsaufwandes und der geringen eigenen Unter-
richtszeit in den Hintergrund. Eine inhaltliche Mitgestaltung des fachfremden Unterrichts
ist i.d.R. nicht möglich [vgl. H 15.6 (Mithilfe anderer Personen) EStH].

zu 8.

Im vorliegenden Fall müssten die Gesamtumstände des Einzelfalles genau geprüft werden.
Herr Neiß kann sowohl Einkünfte i.S.d. § 18 Abs. 1 Nr. 1 EStG als auch Einkünfte i.S.d.
§ 15 Abs. 1 Nr.1 EStG erzielen. Fraglich ist, ob er einen dem Katalogberuf des Ingenieurs
ähnlichen selbständigen Beruf ausübt. Zur Klärung dieser Frage hat die Rechtsprechung die
folgenden Kriterien entwickelt [vgl. H 15.6 (Ähnliche Berufe) EStH]:

1. **Liegt eine vergleichbare Ausbildung bzw. vergleichbares Fachwissen vor?**
   Das Fachwissen kann in einer formalen Ausbildung, im Rahmen eines Selbststudiums
   oder aufgrund praktischer Tätigkeit erworben worden sein (z.B. besonders anspruchs-
   volle Tätigkeit). Ein Nachweis ist für Herrn Neiß jedoch zwingend erforderlich.

2. **Ist das Niveau der beruflichen Tätigkeit vergleichbar?**
   Herr Neiß muss nachweisen, dass seine Tätigkeit mit der einer Ingenieurstätigkeit
   hinsichtlich des Schwierigkeitsgrades vergleichbar ist. Die bloße Umsetzung seiner
   praktischen Erfahrungen aufgrund seiner Meistertätigkeit reicht nicht aus.

[Vgl. auch H 15.6 (Abgrenzung selbständige Arbeit/Gewerbebetrieb - insbesondere
Buchstaben a + b jeweils Kfz-Sachverständiger)]

**FALL**

Der Arbeitnehmer Klaus Schmitz, Köln, fährt mit der U-Bahn zu seiner ersten Tätigkeitsstätte. Einschließlich der Fußwege beträgt die zurückgelegte Entfernung 15,4 km. Die kürzeste Straßenverbindung beträgt 10,8 km.

Bestimmen Sie die maßgebliche Entfernung zwischen Wohnung und erster Tätigkeitsstätte.

Lösung:

Für die Ermittlung der Entfernungspauschale ist die kürzeste Straßenverbindung von **10 km** (vollen km) anzusetzen (§ 9 Abs. 1 Nr. 4 Satz 4 EStG). Allerdings können Aufwendungen für die Benutzung öffentlicher Verkehrsmittel auch angesetzt werden, soweit sie den im Kalenderjahr insgesamt als Entfernungspauschale abziehbaren Betrag überschreiten (§ 9 Abs. 2 Satz 2 EStG).

**FALL**

Der Arbeitnehmer Franz Klein, St. Goarshausen, wohnt am Rhein und hat seine erste Tätigkeitsstätte auf der anderen Flussseite in St. Goar. Die Entfernung zwischen Wohnung und erster Tätigkeitsstätte beträgt über die nächste Brücke 80 km und bei Benutzung der Autofähre 9 km (inkl. Fährstrecke). Die Fährstrecke beträgt 0,6 km, die Fährkosten betragen 650 € jährlich.

Bestimmen Sie die maßgebliche Entfernung zwischen Wohnung und erster Tätigkeitsstätte.

Lösung:

Für die Ermittlung der Entfernungspauschale ist eine Entfernung von **8 km** (9 km – 0,6 km = 8 volle km) anzusetzen.
Weil die Fährstrecke bei der Ermittlung der Entfernungspauschale abgezogen wird, können neben der Entfernungspauschale die Fährkosten in Höhe von 650 € berücksichtigt werden.

**FALL**

Ermitteln Sie bei den Sachverhalten 1 und 2 die Höhe der Entfernungspauschale für die Wege zwischen Wohnung und erster Tätigkeitsstätte.

1.  Bei einer aus drei Arbeitnehmern bestehenden wechselseitigen Fahrgemeinschaft beträgt die Entfernung zwischen Wohnung und erster Tätigkeitsstätte für jeden Arbeitnehmer 100 km. Bei tatsächlichen 210 Arbeitstagen benutzt jeder Arbeitnehmer seinen eigenen Kraftwagen an 70 Tagen für die Fahrten zwischen Wohnung und erster Tätigkeitsstätte.

2.  Ein Arbeitnehmer fährt an 220 Arbeitstagen im Jahr mit dem eigenen Kraftwagen 30 km zur nächsten Bahnstation und von dort 100 km mit der Bahn zur ersten Tätigkeitsstätte. Die kürzeste maßgebende Entfernung (Straßenverbindung) beträgt 100 km. Die Aufwendungen für die Bahnfahrten betragen 2.160 € (monatlich 180 € x 12 = 2.160 € im Jahr).

Lösung:

<u>zu 1.</u>

Die Entfernungspauschale ist für jeden Teilnehmer der Fahrgemeinschaft wie folgt zu ermitteln:

Zunächst ist die Entfernungspauschale für die Fahrten und Tage zu ermitteln, an denen der Arbeitnehmer mitgenommen wurde:

| | |
|---|---:|
| 140 Arbeitstage x 100 km x 0,30 Euro = | 4.200 € |

(Höchstbetrag von 4.500 Euro ist nicht überschritten)

Anschließend ist die Entfernungspauschale für die Fahrten und Tage zu ermitteln, an denen der Arbeitnehmer seinen eigenen Kraftwagen benutzt hat:

| | |
|---|---:|
| 70 Arbeitstage x 100 km x 0,30 Euro = | 2.100 € |
| abziehbar (unbegrenzt) | |
| anzusetzende Entfernungspauschale = | **6.300 €** |

Setzt bei einer Fahrgemeinschaft nur ein Teilnehmer seinen Kraftwagen ein, kann er die Entfernungspauschale **ohne** Begrenzung auf den Höchstbetrag von 4.500 Euro für seine Entfernung zwischen Wohnung und erster Tätigkeitsstätte geltend machen; eine Umwegstrecke zum Abholen der Mitfahrer ist nicht in die Entfernungspauschale einzubeziehen. Bei den Mitfahrern wird gleichfalls die Entfernungspauschale angesetzt, allerdings bei ihnen begrenzt auf den Höchstbetrag von 4.500 Euro.

<u>zu 2.</u>

Von der maßgebenden Entfernung von 100 km entfällt eine Teilstrecke von 30 km auf Fahrten mit dem eigenen Kraftwagen, sodass sich hierfür eine Entfernungspauschale von 220 Arbeitstagen x 30 km x 0,30 Euro = 1.980 € ergibt. Für die verbleibende Teilstrecke mit der Bahn von 70 km (100 km – 30 km) errechnet sich eine Entfernungspauschale von 220 Arbeitstagen x 70 km x 0,30 Euro = 4.620 €. Hierfür ist der Höchstbetrag von 4.500 Euro anzusetzen, sodass sich eine insgesamt anzusetzende Entfernungspauschale von **6.480 €** (1.980 € + 4.500 €) ergibt. Die tatsächlichen Aufwendungen für die Bahnfahrten in Höhe von 2.160 € bleiben unberücksichtigt, weil sie unterhalb der insoweit anzusetzenden Entfernungspauschale liegen.

Josef Müller ist seit 1993 mit Gisela geb. Maier verheiratet. Beide wohnen seit 1993 in Essen. Die Eheleute wählen die Zusammenveranlagung.

Josef Müller war 2018 als Lagerarbeiter bei einer Speditionsfirma beschäftigt. Sein Bruttoarbeitslohn betrug 34.700 €.

Seine Frau erzielte im Kalenderjahr 2018 als angestellte Friseurin einen Bruttoarbeitslohn von 28.300 €.

Bei der Ermittlung der Einkünfte ist Folgendes zu berücksichtigen:

1. Die Ehefrau erhält als Friseurin regelmäßig Trinkgelder. Ihre Trinkgelder haben im Kalenderjahr 2018 insgesamt 1.775 € betragen. Dieser Betrag ist im Brutto ohn nicht enthalten. Ein Rechtsanspruch auf die Trinkgelder besteht nicht.

2. Der Ehemann fuhr an 216 Tagen mit seinem eigenen Pkw von seiner Wohnung zu seiner ersten Tätigkeitsstätte. Die kürzeste Straßenverbindung beträgt 15,8 km.

3. Die Ehefrau fuhr mit einem öffentlichen Verkehrsmittel von ihrer Wohnung zu ihrer ersten Tätigkeitsstätte. Die Fahrtkosten haben im VZ 2018 300 € betragen

4. Beim Ehemann wurden bisher jährlich 150 € und bei der Ehefrau jährlich 170 € für typische Berufskleidung als Werbungskosten anerkannt. In 2018 ist davon auszugehen, dass diese Beträge ebenfalls anerkannt werden. Entsprechende Belege liegen vor.

5. Der Nettolohn des Herrn Müller wird monatlich durch Bank überwiesen, während der Nettolohn der Frau Müller bar ausgezahlt wird.

6. Wie hoch sind die Einkünfte der Eheleute Müller aus nichtselbständiger Arbeit im VZ 2018?

Lösung:

| | | | EM € | EF € | gesamt € |
|---|---|---|---|---|---|
| **Einkünfte aus nichtselbständiger Arbeit** (§ 19) | | | | | |
| Ehemann: | | | | | |
| steuerpflichtige Einnahmen | | 34.700 € | | | |
| − nachgewiesene WK | 972 € * | | | | |
| | 150 € | | | | |
| | 16 € | 1.138 € | 33.562 | | |
| Ehefrau: | | | | | |
| Arbeitslohn | | 28.300 € | | | |
| + Trinkgelder (steuerfrei) | | 1.775 € | | | |
| steuerbare Einnahmen | | 30.075 € | | | |
| − steuerfreie § 3 Nr. 51 EStG | | − 1.775 € | | | |
| steuerpflichtige Einnahmen | | 28.300 € | | | |
| − Arbeitnehmer-Pauschbetrag | | − 1.000 € | | 27.300 | **60.862** |

* Fahrtkosten: 216 Arbeitstage x 15 (volle) km x 0,30 Euro = 972 €

Studienrat Scholz wird zum 1. Oktober 2018 (65. Lebensjahr am 30. September 2018 vollendet) pensioniert. Er bezog bis zum 30. September ein Gehalt in Höhe von brutto 31.500 €. Die Pension für die Monate Oktober bis Dezember beträgt brutto 7.875 €. Herr Scholz kann die in diesem Jahr angefallenen Werbungskosten nicht belegmäßig nachweisen.

Ermitteln Sie die Einkünfte aus nichtselbständiger Arbeit für den VZ 2018. Nennen Sie die Rechtsquellen.

Lösung:

| | | € | | € |
|---|---|---|---|---|
| (a) | Bruttogehalt<br>§8 Abs. 1 EStG | 31.500 | | |
| − | Werbungskostenpauschbetrag<br>§9a Satz 1 Nr. 1a EStG | − 1.000 | | |
| = | Einkünfte aus aktivem Dienstverhältnis<br>§19 Abs. 1 Nr. 1 EStG | = 30.500 | → | 30.500 |
| (b) | Bruttopension (Versorgungsbezüge)<br>§8 Abs. 1 EStG | 7.875 | | |
| − | Versorgungsfreibetrag §19 Abs. 2 EStG<br>19,2 % v. (12 x 2.625,00*); max. 1.440 Euro<br>[für 3 Monate (³⁄₁₂), §19 Abs. 2 Satz 12 EStG] | − 360 | | |
| − | Zuschlag zum Versorgungsfreibetrag<br>§19 Abs. 2 EStG (max. 432 Euro)<br>[für 3 Monate (³⁄₁₂), §19 Abs. 2 Satz 12 EStG] | − 108 | | |
| − | Werbungskostenpauschbetrag<br>§9a Satz 1 Nr. 1b EStG | − 102 | | |
| = | Einkünfte aus früherem Dienstverhältnis<br>§19 Abs. 1 Nr. 2 EStG | = 7.305 | → | 7.305 |
| | Einkünfte aus nichtselbständiger Arbeit | | | **37.805** |

* 2.625,00 € (7.875 € : 3) = 1. Versorgungsbezug bei Pensionsbeginn (§19 Abs. 2 Satz 4 Buchst. b EStG).

## FALL

Oberstudienrat Gabriel hat im Laufe des Jahres die folgenden Sachverhalte für die Einkommensteuererklärung 2018 notiert (alles Bruttowerte):

- 10. Januar: Jahresbeitrag der Lehrergewerkschaft GEW 240 €
- 25. Februar: PC mit Maus und Tastatur 928 €/Bildschirm 348 €
- 10. November: Kopiergerät 475,60 €
- 15. Dezember: Schreibwaren 139,20 €
- Abonnement der regionalen Tageszeitung: 200 € pro Jahr
- 190 Fahrten Wohnung – Schule (Entfernung 28,8 km)
- Abeitszimmer (20 m²) in seinem neuen Einfamilienhaus (160 m²/3 Jahre alt). Die Herstellungskosten betrugen 250.000 €. Im Kalenderjahr wurden Schuldzinsen in Höhe von 11.000 € gezahlt. Die laufenden Kosten (z. B. Gebäudeversicherung, Strom, Gas) betrugen für das Kalenderjahr insgesamt 3.000 €. Für das Arbeitszimmer wurde ein neuer Schreibtisch (brutto 348 €) und ein Bürostuhl (brutto 174 €) angeschafft. Herr Gabriel steht für seine berufliche Tätigkeit an der Schule kein anderer Arbeitsplatz zur Verfügung.

Ermitteln Sie die Werbungskosten des Herrn Gabriel für den VZ 2018. Herr Gabriel möchte möglichst hohe Werbungskosten ansetzen. Die Arbeitsmittel werden unbestritten fast ausschließlich beruflich genutzt.

Lösung:

| Werbungskosten § 9 Abs. 1 EStG | € |
|---|---|
| Gewerkschaftsbeiträge § 9 Abs. 1 Nr. 3 EStG | 240,00 |
| + PC, Maus + Tastatur/Bildschirm § 9 Abs. 1 Nr. 6 EStG <br> Der Bildschirm stellt kein GWG i.S.d. § 6 Abs. 2 EStG dar (nicht selbständig nutzbar). Ansatz der anteiligen Jahres-AfA für 11 Monate (1.276,00 € : 3 Jahre x $^{11}/_{12}$) § 9 Abs. 1 Nr. 7 i.V.m. § 7 Abs. 1 EStG | 389,89 |
| + Kopiergerät (GWG i.S.d. § 6 Abs. 2 EStG, da Nettoanschaffungskosten = unter 800 Euro) § 9 Abs. 1 Nr. 6 + 7 EStG | 475,60 |
| + Schreibwaren § 9 Abs. 1 Nr. 6 EStG | 139,20 |
| + Schreibtisch/Bürostuhl stellen Arbeitsmittel dar (GWG i.S.d. § 6 Abs. 2 EStG, da Nettoanschaffungskosten jeweils unter = 800 Euro) § 9 Abs. 1 Nr. 6 + 7 EStG | 522,00 |
| + Tageszeitung (Kosten der privaten Lebensführung) § 12 Nr. 1 EStG, H 12.1 (Tageszeitung) EStH | 0,00 |
| + Fahrtkosten (Entfernungspauschale) § 9 Abs. 1 Nr. 4 EStG (190 x 28 km x 0,30 €), auf volle km abrunden | 1.596,00 |
| + Arbeitszimmer* | 1.250,00 |
| + Kontoführung (Ansatz ohne Einzelnachweis) | 16,00 |
| = Werbungskosten 2018 | **4.628,69** |

\* Das häusliche Arbeitszimmer ist lt. § 9 Abs. 5 i.V.m. § 4 Abs. 5 Nr. 6b EStG abziehbar.
12,5 % (20 : 160 x 100) der Hausaufwendungen sind grundsätzlich als WK abziehbar
[(2 % AfA = 5.000 € + 11.000 € + 3.000 €) x 12,5 % = 2.375 €, max. **1.250 Euro**].

**FALL**

Ein Angestellter erhält sein Gehalt im Voraus. Das Januargehalt 2018 wird bereits am 30. Dez. 2017 überwiesen. Das nicht regelmäßig gezahlte Weihnachtsgeld 2018 wird mit dem Dezembergehalt 2018 hingegen erst am 10. Jan. 2019 überwiesen.

In welchem Veranlagungszeitraum sind die Gehaltsbestandteile zu versteuern?

Lösung:

- Januargehalt 2018 ➔ Zufluss 2018 (§ 11 Abs. 1 Satz 4 i. V. m. § 38a Abs. 1 Satz 2 EStG)
- Dezembergehalt 2018 ➔ Zufluss 2018 (Quelle s. o.)
- Weihnachtsgeld 2018 ➔ Zufluss 2019 (§ 11 Abs. 1 Satz 4 i. V. m. § 38a Abs. 1 Satz 3 EStG und R 38.2 Abs. 2 LStR 2015)

**FALL**

Frau Peters ist angestellte Finanzleiterin eines Möbelhauses. In 2018 hat sie ein Bruttogehalt in Höhe von 42.000 € (12 Monatsgehälter ohne Sonderzahlungen) bezogen. Im Juni hat sie von ihrem Arbeitgeber eine Küche mit einem Preisnachlass in Höhe von 20 % erhalten. Der Hauspreis (= Angebotspreis für Endabnehmer) betrug brutto 17.400 €. Im Juli zahlte der Arbeitgeber ein Urlaubsgeld in Höhe von 500 €. Das im November ausgezahlte Weihnachtsgeld betrug 1.000 €. Frau Peters erhielt anlässlich ihrer Hochzeit im Februar eine „Heiratsbeihilfe" in Höhe von 350 €. Frau Peters besuchte im August den EDV-Kurs „Fibu für Profis". Die Kursgebühr in Höhe von 580 € übernahm der Arbeitgeber. Reisekosten (Entfernung: 90 km/Fahrt mit dem Privatwagen/Abwesenheit: 14,5 Stunden/Parkgebühren: 10 €) wurden nicht erstattet. Frau Peters fährt an 220 Tagen zur 5 km entfernten ersten Tätigkeitsstätte. Im Mai verursachte Frau Peters während der Fahrt zur Arbeit einen Verkehrsunfall. Der Schaden an ihrem Kfz beträgt laut TÜV-Gutachten 2.100 € (es erfolgt keine Erstattung von dritter Seite).

Ermitteln Sie die Einkünfte aus nichtselbständiger Arbeit für den VZ 2018 (Rechtsquellen).

Lösung:

1. Ermittlung der steuerpflichtigen Einnahmen:

|   |   | € |
|---|---|---:|
|   | Bruttogehalt | 42.000 |
| + | Heiratsbeihilfe (nicht steuerfrei) | 350 |
| + | geldwerter Vorteil Küchen-Kauf* | 1.704 |
| + | Urlaubsgeld | 500 |
| + | Weihnachtsgeld | 1.000 |
| = | steuerpflichtige Einnahmen i. S. d. § 8 EStG | **45.554** |

Beim EDV-Kurs „Fibu für Profis" liegt kein geldwerter Vorteil vor, da er im überwiegenden betrieblichen Interesse des Arbeitgebers liegt.

| * Nebenrechnung: Geldwerter Vorteil Küchen-Kauf (§ 8 Abs. 3 EStG) | € |
|---|---|
| Listenpreis | 17.400 |
| − 4 %-Abschlag | 696 |
| = geminderter Listenpreis | 16.704 |
| − gezahlter Kaufpreis (80 % x 17.400 €) | 13.920 |
| = Arbeitslohn | 2.784 |
| − Rabatt-Freibetrag | 1.080 |
| = steuerpflichtiger geldwerter Vorteil | **1.704** |

2. Ermittlung der Werbungskosten:

| | € |
|---|---|
| Reisekosten (Fahrtkosten/180 km x 0,30 € / R 9.5 LStR 2015 + H 9.5 Pauschale Kilometersätze LStH/Reisenebenkosten „Parkgebühren") | 64 |
| + Reisekosten (Verpflegungsmehraufwand/§ 9 Abs. 4a Satz 3 Nr. 3) | 12 |
| + Entfernungspauschale (220 x 5 x 0,30 €/§ 9 Abs. 1 Nr. 4 EStG) | 330 |
| + Unfallkosten (H. 9.10 „Unfallschäden" LStR) | 2.100 |
| + Kontoführungsgebühr (pauschal) | 16 |
| = Werbungskosten i. S. d. § 9 EStG | **2.522** |

3. Ermittlung der Einkünfte aus nichtselbständiger Arbeit:

| | € |
|---|---|
| steuerpflichtige Einnahmen (§ 8 EStG) | 45.554 |
| − Werbungskosten (§ 9 EStG) | 2.522 |
| = Einkünfte aus nichtselbständiger Arbeit (§ 19 EStG) | **43.032** |

## FALL

Frau Franz ist angestellte Friseurmeisterin. Ihr laufendes Bruttoeinkommen 2018 betrug 28.000 €. Im VZ 2018 hat Frau Franz von Kunden Trinkgelder in Höhe von 3.000 € bezogen. Auf diese Trinkgelder hat sie keinen Rechtsanspruch. Die von ihr allein getragenen Kosten des Meisterkurses beliefen sich auf 2.800 €. Sie besuchte die Schulungen an 60 Tagen (Entfernung: 20 km). Die tägliche Abwesenheit betrug 10 Stunden. An sonstigen Ausgaben (Bücher etc.) kann sie 500 € belegen. Frau Franz ist an 150 Tagen zu der 4 km entfernten ersten Tätigkeitsstätte mit dem Fahrrad gefahren. Ihre Arbeitgeberin stellt die Arbeitskleidung (Kittel) im Wert von 150 € unentgeltlich. Außerdem erhält Frau Stein jeden Monat einen Gutschein für den Kauf von Benzin, der den Betrag von 44 € nicht übersteigt.

Ermitteln Sie die Einkünfte aus nichtselbständiger Arbeit 2018 (Rechtsquellen).

Lösung:

1. Ermittlung der steuerpflichtigen Einnahmen:

Die steuerpflichtigen Einnahmen betragen 28.000 €.

Hinweise:

- Die Benzingutscheine erfüllen sämtliche Voraussetzungen für einen steuer- und sozial-versicherungsfreien Sachbezug nach § 8 Abs. 2 Satz 11 EStG:
  - Der Arbeitnehmer kann eine bestimmte Sachleistung (z. B. Benzin) beanspruchen.
  - Er hat keinen Anspruch auf Geld.
  - Ihm wird das Recht eingeräumt, die Sachleistung bei einer Tankstelle zu beziehen.
  - Der auf dem Gutschein genannte Betrag übersteigt nicht die Freigrenze von 44 EUR.
- Die von dritter Seite gezahlten Trinkgelder stellen steuerfreie Einnahmen dar (§ 3 Nr. 51 EStG).
- Die Gestellung der Arbeitskleidung stellt eine steuerfreie Einnahme dar (§ 3 Nr. 31 EStG).

2. Ermittlung der Werbungskosten:

|  | | € |
|---|---|---:|
|  | Fortbildungskosten (§ 9 Abs. 1 Satz 1 EStG) | 2.800 |
| + | Reisekosten (Fahrtkosten/60 x 40 km x 0,30 €/H 9.5 Pauschale Kilometersätze LStH) | 720 |
| + | Reisekosten (Verpflegungsmehraufwand/60 x 12 €/§ 9 Abs. 4a Satz 3 Nr. 3) | 720 |
| + | Fachliteratur (§ 9 Abs. 1 Satz 1 EStG) | 500 |
| + | Entfernungspauschale (150 x 4 x 0,30 €/§ 9 Abs. 1 Nr. 4 EStG) | 180 |
| + | Kontoführungsgebühr (pauschal) | 16 |
| = | Werbungskosten i. S. d. § 9 EStG | **4.936** |

3. Ermittlung der Einkünfte aus nichtselbständiger Arbeit:

|  | | € |
|---|---|---:|
|  | steuerpflichtige Einnahmen (§ 8 EStG) | 28.000 |
| - | Werbungskosten (§ 9 EStG) | 4.936 |
| = | Einkünfte aus nichtselbständiger Arbeit (§ 19 EStG) | **23.064** |

**FALL**

Jens Krämer, Vertriebsmitarbeiter eines Bauunternehmens aus Karlsruhe, besucht eine Messe in Düsseldorf. Zu dieser Dienstreise liegen die folgenden Daten vor:

- Reiseantritt Montag 7:00 Uhr,
- einfache Entfernung mit dem eigenen Pkw 380 km,
- Messeeintrittspreis für 2 Tage 18 €,
- 2 Fahrten mit dem Pkw Hotel-Messegelände einfache Entfernung 10 km,
- Hotelrechnung Übernachtung-Frühstück für 2 Nächte pauschal 160 €,
- Restaurantbelege (3 Mittagessen, 2 Abendessen) 110 €,
- Reiseende Mittwoch 17:30 Uhr.

a) Wie hoch sind die maximal abziehbaren Werbungskosten aus dieser Dienstreise, wenn der Arbeitgeber keine Reisekostenerstattung vornimmt?

b) Wie viel Euro kann der Arbeitgeber Herrn Krämer maximal steuer- und sozialversicherungsfrei erstatten?

c) Welche steuer- und sozialversicherungsrechtlichen Folgen hätte eine Erstattung der tatsächlichen Verpflegungskosten in Höhe von 110 €?

d) Mit welcher Gestaltung könnte der Arbeitgeber die negativen Folgen aus Teilaufgabe c) abschwächen?

Lösung:

### zu a)

**Ermittlung der als Werbekosten abziehbaren Reisekosten:**

|  | | € |
|---|---|---|
| | Verpflegungsmehraufwand (§ 9 Abs. 4a Satz 3 Nr. 1 + 2 EStG) (Mo. 17 Std. = 12 €, Di. 24 Std. = 24 €, Mi. 17,5 Std. = 12 €) | 48,00 |
| + | Fahrtkosten (R 9.5 Abs. 1 S. 5 LStR 2015) (2 x 380 km x 0,30 € + 4 x 10 km x 0,30 € | 240,00 |
| + | Übernachtungskosten (R 9.7 Abs. 1 Satz 4 LStR 2015) (160 € – 2 x 20 % v. 24 €) | 150,40 |
| + | Reisenebenkosten (R 9.8 LStR 2015) | 18,00 |
| = | Werbungskosten i.S.d. §9 EStG | **456,40** |

### zu b)

Gem. § 3 Nr. 16 EStG: **456,40 €** (dann entfällt jedoch für Herrn Krämer der Werbungskostenansatz).

### zu c)

Die Differenz aus tatsächlicher Reisekostenerstattung und maximal möglichem Werbungskostenabzug (110 € – 48 € = **62 €**) unterliegt der Steuer- und Sozialversicherungspflicht.

### zu d)

Der Arbeitgeber sollte die Mahlzeiten im Restaurant vor Reiseantritt buchen/bestellen. Als Folge läge bei Herrn Krämer ein Sachbezug i.S.d. §8 EStG in Höhe von 16,15 € vor. Die Bewertung erfolgt mittels pauschaler Sachbezugswerte 2018 (3 Mittagessen à 3,23 € + 2 Abendessen à 3,23 €). Dieser Betrag (16,15 €) unterliegt der Steuer- und Sozialversicherungspflicht. Im Gegenzug könnte der Arbeitgeber Herrn Krämer aber 48 € Verpflegungsmehraufwand steuer- und sozialversicherungsfrei erstatten (R 9.6 Abs 1 S. 3 LStR 2015). Würde der Betrag von 48 € um den Sachbezug in Höhe von 16,15 € gekürzt, d.h., es würden nur 31,85 € Verpflegungsmehraufwendungen erstattet, entfiele die Steuer- und Sozialversicherungspflicht komplett.

**FALL**

Sven Müller wird aus betrieblichen Gründen zum 1. September 2018 von Koblenz nach Düsseldorf (Entfernung 180 km) versetzt. Frau Müller wohnt mit den beiden Kindern weiterhin in Koblenz. Herr Müller mietet zum 1. September eine Zweitwohnung (50 m²) in Düsseldorf für monatlich ortsüblich 500 € + 70 € Nebenkosten an. Herr Müller fährt jede Woche am Freitag zu seiner Familie (Rückkehr 18:30 Uhr). Montags fährt er um 5:30 Uhr nach Düsseldorf. Unterstellen Sie pro Monat 4 volle Wochen (keinen Kalender verwenden). Der Umzugstransport hat 3.500 € und die Renovierung 1.300 € gekostet (Belege liegen vor). Das Mobiliar hat 10.000 € gekostet (5 Möbelstücke zu je 400 €, Rest jeweils über 1.000 €; Nutzungsdauer pauschal 10 Jahre).

Ermitteln Sie die als Werbungskosten abziehbaren Kosten der doppelten Haushaltsführung.

Lösung:

Die Tatbestandsvoraussetzungen für die Anerkennung einer doppelten Haushaltsführung liegen vor (§ 9 Abs. 1 Nr. 5 EStG).

**Ermittlung der als Werbungskosten abziehbaren Kosten der doppelten Haushaltsführung:**

|  | € |
|---|---:|
| 1. Fahrt im Rahmen der doppelten Haushaltsführung (R 9.11 Abs. 6 LStR) (180 km x 0,30 €) | 54,00 |
| + Umzugskosten (R 9.11 Abs. 9 LStR 2015) | 3.500,00 |
| + Renovierung (R 9.11 Abs. 8 LStR 2015) | 1.300,00 |
| + Kosten der Zweitwohnung (R 9.11 Abs. 8 LStR 2015) (4 x 570 €) § 9 Abs. 1 Nr. 5 Satz 4 EStG | 2.280,00 |
| + Familienheimfahrt (R 9.11 Abs. 6 LStR 2015) (4 Monate x 4 Wochen x 180 km x 0,30 €) | 864,00 |
| + Verpflegungsmehraufwand (R 9.11 Abs. 7 LStR 2015) für 3 Monate (An- und Abreisetage: 12 Wochen x 2 Tage x 12 €) (Wochenmitte: 12 Wochen x 3 Tage x 24 €) | 1.152,00 |
| + 5 Möbel bis 400 € (Vollabschreibung) | 2.000,00 |
| + Restl. Möbel über 1.000 € (AfA über 10 Jahre zeitanteilig) (8.000 € : 10 Jahre : 12 x 4) | 267,00 |
| = Werbungskosten i. S. d. § 9 EStG | **11.417,00** |

**Zusätzliche Werbungskosten könnten z. B. sein:**

- Kosten der Wohnungssuche,
- Fahrtkosten Wohnung-Arbeitsstätte in Düsseldorf.

**FALL**

Der ledige, konfessionslose Fritz Müller hat 1.000 Stück XY-Aktien in seinem Depot. Die AG zahlt in 2018 für das Kalenderjahr 2017 eine Brutto-Dividende von 4 € pro Stück. Die Kapitalanlage ist dem Privatvermögen zugeordnet.

Wie viel Euro bekommt Fritz Müller gutgeschrieben, wenn er seiner Bank keinen Freistellungsauftrag vorgelegt hat?

Lösung:

|   |   |   |
|---|---|--:|
|   | Brutto-Dividende (1.000 x 4 €) | 4.000 € |
| - | Kapitalertragsteuer (25 % von 4.000 €) | - 1.000 € |
| - | Solidaritätszuschlag (5,5 % von 1.000 €) | - 55 € |
| = | **Netto-Dividende** (Bankgutschrift) | **2.945 €** |

**FALL**

Die ledige, kirchensteuerpflichtige Maria Klein, München, hat ihrer Bank keinen Freistellungsauftrag für ihr Depot eingereicht. Sie hat gegenüber ihrer Bank Angaben zu ihrer Religionszugehörigkeit gemacht. Am 02.02.2018 erhielt Frau Klein Dividenden für 40.500 Stück Aktien der Porsche Automobil Holding SE auf ihrem Bankkonto gutgeschrieben.

Porsche schüttete in 2018 für 2017 eine Brutto-Dividende von 0,05 € pro Stück aus. Die Kapitalanlage ist dem Privatvermögen zugeordnet. Der Kirchensteuersatz in Bayern beträgt 8 %.

Wie hoch ist die Netto-Dividende der Frau Klein?

Lösung:

|   |   |   |
|---|---|--:|
|   | Brutto-Dividende (40.500 Stück x 0,05 €/Stück) | 2.025,00 € |
| - | $\text{KapESt} = \dfrac{2.025\,€ - 0}{4 + 0,08} = \dfrac{2.025\,€}{4,08} =$ | - 496,32 € |
| - | Kirchensteuer (496,32 € x 8 %) | - 39,71 € |
| - | Solidaritätszuschlag (496,32 € x 5,5 %) | - 27,30 € |
| = | **Netto-Dividende** (Bankgutschrift) | **1.461,67 €** |

Probe: 1.461,67 € : 72,1814 x 100 = **2.025 €** (siehe Lehrbuch Seiten 160 bzw. 163)

**FALL**

Die ledige, konfessionslose Lena Lamm, Köln, besitzt Aktien der Meyer AG, Köln, die sie im Privatvermögen hält. Der Dividendenanspruch vor Abzug der Steuern auf Gesellschaftsebene beträgt 3.654 €. Die Dividende wird über ihre Hausbank ausgezahlt. Frau Lamm hat ihr Freistellungsvolumen bereits bei anderen Banken voll ausgeschöpft. Die Kapitalanlage wird dem Privatvermögen zugeordnet.

a) Ermitteln Sie die Höhe der Körperschaftsteuer und des Solidaritätszuschlags auf Gesellschaftsebene.

b) Wie hoch ist Frau Lamms Dividendenanspruch vor Abzug der Steuern auf Gesellschafterebene (Bruttodividende)?

c) Wie viel Euro Kapitalertragsteuer und Solidaritätszuschlag wird die Hausbank von Frau Lamm einbehalten?

d) Ermitteln Sie die Höhe der Dividendengutschrift (Nettodividende).

e) Unterstellen Sie, dass Frau Lamm aufgrund ihrer anderen Einkünfte einem individuellen Grenzsteuersatz von 32 % unterliegt. Was würden Sie Frau Lamm bezüglich ihrer Kapitaleinkünfte empfehlen?

Lösung:

zu a) bis d):

| | | | |
|---|---|---|---:|
| Dividendenanspruch vor Steuerabzug auf Gesellschaftsebene | | | 3.654,00 € |
| - KSt ( 15 %) | **zu a)** | | - 548,10 € |
| - Soli (5,5 % d. KSt) | **zu a)** | | - 30,15 € |
| = Bruttodividende | **zu b)** | | 3.075,75 € |
| - KapESt (25 % d. Bruttodividende) | **zu c)** | | - 768,94 € |
| - Soli (5,5 % d. KapESt) | **zu c)** | | - 42,29 € |
| = Nettodividende | **zu d)** | ▼ | **2.264,52 €** |

zu e)

Frau Lamm sollte **keine Einbeziehung** ihrer Kapitaleinkünfte in die Einkommensteuerveranlagung **beantragen**, da ihr individueller Steuersatz über 25 % liegt.

**FALL**

Der ledige, konfessionslose Bert Seim, Neuwied, erhält über seine Hausbank eine Dividendengutschrift auf seinem Bankkonto in Höhe von 1.504,99 €. Einen Freistellungsauftrag hat Herr Seim nicht erteilt, da er sein Freistellungsvolumen bereits bei anderen Banken voll ausgeschöpft hat. Die Kapitalanlage gehört zum Privatvermögen.

a) Ermitteln Sie die Höhe der Bruttodividende (Dividende vor Steuerabzug auf Gesellschafterebene).

b) Ermitteln Sie die Höhe der Körperschaftsteuer und des Solidaritätszuschlags auf Gesellschaftsebene.

c) Ermitteln Sie die Höhe der von der Hausbank einbehaltenen Kapitalertragsteuer und die Höhe des einbehaltenen Solidaritätszuschlags.

d) Wie viel Euro Gewinn muss die Gesellschaft zur Ausschüttung bereitstellen, damit Herr Seim eine Dividendengutschrift von 1.504,99 € erhalten kann?

e) Unterstellen Sie, dass Herr Seim aufgrund seiner anderen Einkünfte einem individuellen Grenzsteuersatz von 18 % unterliegt. Was würden Sie Herrn Seim bezüglich seiner Kapitaleinkünfte empfehlen?

Lösung:

zu a) bis d):

|  |  |  |
|---|---|---|
| Dividendenanspruch vor Steuerabzug auf Gesellschaftsebene (100 %) | **zu d)** | ▲   **2.428,43 €** |
| −  KSt (15 %) | **zu b)** | −  364,27 € |
| −  Soli (5,5 % d. KSt) | zu b) | −  20,03 € |
| =  Bruttodividende (100 %/84,175 %) | **zu a)** | 2.044,13 € |
| −  KapESt (25 % d. Bruttodividende) | **zu c)** | −  511,03 € |
| −  Soli (5,5 % d. KapESt) | zu c) | −  28,11 € |
| =  Nettodividende (73,625 %) |  | 1.504,99 € |

zu e)

Herr Seim sollte **eine Einbeziehung** seiner Kapitaleinkünfte in die Einkommensteuerveranlagung **beantragen**, da sein individueller Steuersatz unter 25 % liegt.

**FALL**

Sachverhalt wie im Fall auf Seite 158 mit dem Unterschied, dass Frau Lamm ihrer Hausbank einen Freistellungsauftrag in maximaler Höhe erteilt hat.

a) Ermitteln Sie die Höhe der Körperschaftsteuer und des Solidaritätszuschlags auf Gesellschaftsebene.

b) Wie hoch ist Frau Lamms Dividendenanspruch vor Abzug der Steuern auf Gesellschafterebene (Bruttodividende)?

c) Wie viel Euro Kapitalertragsteuer und Solidaritätszuschlag wird die Hausbank von Frau Lamm einbehalten?

d) Ermitteln Sie die Höhe der Dividendengutschrift (Nettodividende).

e) Unterstellen Sie, dass Frau Lamm aufgrund ihrer anderen Einkünfte einem individuellen Grenzsteuersatz von 32 % unterliegt. Was würden Sie Frau Lamm bezüglich ihrer Kapitaleinkünfte empfehlen?

Lösung:

**zu a) bis d):**

|  |  |  |
|---|---|---:|
| Dividendenanspruch **vor** Steuerabzug auf Gesellschaftsebene |  | 3.654,00 € |
| − KSt (15 % von 3.645 €) | zu a) | − 548,10 € |
| − Soli (5,5 % von 548,10 €) | zu a) | − 30,15 € |
| = Bruttodividende | zu b) | 3.075,75 € |
| − Freistellungsauftrag |  | − 801,00 € |
| = Bemessungsgrundlage für Abgeltungst. |  | 2.274,75 € |
| Bruttodividende |  | 3.075,75 € |
| − KapESt (25 % von 2.274,75 €) | zu c) | − 568,69 € |
| − Soli (5,5 % von 568,69 €) | zu c) | − 31,28 € |
| = Nettodividende | zu d) | **2.475,78 €** |

**zu e)**

Frau Lamm sollte **keine Einbeziehung** ihrer Kapitaleinkünfte in die Einkommensteuerveranlagung **beantragen**, da ihr individueller Steuersatz über 25 % liegt.

**FALL**

Am 20. Juni 2008 erwarb Sophie Vogel, konfessionslos, Bonn, über ihre Hausbank in Bonn 80 Aktien der Schilling AG, München. Der Kurswert einer Aktie betrug 120 €. Frau Vogel zahlte für diese Transaktion 1 % Bankgebühren. Am 30. September 2018 verkaufte Frau Vogel diese Aktien über ihre Hausbank zu einem Kurs von 165 € pro Aktie. Die Verkaufsgebühren betrugen wiederum 1 %. Unterstellen Sie, dass Frau Vogel die maximale Höhe ihres Freistellungsvolumens bereits bei anderen Banken ausgeschöpft hat.

Beurteilen Sie den Sachverhalt aus einkommensteuerlicher Sicht.

Lösung:

> Frau Vogel **erwarb** die Aktien **vor dem 1. Januar 2009**, d.h., die **alte** Gesetzeslage zur **Abgeltungsteuer** ist hier **anzuwenden**. Frau Vogel hatte die Aktien länger als 1 Jahr in ihrem Eigentum. Die **Spekulationsfrist** des § 23 Abs. 1 Satz 1 Nr. 2 EStG a. F. wurde **überschritten**. Der erzielte **Veräußerungsgewinn** wird **nicht besteuert**.

**FALL**

Sachverhalt wie im Fall oben mit dem Unterschied, dass Frau Vogel die Aktien am 07.02.2016 erwarb.

Beurteilen Sie den Sachverhalt aus einkommensteuerlicher Sicht.

Lösung:

> Frau Vogel **erwarb** die Aktien **nach dem 31. Dezember 2008**, d.h., die aktuelle Gesetzeslage zur **Abgeltungsteuer** ist hier **anzuwenden**. Der erzielte **Veräußerungsgewinn** zählt zu den Einkünften aus Kapitalvermögen und unterliegt der Abgeltungsteuer (§ 20 Abs. 2 Nr. 1 EStG).
>
> | | |
> |---|---:|
> | Veräußerungserlös abzüglich Gebühren (80 x 165 € = 13.200 € − 132 €) | 13.068,00 € |
> | − Anschaffungskosten zuzüglich Gebühren (80 x 120 € = 9.600 € + 96 €) | − 9.696,00 € |
> | = Veräußerungsgewinn (Einkünfte aus Kapitalvermögen) | 3.372,00 € |
> | − KapESt (25 % von 3.372 €) | − 843,00 € |
> | − Soli (5,5 % von 843 €) | − 46,37 € |
> | = Bankgutschrift | **2.482,63 €** |

**FALL**

Am 21. März 2018 erwarb Sophie Vogel, konfessionslos, Bonn, über ihre Hausbank in Bonn festverzinsliche Wertpapiere für 8.000 €. Frau Vogel zahlte für diese Transaktion 1 % Bankgebühren. Am 30. September 2018 verkaufte Frau Vogel diese Wertpapiere über ihre Hausbank zu einem Kurs von 10.000 €. Die Verkaufsgebühren betrugen wiederum 1 %. Außerdem vereinnahmte sie Stückzinsen vor Abzug von Steuern in Höhe von 180 €. Unterstellen Sie, dass Frau Vogel die maximale Höhe ihres Freistellungsvolumens bereits bei anderen Banken ausgeschöpft hat.

Beurteilen Sie den Sachverhalt aus einkommensteuerlicher Sicht.

Lösung:

Frau Vogel **erwarb** die Wertpapiere **nach dem 31. Dezember 2008**, d.h., die **aktuelle** Gesetzeslage zur **Abgeltungsteuer** ist hier **anzuwenden**. Der erzielte **Veräußerungsgewinn (inkl. der Stückzinsen)** zählt zu den Einkünften aus Kapitalvermögen und unterliegt der Abgeltungsteuer (§ 20 Abs. 2 Nr. 7 EStG).

|  | Veräußerungserlös abzüglich Gebühren (10.000 € - 100 €) | 9.900,00 € |
|---|---|---|
| + | vereinnahmte Stückzinsen | + 180,00 € |
| - | Anschaffungskosten zuzüglich Gebühren (8.000 € + 80 €) | -8.080,00 € |
| = | Veräußerungsgewinn (Einkünfte aus Kapitalvermögen) | 2.000,00 € |
| - | KapESt (25 % von 2.000 €) | - 500,00 € |
| - | Soli (5,5 % von 500 €) | - 27,50 € |
| = | Bankgutschrift | **1.472,50 €** |

**FALL**

Sophie Vogel, Bonn, konfessionslos, erzielte Einnahmen von Aktien der Schilling AG, München, die sie bei der Hausbank in Bonn in ihrem Depot in Girosammelverwaltung hielt:

| Zeitpunkt des Erwerbs bzw. der Veräußerung | Anzahl der Aktien der Schilling AG | Erwerb bzw. Veräußerung | Anschaffungskosten bzw. Veräußerungspreis (VP) |
|---|---|---|---|
| 21.06.2018 | 80 | Erwerb | AK: 120 €/Stück |
| 30.06.2018 | 30 | Erwerb | AK: 130 €/Stück |
| 03.08.2018 | 20 | Erwerb | AK: 100 €/Stück |
| **30.09.2018** | **20** | **Veräußerung** | **VP: 165 €/Stück** |

Frau Vogel zahlte bei jeder Transaktion (Erwerb/Veräußerung) 1 % Bankgebühren, die nicht in den Anschaffungskosten bzw. in dem Veräußerungspreis enthalten sind.

Frau Vogel hat die maximale Höhe ihres Freistellungsvolumens bereits bei einer anderen Bank ausgeschöpft.

Führt die Veräußerung des Jahres 2018 zu Einkünften aus Kapitalvermögen?

Lösung:

Frau Vogel **erwarb** alle Aktien **nach dem 31. Dezember 2008**, d.h., die aktuelle Gesetzeslage zur **Abgeltungsteuer** ist hier **anzuwenden**. Der erzielte **Veräußerungsgewinn** zählt zu den Einkünften aus Kapitalvermögen und unterliegt der Abgeltungsteuer (§ 20 Abs. 2 Nr. 1 EStG). Zu beachten ist, dass Frau Vogel die Wertpapiere zur **Sammelverwahrung** in einem Depot ihrer Hausbank hinterlegt hat. Nach § 20 Abs. 4 S. 7 EStG gilt in diesen Fällen das **Fifo-Verfahren** (first-in-first-out), d.h., die 20 verkauften Aktien stammen aus dem Einkaufsbestand vom **21.06.2018**.

| | |
|---|---:|
| Veräußerungserlös abzüglich Gebühren (20 x 165 € = 3.300 € – 33 €) | 3.267,00 € |
| – Anschaffungskosten zuzüglich Gebühren (20 x 120 € = 2.400 € + 24 €) | – 2.424,00 € |
| = Veräußerungsgewinn (Einkünfte aus Kapitalvermögen) | **843,00 €** |
| – KapESt (25 % von 843 €) | – 210,75 € |
| – Soli (5,5 % von 210,75 €) | – 11,59 € |
| = Bankgutschrift | 620,66 € |

**F A L L**

Die ledige, konfessionslose Sarah Schuster aus Bonn legt Ihnen für den VZ 2018 die folgenden Daten vor:

- Einkünfte aus nichtselbständiger Arbeit: 33.500 €,
- Einkünfte aus Vermietung und Verpachtung: – 2.000 €,
- Einkünfte aus Kapitalvermögen (keine Verluste aus Aktienverkäufen): – 500 €.

Nehmen Sie kurz Stellung zur Möglichkeit des Verlustausgleichs.

Lösung:

Die negativen Einkünfte aus Vermietung und Verpachtung können im Rahmen des vertikalen Verlustausgleichs mit positiven Einkünften aus nichtselbständiger Arbeit verrechnet werden. Die negativen Einkünfte aus Kapitalvermögen dürfen hingegen nicht mit positiven anderen Einkünften verrechnet werden (§ 20 Abs. 6 EStG). Es bleibt nur der **Verlustvortrag** innerhalb der Einkunftsart in zukünftige Veranlagungszeiträume, um dann eine Verrechnung mit positiven Einkünften aus Kapitalvermögen vornehmen zu können.

**F A L L**

Der ledige, konfessionslose Marc Sülzen aus Ulm legt Ihnen für den VZ 2018 die folgenden Daten vor:

- Zinseinnahmen vor Abzug des Sparer-Pauschbetrags: 1.500 €,
- Verluste aus Aktienverkäufen: – 2.000 €,
- Verluste aus Aktienfonds: – 500 €.

Ermitteln Sie die Höhe der Einkünfte aus Kapitalvermögen.

Lösung:

| | | |
|---|---|---:|
| | Zinseinnahmen | 1.500,00 € |
| − | Verluste aus Aktienverkäufen | 0,00 € |
| − | Verluste aus Aktienfonds | − 500,00 € |
| = | Kapitaleinnahmen vor Abzug des Sparer-Pauschbetrags | 1.000,00 € |
| − | Sparer-Pauschbetrag (§ 20 Abs. 9 EStG) | − 801,00 € |
| = | Einkünfte aus Kapitalvermögen (Bemessungsgrundlage der KapESt) | **199,00 €** |

Die Verluste aus Aktienverkäufen können nicht im Rahmen des horizontalen Verlustausgleichs berücksichtigt werden (§ 20 Abs. 6 Satz 4 EStG). Die Verluste aus Aktienfonds sind hingegen berücksichtigungsfähig. Für die Verluste aus Aktienverkäufen wird bei den Banken ein Verlustverrechnungstopf gebildet. Derartige Verluste werden dann mit Gewinnen aus Aktienverkäufen verrechnet.

**FALL**

Alexander Otto, Wiesbaden, ledig, konfessionslos hat bei zwei Banken (Volksbank und Sparkasse) und einer Bausparkasse Sparkonten eingerichtet. Weitere Kapitalerträge sind 2018 nicht angefallen. Alexander Ottos Grenzsteuerbelastung für die Einkommensteuer liegt bei 42 %. Otto hat den Banken und der Bausparkasse folgende Freistellungsaufträge erteilt:

| | |
|---|---|
| Volksbank | 180,00 € |
| Sparkasse | 320,00 € |
| Bausparkasse | 0,00 € |

Am 15.05.2019 ging Otto zur Volksbank und ließ die Zinsen für 2018 in Höhe von 111,73 € auf dem Sparbuch nachtragen.

In 2018 erhielt Otto eine Zinsgutschrift für festverzinsliche Wertpapiere bei der Sparkasse. Die Gutschrift beläuft sich auf 860,00 €.

Die Zinsgutschrift auf dem Bausparkonto für 2018 beträgt 100,00 €

a) Ermitteln Sie die Höhe der Einkünfte aus Kapitalvermögen 2018.

b) Ermitteln Sie die Höhe der Kapitalertragssteuererstattung und die Erstattung des Solidaritätszuschlags 2018.

Lösung:

Die Zinsen für das Sparbuch bei der Volksbank sind 2018 zugeflossen [H 11 (Gutschrift) EStH].

Volksbank:

Der Freistellungsbetrag liegt über der Zinsgutschrift. Damit wurde keine Kapita ertragsteuer einbehalten und abgeführt. Die Zinseinnahmen belaufen sich auf 111,73 €.

Sparkasse:

In Höhe des Freistellungsauftrages von 320,00 € wurden die Zinsen ohne Belastung mit Kapitalertragsteuer ausbezahlt. Für den restlichen Teil in Höhe von 540,00 € (860,00 € – 320,00 €) wurde Kapitalertragsteuer und Solidaritätszuschlag einbehalten. Die Auszahlung erfolgt zu 73,625 %. Aus diesem Betrag ergeben sich Bruttozinsen in Höhe von 733,45 € (540,00 € x 100 % : 73,625 %).

Insgesamt belaufen sich die Zinseinnahmen bei der Sparkasse auf 1.053,45 € (320,00 € + 733,45 €).

Bausparkasse:

Bei der Auszahlung wurde auf die gesamten Kapitalerträge Kapitalertragsteuer und Solidaritätszuschlag einbehalten, da kein Freistellungsauftrag vorlag. Die Auszahlung erfolgt zu 73,625 %. Hieraus ergeben sich Bruttozinsen i.H.v. 135,82 € (100,00 € x 100 % : 73,625 %).

| | | |
|---|---|---:|
| | Zinseinnahmen Volksbank | 111,73 € |
| | Zinseinnahmen Sparkasse | 1.053,45 € |
| | Zinseinnahmen Bausparkasse | 135,82 € |
| = | Summe der Einnahmen | 1.301,00 € |
| - | Sparer-Pauschbetrag | - 801,00 € |
| = | Einkünfte aus Kapitalvermögen | 500,00 € |
| | Kapitalertragsteuer (25 % x 500,00 €) | 125,00 € |
| + | Solidaritätszuschlag (5,5 % x 125,00 €) | 6,87 € |
| = | Steuerbelastung auf Kapitalerträge 2018 | 131,87 € |

Erstattungsanspruch 2018

| | | KapESt | Soli | Gesamt |
|---|---|---:|---:|---:|
| | Volksbank | 0,00 € | 0,00 € | 0,00 € |
| | Sparkasse | 183,36 € | 10,08 € | 193,44 € |
| | Bausparkasse | 33,96 € | 1,87 € | 35,83 € |
| = | Summe Steuervorauszahlung | 217,32 € | 11,95 € | 229,27 € |
| - | Tatsächliche Steuer 2018 | 125,00 € | 6,87 € | 131,87 € |
| = | Erstattungsanspruch 2018 | 92,32 € | 5,08 € | 97,40 € |

Probe:
Vom maximal möglichen Freistellungsauftrag in Höhe von 801,00 € wurden tatsächlich bei der Volksbank 111,73 € und bei der Sparkasse 320,00 € in Anspruch genommen. Der nicht ausgeschöpfte Freistellungsauftrag beläuft sich auf 369,27 € (801,00 € - 111,73 € - 320,00 €). Aus dem nicht ausgeschöpften Freistellungauftrag ergibt sich folgendes Entlastungsvolumen:

|  | | |
|---|---|---:|
| | Kapitalertragsteuer (25 % x 369,27 €) | 92,32 € |
| + | Solidaritätszuschlag (5,5 % x 92,32 €) | 5,08 € |
| = | Erstattungsanspruch 2018 | 97,40 € |

**FALL**

Der Architekt Maurer bewohnte bis 30.09.2017 mit seiner Ehefrau und seinem 15-jährigen Sohn die Erdgeschosswohnung seines Mehrfamilienhauses.
Er hat das Gebäude, das 1962 hergestellt worden ist, 1980 mit Grund und Boden für umgerechnet 340.000 € erworben. Davon entfallen 60.000 € auf Grund und Boden.

Da ihm seine Wohnung zu klein geworden war, baute er ein Einfamilienhaus, das am 01.10.2017 bezugsfertig war und das er auch an diesem Tag mit seiner Familie bezog. Der Bauantrag wurde am 09.02.2016 gestellt.
Seine bisherige Wohnung wurde seit 01.12.2017 für monatlich 500 € vermietet.
Im Jahr 2018 sind für die Häuser folgende Ausgaben und Einnahmen angefallen:

1. Mehrfamilienhaus

| | |
|---|---:|
| Die Mieteinnahmen betrugen für die vermieteten Wohnungen 2018 insgesamt | 24.000 € |
| Hypothekenzinsen | 3.500 € |
| Hypothekentilgung | 1.000 € |
| Grundbesitzabgaben | 1.100 € |
| Gebäudeversicherungen | 550 € |
| sonstige Grundstücksaufwendungen | 500 € |

Renovierung der Wohnungen

| | |
|---|---:|
| a) Erneuerung der Fußbodenbeläge, die durch langjährige Nutzung verschlissen waren | 3.000 € |
| b) Überprüfung und Verstärkung der Elektroinstallation | 500 € |
| c) Anstreicherarbeiten | 700 € |

2. Einfamilienhaus

Notarkosten gezahlt am 17.01.2017

| | |
|---|---:|
| a) für die Beurkundung des Grundstückkaufvertrags | 400 € |
| b) für die Bestellung der Grundschuld | 250 € |
| Disagio, bei Auszahlung im Januar 2018 | 6.250 € |
| Darlehenszinsen bis zum 30.09.2018 | 6.750 € |
| vom 01.10. bis 31.12.2018 | 5.250 € |
| Gebäudeversicherung vom 01.10.2018 bis 30.09.2018 lt. Rechnung vom 10.10.2018 | 250 € |
| Herstellungskosten | 175.000 € |

Ermitteln Sie die Einkünfte aus Vermietung und Verpachtung für 2018 aus beiden Häusern. Die AfA soll so hoch wie möglich angesetzt werden.

Lösung:

1. Mehrfamilienhaus

Einnahmen:

| | | |
|---|---|---|
| Mieteinnahmen: | | 24.000 € |
| – Werbungskosten: | | |
| Hypothekenzinsen | 3.500 € | |
| Hypothekentilgung | 0 € | |
| Grundbesitzabgaben | 1.100 € | |
| Gebäudeversicherung | 550 € | |
| sonstige Grundstücksaufwendungen | 500 € | |
| Renovierung (Erhaltungsaufwand 3.000 + 500 + 700) | 4.200 € | |
| AfA nach § 7 Abs. 4 EStG (2 % von 280.000 €) | 5.600 € | – 15.450 € |
| | | 8.550 € |

1. Einfamilienhaus

| | |
|---|---|
| Für das Einfamilienhaus sind keine Einkünfte aus Vermietung und Verpachtung anzusetzen, weil es selbst genutzt wird. | 0 € |
| **= Einkünfte aus Vermietung und Verpachtung** | **8.550 €** |

---

**FALL**

Vermieterin Lea Wortig vermietet 6 Wohnungen in einem Mehrfamilienhaus. Sie lässt von einem Dachdeckerbetrieb diverse Dachreparaturarbeiten für brutto 7.140 € durchführen. Außerdem lässt sie den Keller des Gebäudes für brutto 16.660 € von einem Fachbetrieb fliesen. Beide Handwerksbetriebe legen keine Freistellungsbescheinigung vor.

Muss Frau Wortig die Bauabzugssteuer einbehalten?

Lösung:

Frau Wortig besitzt als Vermieterin die umsatzsteuerliche Unternehmereigenschaft. Sie vermietet auch mehr als 2 Wohnungen. Frau Wortig muss die Bauabzugssteuer einbehalten, wenn kein Ausnahmetatbestand greift. Da Frau Wortig ausschließlich umsatzsteuerfrei vermietet, ist die Freigrenze des § 48 Abs. 2 Satz 1 Nr. 1 EStG (15.000 €) zu beachten. Für die Dachreparaturarbeiten ist keine Bauabzugssteuer einzubehalten. Bei der Rechnung des Fliesenlegers muss Frau Wortig jedoch 15 % Bauabzugssteuer (2.499 €) einbehalten und an das Finanzamt abführen.

**Fallabwandlung**

Wäre eine der 6 Wohnungen umsatzsteuerpflichtig vermietet, würde insgesamt die Freigrenze von 5.000 € greifen. Dann müsste sie auch bei den Dacharbeiten die Bauabzugssteuer einbehalten.

### FALL

Der Steuerpflichtige Martin Wachter, München, kann aus Vermietung und Verpachtung eines Wohngebäudes an Privatpersonen im VZ 2018 bisher Mieteinnahmen in Höhe von 52.500 € und Werbungskosten in Höhe von 12.000 € nachweisen.

Die folgenden Vorgänge (Nr. 1 bis 5) sind noch für die Ermittlung der Einkünfte aus Vermietung und Verpachtung zu berücksichtigen:

1. Die monatlichen Nebenkosten für Dezember 2018 in Höhe von 500 € + 19 % USt, fällig am 31.12., wurden erst am 03.01.2019 abgebucht.

2. Am 11.04.2018 beglich Herr Wachter eine Nebenkostennachzahlung in Höhe von 400 € + 19 % USt für das Jahr 2017.

3. Am 12.06.2018 ging die Kaution eines Mieters in Höhe von 3.000 € ein.

4. Am 26.09.2018 erfolgte eine Bankgutschrift von 500 € für einen Glasschaden am Wohngebäude, den die Versicherung übernommen und erstattet hat.

5. Zur Finanzierung des Wohngebäudes nahm Herr Wachter ein Darlehen in Höhe von 60.000 € auf. Das Darlehen wurde am 02.10.2018 mit 98 % per Bank ausgezahlt. Es hat eine Laufzeit von 5 Jahren und ist in einem Betrag am Ende der Laufzeit fällig. Das Darlehen ist mit 3 % pro Jahr zu verzinsen. Die Halbjahreszinsen vom 01.10.2018 bis 31.03.2019 sind am 31.03.2019 zu entrichten.

Ermitteln Sie die Einkünfte aus Vermietung und Verpachtung für Martin Wachter im VZ 2018.

Lösung:

|   | | | |
|---|---|--:|--:|
| | Einnahmen | 52.500 € | |
| | Kaution (keine Einnahmen) TZ 3* | 0 € | |
| | Versicherungsentgelt TZ 4 | 500 € | 53.000 € |
| − | Werbungskosten | 12.000 € | |
| | Nebenkosten (regelmäßig wiederkehrende Ausgaben; § 11 Abs. 2 EStG) „10-Tage-Regelung" | 595 € | |
| | Nebenkostennachzahlung (keine regelmäßig wiederkehrende Ausgabe; § 11 Abs. 2 EStG) | 476 € | |
| | Disagio (2 % = marktüblich)** | 1.200 € | |
| | Zinsen (in 2019 WK) | 0 € | − 14.271 € |
| = | **Einkünfte aus Vermietung und Verpachtung** | | **38.729 €** |

* Die Kaution ist keine Mieteinnahme, weil sie dem Mieter zuzurechnen ist (siehe Lehrbuch, Seite 184).

** Zum Problem der Marktüblichkeit vgl. Lehrbuch, Seite 185 f.

**FALL**

Der ledige Steuerpflichtige Egon Theis war bis zu seinem Ruhestand selbständiger Zahnarzt in Köln.

Seit dem 01.03.2004 bezieht er eine Rente von der nordrheinischen Ärzteversorgung in Köln in Höhe von monatlich 5.250 €. Die Höhe der Rente, die dem Jahr des erstmaligen Rentenbezugs folgte betrug 4.750,00 €/Monat.

Ermitteln Sie die sonstigen Einkünfte i. S. d. § 22 EStG für Egon Theis im VZ 2018.

Lösung:

|  |  | € |
|---|---|---|
| sonstige Einkünfte i. S. d. § 22 EStG |  |  |
| Rente 2018 (5.250 € x 12) | 63.000 € |  |
| – Rentenfreibetrag (50 % von 4.750 €/Monat x 12 ) | – 28.500 € |  |
| steuerpflichtiger Teil der Rente | 34.500€ |  |
| – WKP (§ 9a Nr. 3 EStG) | – 102 € |  |
| = **sonstige Einkünfte** |  | **34.398** |

**FALL**

Jan Reiser, geboren am 17. März 1974, bezieht seit seinem Arbeitsunfall am 3. Mai 2017 eine jährliche Rente aus der gesetzlichen Unfallversicherung in Höhe von 13.200 €.

Ermitteln Sie die sonstigen Einkünfte i. S. d. § 22 EStG für Jan Reiser im VZ 2018.

Lösung:

Die Einkünfte i. S. d. § 22 EStG betragen **0 €**. Die Rente aus der gesetzlichen Unfallversicherung ist nach § 3 Nr. 1a EStG **steuerfrei**.

**FALL**

Olga Frei, geboren am 12. Januar 1968, bezieht seit ihrem privaten Sportunfall am 12. Juni 2017 eine jährliche Rente aus einer privaten Unfallversicherung in Höhe von 9.600 €.

Ermitteln Sie die sonstigen Einkünfte i. S. d. § 22 EStG für Olga Frei im VZ 2018.

Lösung:

Die Einkünfte i. S. d. § 22 EStG betragen **2.874 €** [31 % v. 9.600 € – 102 € (§ 9a Nr. 3 EStG)]. Die Leibrente aus einer privaten Unfallversicherung unterliegt nur mit ihrem **Ertragsanteil** der Besteuerung (§ 22 Nr. 1 Satz 3 Buchst. a Doppelbuchst. bb Satz 4 EStG). Frau Frei hat zum Zeitpunkt des Rentenbeginns das **49. Lebensjahr** vollendet. Der Ertragsanteil beträgt gem. § 22 Nr. 1 Satz 3 Buchst. a Doppelbuchst. bb Satz 4 EStG **31 %**.

---

**FALL**

Jasmin Kohl (Schülerin, 19 Jahre alt) übernahm in 2018 die weibliche Hauptrolle in einer sog. „Dating-Show". Die „Dating-Show" umfasste sechs Folgen. Laut Vertrag mit dem TV-Produzenten hat sich Frau Kohl für ein Honorar von 9.000 € dazu verpflichtet, dem Produzenten ihre Persönlichkeitsrechte zur exklusiven Nutzung zu übertragen, über Inhalt und Ablauf der Produktion absolutes Stillschweigen zu bewahren und für Presse-, Promotions- und Werbemaßnahmen zur Verfügung zu stehen. Erst bei Drehbeginn lernte Frau Kohl ihren „Dating-Partner" kennen. Die Aufgabe der beiden „Dating-Partner" war es, ihren Familien glaubwürdig zu vermitteln, dass sie sich während dieser „Dating-Show" kennen und lieben gelernt hätten und innerhalb von 14 Tagen heiraten würden. Laut Vertrag sollte Frau Kohl ein zusätzliches Preisgeld von 250.000 € erhalten, wenn alle Familienmitglieder zu ihrer Trauung erscheinen und alle sonstigen Vertragsbedingungen erfüllt würden. Frau Kohl wusste nicht, dass ihr „Dating-Partner" sowie dessen „Familie" Schauspieler waren, die ihr das Leben zur Hölle machen und sich ständig daneben benehmen sollten.

Handelt es sich bei den o.g. Einnahmen um steuerbare Einnahmen i.S.d. EStG?

Lösung:

> Das Honorar und das Preisgeld stellen ein Entgelt für die Teilnahme an der Fernsehshow dar. Derartige Vergütungen werden als Einkünfte aus Leistungen i.S.d. § 22 Nr. 3 EStG erfasst (vgl. BFH-Urteil vom 28.11.2007, BStBl II 2008, S. 469). Eine (sonstige) Leistung i.S.d. § 22 Nr. 3 EStG kann jedes Tun, Dulden oder Unterlassen darstellen, das zu einer Gegenleistung führt.

---

**FALL**

Jasmin Kohl (Schülerin, 19 Jahre alt) nimmt an einem Gewinnspiel teil. Ihr Spieleinsatz beträgt 50 €. Sie erhält den Hauptgewinn in Höhe von 50.000 €.

Handelt es sich bei dem Hauptgewinn um eine steuerbare Einnahme i.S.d. EStG?

Lösung:

> Einnahmen aus Rennwetten und Gewinnspielen unterliegen nicht der ESt. Es fehlt hier am Verhältnis von Leistung und Gegenleistung. Die Spieltätigkeit und der Spieleinsatz stellen keine Leistungen dar, die durch den Spielgewinn vergütet werden (BFH-Urteil vom 19.07.1990, BStBl II 1991, S. 333 unter Nr. 2).

**FALL**

Bruno Maier, Dortmund, verwitwet, konfessionslos, geb. 18.08.1950 ging mit Ablauf des Monats, in dem er sein 65. Lebensjahr vollendet hatte, in den Ruhestand. Maier erhielt ab 01.09.2015 seine Rente aus der gesetzlichen Rentenversicherung. Werbungskosten im Zusammenhang mit seinen Renteneinkünften sind nicht angefallen. Die monatlichen Bruttorentenbezüge haben sich wie folgt entwickelt:

|  |  | 01.09.2015 – 31.12.2015 | 2.340,00 € |
|---|---|---|---|
| 01.01.2016 – 30.06.2016 | 2.340,00 € | 01.07.2016 – 31.12.2016 | 2.360,00 € |
| 01.01.2017 – 30.06.2017 | 2.360,00 € | 01.07.2017 – 31.12.2017 | 2.440,00 € |
| 01.01.2018 – 30.06.2018 | 2.440,00 € | 01.07.2018 – 31.12.2018 | 2.470,00 € |

Ermitteln Sie für die Jahre 2015 bis 2018 die Höhe der sonstigen Einkünfte von Bruno Maier. Gegen Sie davon aus, dass Maier keine weiteren Einkünfte erzielt.

Lösung:

Jahr des Rentenbeginns ist das Jahr 2015. Der Besteuerungsanteil beträgt 70 % (§ 22 Nr. 1 Satz 3 Buchstabe a, Doppelbuchstabe aa). Der Rentenfreibetrag gilt ab dem Jahr, das dem Jahr des Rentenbeginns (Jahr 2016) folgt, für die gesamte Laufzeit des Rentenbezugs (§ 22 Nr. 1 Satz 5 Buchstabe a, Doppelbuchstabe aa).

Ermittlung der steuerfreien Anteile der Rente (§ 22 Nr. 1 Satz 4 Buchstabe a, Doppelbuchstabe aa):

| | |
|---|---|
| Jahresbetrag der Rente 2016:<br>2.340,00 € /Monat x 6 Monate + 2.360,00 € / Monat x 6 Monate | 28.200,00 € |
| –  70 % Besteuerungsanteil der Rente | – 19.740,00 € |
| =  Steuerfreier Teil der Rente | 8.460,00 € |

Der steuerfreie Anteil der Rente gilt für die gesamte Laufzeit des Rentenbezugs. Regelmäßige Anpassungen des Jahresbetrages der Rente führen nicht zu einer Neuberechnung und bleiben außer Betracht.

2015:

| | |
|---|---|
| Jahresbetrag der Rente 2015:<br>2.340,00 € /Monat x 4 Monate | 9.360,00 € |
| –  Steuerfreier Teil der Rente 2015: 9.360,00 x (100 % – 70 %) | – 2.808,00 € |
| =  Steuerpflichtiger Teil der Rente 2015 | 6.552,00 € |
| –  Werbungskostenpauschbetrag § 9 a Nr. 3 | –  102,00 € |
| =  Sonstige Einkünfte i.S.d. 22 | 6.450,00 € |

2016:

| | | |
|---|---|---|
| | Jahresbetrag der Rente 2016:<br>2.340,00 € /Monat x 6 Monate + 2.360,00 € / Monat x 6 Monate | 28.200,00 € |
| − | Steuerfreier Teil der Rente | − 8.460,00 € |
| = | Steuerpflichtiger Teil der Rente 2016 | 19.740,00 € |
| − | Werbungskostenpauschbetrag § 9 a Nr. 3 | − 102,00 € |
| = | Sonstige Einkünfte i.S.d. 22 | 19.638,00 € |

2017:

| | | |
|---|---|---|
| | Jahresbetrag der Rente 2017:<br>2.360,00 € /Monat x 6 Monate + 2.440,00 € / Monat x 6 Monate | 28.800,00 € |
| − | Steuerfreier Teil der Rente | − 8.460,00 € |
| = | Steuerpflichtiger Teil der Rente 2017 | 20.304,00 € |
| − | Werbungskostenpauschbetrag § 9 a Nr. 3 | − 102,00 € |
| = | Sonstige Einkünfte i.S.d. 22 | 20.238,00 € |

2018:

| | | |
|---|---|---|
| | Jahresbetrag der Rente 2018:<br>2.440,00 € /Monat x 6 Monate + 2.470,00 € / Monat x 6 Monate | 29.460,00 € |
| − | Steuerfreier Teil der Rente | − 8.460,00 € |
| = | Steuerpflichtiger Teil der Rente 2018 | 21.000,00 € |
| − | Werbungskostenpauschbetrag § 9 a Nr. 3 | − 102,00 € |
| = | Sonstige Einkünfte i.S.d. 22 | 20.898,00 € |

**F A L L**

Der sozialversicherungspflichtige Angestellte Hans Schneider, Bonn, ist 26 Jahre alt, ledig und kinderlos.

Sein Jahresbruttoarbeitslohn hat in 2018 20.000 € betragen.

Wie hoch ist der Jahresbetrag der Vorsorgepauschale gemäß § 39b Abs. 4 EStG beim Lohnsteuerabzug?

Hinweis: Der allgemeine KV-Beitragssatz inklusive Zusatzbeitrag beträgt 14,6 % zuzüglich eines kassenindividuellen Beitrags von z. B. 1,0 % für den Arbeitnehmer, der ermäßigte KV-Beitrag 14,0 %, RV-Beitragssatz 18,6 %, PV-Beitragssatz 2,55 % + Zuschlag 0,25 %, Arbeitslosenversicherung 3 %.

Lösung:

Die **Vorsorgepauschale beim Lohnsteuerabzug** beträgt – wie die folgende Berechnung zeigt – **3.148 €**.

Nach § 39b Abs. 2 Satz 5 Nr. 3 EStG wird der Jahresarbeitslohn um die **Vorsorgepauschale**, die sich aus mehreren Teilbeträgen zusammensetzt, vermindert.

Außerdem ist die **Mindestvorsorgepauschale** nach § 39b Abs. 2 Nr. 3b EStG zu beachten.

**Vorsorgepauschale:**

Der Arbeitnehmeranteil beträgt nach § 39b Abs. 2 Satz 5 Nr. 3 EStG

a) für die **Rentenversicherung**:
   9,30 % x 20.000 € = 1.860 € x 72 % (§ 39b Abs. 4 EStG)  1.340 €

b) für die **Krankenversicherung**:
   7,50 %* x 20.000 €                                        1.500 € ⎤ Mindest-
                                                                     ⎬ vorsorge-
c) für die **Pflegeversicherung**:                                   ⎪ pauschale
   1,525 % x 20.000 €                                          308 € ⎦

**Mindestvorsorgepauschale:**

Nach § 39b Abs. 2 Nr. 3 Satz 2 EStG wird für die Aufwendungen der Teilbeträge b) und c) (1.500 € + 308 € = 1.808 €) **mindestens** ein Betrag von **12 %** des Arbeitslohns in der Steuerklasse I (Herr Schneider gehört der Steuerklasse I an), **höchstens 1.900 Euro** angesetzt, d. h. 12 % von 20.000 € = 2.400 €, höchstens 1.900 Euro.

Da die Summe der Teilbeträge für die Kranken- und Pflegeversicherung mit 1.808 € niedriger ist als die Mindestvorsorgepauschale von 1.900 Euro, wird diese angesetzt.

Die **Vorsorgepauschale beim Lohnsteuerabzug** beträgt somit **3.148 €** (1.340 € + 1.808 €).

\* 14,0 % – 1,0 % = 13,0 % : 2 = 6,5 % + 1,0 % = 7,50 %

## FALL

Die Eheleute Achim und Helga Holzmann, Mainz, konfessionslos, werden zusammen zur Einkommensteuer veranlagt. Achim Holzmann ist als selbständiger Steuerberater tätig, Helga Holzmann erzielt lediglich Einkünfte aus Vermietung und Verpachtung.

Im VZ 2018 weisen sie folgende Aufwendungen nach, die sie als Sonderausgaben geltend machen wollen:

| | |
|---|---:|
| Beiträge zur Krankenversicherung (ohne Komfortleistungen) | 3.570 € |
| Beiträge zur Pflegeversicherung | 364 € |
| Beiträge zur berufsständigen Versorgungseinrichtung | 5.072 € |
| Beiträge zur Altersvorsorgeversicherung i.S.d. § 10 Abs. 1 Nr. 2b EStG | 2.400 € |
| Beiträge zur Kfz-Haftpflichtversicherung (Privat-Kfz) | 480 € |
| Beiträge zur Kfz-Kaskoversicherung (Privat-Kfz) | 148 € |
| Beiträge zur Hausratversicherung | 120 € |

Wie hoch sind insgesamt die abzugsfähigen Sonderausgaben für den VZ 2018?
Die 4 %-Kürzung ist bei der Krankenversicherung **nicht** vorzunehmen.

Lösung:

| **Rechtslage 2018:** | | |
|---|---:|---:|
| SA 1: | | |
| Sonderausgaben-Pauschbetrag (§ 10c) | | 72 € |
| SA 2: | | |
| Altersvorsorgeaufwendungen (§ 10 Abs. 1 Nr. 2): | | |
| (86 % von 7.472 €; Höchstbetrag 47.424 € gem. § 10 Abs. 3) | | 6.426 € |
| sonst. Vorsorgeaufw. (§ 10 Abs. 1 Nr. 3 u. 3a) gesamt | 4.414 € | |
| Höchstbetrag von (§ 10 Abs. 4) | 5.600 € | 4.414 € |
| abzugsfähige Sonderausgaben nach der Rechtslage 2017 | | 10.912 € |
| | | |
| Insgesamt abzugsfähige Sonderausgaben | | 10.912 € |

Hausratversicherung und KfZ-Kaskoversicherung sind **nicht** als Sonderausgaben abzugsfähig.

**FALL**

Der ledige Marius Miller, Stuttgart, 20 Jahre, konfessionslos, keine Kinder, ist als Finanzbeamter im mittleren Dienst beim Finanzamt Stuttgart im Innendienst beschäftigt. Sein Bruttojahresarbeitsgehalt beläuft sich auf 28.000,00 €. 2018 macht er folgende Angaben:

| | |
|---|---|
| Beiträge zur privaten Krankenversicherung inkl. Komfortleistungen in Höhe von 184,00 .€ | 1.356,00 € |
| Beiträge zur Pflegeversicherung | 154,00 € |
| Beitrag Kfz-Versicherung für eigenen PKW inkl. 340,00 € für Kaskoversicherung | 860,00 € |
| Beitrag Handyversicherung | 120,00 € |
| Beitrag zur privaten Haftpflichtversicherung | 60,00 € |
| Beitrag zur privaten Rechtsschutzversicherung | 190,00 € |
| Beiträge in eine private kapitalgedeckte Leibrentenversicherung (Rürup-Beiträge) | 1.560,00 € |

Ermitteln Sie die Höhe der abzugsfähigen Sonderausgaben für den VZ 2018. Nichtansätze sind zu begründen.

Lösung:

| Altersvorsorgeaufwendungen (Basisversorgung) § 10 Abs. 1 Nr. 2 | | |
|---|---|---|
| 1 Beiträge Rürup-Rente | 1.560,00 | |
| 2 | | |
| 3 Höchstbetrag | 23.712,00 | |
| 4 Kürzung Höchstbetrag 18,6 % * 28.000 € = 5.208 € max. 18,6 % x 69.600 € = 12.945 € | - 5.208,00 | |
| 5 gekürzter Höchstbetrag | 18.504,00 | |
| 6 Niedriger Betrag aus Zeile 1 oder 5 ansetzen | 1.560,00 | |
| 7 2018: 86 % von 1.560,00 € abzugsfähige Sonderausgaben § 10 Abs. 3 | 1.342,00 | **1.342,00** |

Vorsorgeaufwendungen außerhalb der Basisversorgung § 10 Abs. 1 Nr. 3/3a.

|  | max. § 10 Abs. 4 Satz 2 | mind. § 10 Abs. 4 Satz 4 |  |
|---|---|---|---|
| Beiträge Krankenversicherung | 1.356,00 | 1.172,00 |  |
| Beiträge Pflegeversicherung | 154,00 | 154,00 |  |
| Beiträge Kfz-Versicherung (ohne Kasko) | 520,00 |  |  |
| Beitrag private Haftpflichtversicherung | 60,00 |  |  |
|  | 2.090,00 | 1.326,00 |  |
|  | max. 1.900,00 |  |  |
| höhere von beiden Beträgen | 1.900,00 | 1.326,00 | **1.900,00** |

Übrige Sonderausgaben bzw. Sonderausgaben-Pauschbetrag § 10 c

| Für Sonderausgaben § 10 Abs. 1 Nr. 4, 5, 7, 9, Abs. 1a, § 10 b | **36,00** |
|---|---|
| Summe der abzugsfähigen Sonderausgaben 2018 | **3.278,00** |

Die folgenden Beiträge sind nicht als Sonderausgaben abzugsfähig:

- Kaskoanteil der Kfz-Versicherung
- Handyversicherung (Sachversicherung)
- Private Rechtsschutzversicherung

H 10.5 EStH (Stichwort „Keine Sonderausgaben")

**FALL**

Der ledige Hardy Heuler, München, 48 Jahre, römisch-katholisch, keine Kinder, ist im Beamtenverhältnis als Finanzbürgermeister der Stadt München beschäftigt. Sein Bruttojahresarbeitsgehalt beläuft sich auf 74.000,00 €. 2018 macht er folgende Angaben:

| | |
|---|---|
| Beiträge zur privaten Krankenversicherung inkl. Komfortleistungen in Höhe von 860,00 € | 4.280,00 € |
| Beiträge zur Pflegeversicherung | 988,00 € |
| Haftpflichtversicherung für privaten PKW | 890,00 € |
| Beitrag für Hundehaftpflichtversicherung | 140,00 € |
| Beitrag zur privaten Haftpflichtversicherung | 120,00 € |
| Beitrag zur privaten Rechtsschutzversicherung | 190,00 € |
| Beitrag Hausratsversicherung | 160,00 € |
| Beitrag für Haushaftpflichtversicherung für ein vermietetes Haus | 260,00 € |
| Beiträge in eine private kapitalgedeckte Leibrentenversicherung (Rürup-Beiträge) | 14.400,00 € |
| Verausgabte Kirchensteuer 2018 | 1.698,00 € |
| Kirchensteuererstattung in 2018 aus 2017 | 56,00 € |

Ermitteln Sie die Höhe der abzugsfähigen Sonderausgaben für den VZ 2018. Nichtansätze sind zu begründen.

Lösung:

**Altersvorsorgeaufwendungen (Basisversorgung) § 10 Abs. 1 Nr. 2**

| | | | |
|---|---|---|---|
| 1 | Beiträge Rürup-Rente | 14.400,00 | |
| 2 | | | |
| 3 | Höchstbetrag | 23.712,00 | |
| 4 | Kürzung Höchstbetrag 18,6 % x 74.000 € = 13.764 € max. 18,6 % x 69.600 € = 12.945 € | - 12.945,00 | |
| 5 | gekürzter Höchstbetrag | 10.767,00 | |
| 6 | Niedriger Betrag aus Zeile 1 oder 5 ansetzen | 10.767,00 | |
| 7 | 2018: 86 % von 10.767,00 € abzugsfähige Sonderausgaben gemäß § 10 Abs. 3 | 9.260,00 | **9.260,00** |

Vorsorgeaufwendungen außerhalb der Basisversorgung § 10 Abs. 1 Nr. 3 / 3a.

|  | max.<br>§ 10 Abs. 4<br>Satz 2 | mind.<br>§ 10 Abs. 4<br>Satz 4 | |
| --- | --- | --- | --- |
| Beiträge Krankenversicherung | 4.280,00 | 3.420,00 | |
| Beiträge Pflegeversicherung | 988,00 | 988,00 | |
| Beiträge Kfz-Versicherung | 890,00 | | |
| Beitrag zur Hundehaftpflichtversicherung | 140,00 | | |
| Beitrag private Haftpflichtversicherung | 120,00 | | |
| | 6.418,00 | 4.408,00 | |
| | max.<br>1.900,00 | | |
| höhere von beiden Beträgen | 1.900,00 | 4.408,00 | **4.408,00** |

Übrige Sonderausgaben bzw. Sonderausgaben-Pauschbetrag § 10 c

Für Sonderausgaben § 10 Abs. 1 Nr. 4
Gezahlte Kirchensteuer (1.698,00 € - 56,00 €) **1.642,00**

Summe der abzugsfähigen Sonderausgaben 2018 **15.310,00**

Die folgenden Beiträge sind nicht als Sonderausgaben abzugsfähig:

* Rechtsschutzversicherung
* Hausratversicherung

H 10.5 EStR (Stichwort „Keine Sonderausgaben")

Bei der Haushaftpflichtversicherung handelt es sich um Werbungskosten. Diese sind bei der Ermittlung der Einkünfte aus Vermietung und Verpachtung zu berücksichtigen (§ 10 Abs. 1).

**F A L L**

Das Ehepaar Müller, beide 54 Jahre, Köln, konfessionslos, Gesamtbetrag der Einkünfte 254.600 €, wird zusammen zur Einkommensteuer veranlagt. Herr Müller ist als Rechtsanwalt selbständig tätig. Frau Müller arbeitet in einer Wirtschaftsprüfungsgesellschaft als Angestellte. Für 2018 macht das Ehepaar folgende Angaben:

| | |
|---|---:|
| Beiträge der Ehefrau zur gesetzlichen Krankenversicherung mit Anspruch auf Krankengeld | 4.407,00 € |
| Beiträge zur Pflegeversicherung | 810,00 € |
| Beiträge des Ehemannes zur privaten Krankenversicherung incl. Komfortleistungen in Höhe von 960,00 € | 4.272,00 € |
| Beiträge des Ehemanns zur Pflegeversicherung | 780,00 € |
| Beitrag zur privaten Haftpflichtversicherung | 420,00 € |
| Beitrag Hausratsversicherung | 380,00 € |
| Beiträge in eine private kapitalgedeckte Leibrentenversicherung (Rürup-Beiträge) | 26.400,00 € |
| Unterhaltsleistungen von Herrn Müller an seine geschiedene Ehefrau, die in München lebt. Die geschiedene Ehefrau versteuert den Unterhalt im Rahmen des § 22 EStG | 14.400,00 € |
| Arbeitslosenversicherung der Ehefrau | 1.110,00 € |
| Rentenversicherungsbeitrag Ehefrau (Arbeitnehmeranteil) | 6.882,00 € |

Ermitteln Sie die Höhe der abzugsfähigen Sonderausgaben für den VZ 2018. Nichtansätze sind zu begründen.

Lösung:

| Altersvorsorgeaufwendungen (Basisversorgung) § 10 Abs. 1 Nr. 2 | | |
|---|---|---:|
| 1 | Beiträge Rürup-Rente (Ehemann) | 26.400,00 |
| 2 | Arbeitnehmeranteil Rentenversicherung (Ehefrau) | 6.882,00 |
| 3 | Arbeitgeberanteil Rentenversicherung (Ehefrau) | 6.882,00 |
| 4 | Summe | 40.164,00 |
| 5 | Höchstbetrag | 47.424,00 |
| 6 | Niedriger Betrag aus Zeile 4 oder 5 ansetzen | 40.164,00 |
| 7 | 2018: 86 % von 40.164,00 € | 34.541,00 |
| 8 | Abzüglich Arbeitgeberanteil zur Rentenversicherung (Ehefrau) | – 6.882,00 |
| 9 | | 27.659,00     **27.659,00** |

Vorsorgeaufwendungen außerhalb der Basisversorgung § 10 Abs. 1 Nr. 3 / 3a.

| | max.<br>§ 10 Abs. 4<br>Satz 2 | mind.<br>§ 10 Abs. 4<br>Satz 4 | |
|---|---|---|---|
| Beiträge Krankenversicherung (Ehefrau)<br>4 % für Lohnfortzahlung im Krankheitsfall | 4.407,00 | 4.231,00 | |
| Beiträge Pflegeversicherung (Ehefrau) | 810,00 | 810,00 | |
| Beiträge Krankenversicherung (Ehemann)<br>davon 960 € Komfortleistungen | 4.272,00 | 3.312,00 | |
| Beiträge Pflegeversicherung (Ehemann) | 780,00 | 780,00 | |
| Beitrag private Haftpflichtversicherung | 420,00 | | |
| Beitrag Arbeitslosenversicherung (Ehefrau) | 1.110,00 | | |
| | 11.799,00 | 9.133,00 | |
| | | | |
| max. 1.900,00 € (Ehefrau) | 1.900,00 | | |
| max. 2.800,00 € (Ehemann) | 2.800,00 | | |
| höhere von beiden Beträge | 4.700,00 | 9.133,00 | **9.133,00** |

Übrige Sonderausgaben bzw. Sonderausgaben-Pauschbetrag § 10 c

Unterhaltsleistungen an geschiedenen Ehegatten
14.400,00 € max. 13.805,00 €                                         **13.805,00**

Summe der abzugsfähigen Sonderausgaben 2018                          **50.597,00**

Die folgenden Beiträge sind nicht als Sonderausgaben abzugsfähig:
* Hausratversicherung
H 10.5 EStR (Stichwort „Keine Sonderausgaben")

**FALL**

Herbert Schneider (32 Jahre), München, wird zusammen mit seiner Frau Janine Schneider (26 Jahre) zur Einkommensteuer veranlagt. Frau Schneider hat sich nach der Geburt von Zwillingen für 3 Jahre von ihrem Arbeitgeber beurlauben lassen. Beide sind konfessionslos. Herr Schneider ist als Ingenieur im Angestelltenverhältnis bei einem Automobilhersteller beschäftigt. Sein Jahresbruttoarbeitslohn beläuft sich auf 102.720,00 €. Für den VZ 2018 macht das Ehepaar folgende Angaben:

| | |
|---|---|
| Beiträge zur gesetzlichen Krankenversicherung mit Anspruch auf Krankengeld | 4.407,00 € |
| Beiträge zur Pflegeversicherung | 677,00 € |
| Beitrag zur privaten Haftpflichtversicherung | 270,00 € |
| Beitrag für Glasbruchversicherung | 160,00 € |
| Beitrag Hausratsversicherung | 380,00 € |
| Beiträge in eine private kapitalgedeckte Leibrentenversicherung (Rürup-Beiträge) | 4.800,00 € |
| Arbeitslosenversicherung der Ehefrau | 1.170,00 € |
| Rentenversicherungsbeitrag (Arbeitnehmeranteil) | 7.254,00 € |

Ermitteln Sie die Höhe der abzugsfähigen Sonderausgaben für den VZ 2018. Nichtansätze sind zu begründen.

Lösung:

| Altersvorsorgeaufwendungen (Basisversorgung) § 10 Abs. 1 Nr. 2 | | |
|---|---|---|
| 1 Beiträge Rürup-Rente | 4.800,00 | |
| 2 Arbeitnehmeranteil Rentenversicherung | 7.254,00 | |
| 3 Arbeitgeberanteil Rentenversicherung | 7.254,00 | |
| 4 Summe | 19.308,00 | |
| 5 Höchstbetrag | 47.424,00 | |
| 6 Niedriger Betrag aus Zeile 4 oder 5 ansetzen | 19.308,00 | |
| 7 2018: 86 % von 19.308,00 € | 16.605,00 | |
| 8 Abzüglich Arbeitgeberanteil zur Rentenversicherung (Ehefrau) | - 7.254,00 | |
| 9 | 9.351,00 | **9.351,00** |

Vorsorgeaufwendungen außerhalb der Basisversorgung § 10 Abs. 1 Nr. 3 / 3a.

|  | max.<br>§ 10 Abs. 4<br>Satz 2 | mind.<br>§ 10 Abs. 4<br>Satz 4 |  |
|---|---|---|---|
| Beiträge Krankenversicherung 4 % für Lohnfortzahlung im Krankheitsfall | 4.407,00 | 4.231,00 |  |
| Beiträge Pflegeversicherung | 677,00 | 677,00 |  |
| Beitrag private Haftpflichtversicherung | 270,00 |  |  |
| Beitrag Arbeitslosenversicherung | 1.170,00 |  |  |
|  | 6.524,00 | 4.908,00 |  |
| max. 1.900,00 € (Ehefrau) | 1.900,00 |  |  |
| max. 1.900,00 € (Ehemann) | 1.900,00 |  |  |
| höhere von beiden Beträgen | 3.800,00 | 4.908,00 | **4.908,00** |

Übrige Sonderausgaben bzw. Sonderausgaben-Pauschbetrag § 10 c

| Für Sonderausgaben § 10 Abs. 1 Nr. 4, 5, 7, 9, Abs. 1 a § 10 b | **72,00** |
|---|---|
| Summe der abzugsfähigen Sonderausgaben 2018 | **14.331,00** |

Die folgenden Beiträge sind nicht als Sonderausgaben abzugsfähig:
- Hausratversicherung
- Glasbruchversicherung (Sachversicherung)

H 10.5 EStR (Stichwort „Keine Sonderausgaben")

**FALL**

Die Eheleute Wolfgang und Ute Maier, Bonn, werden zusammen zur Einkommensteuer veranlagt. Wolfgang Maier war bis zu seinem Ruhestand im VZ 2010 als selbständiger Kinderarzt in Gummersbach tätig. Ute Maier ist in 2018 noch als leitende Angestellte tätig. Ihr Bruttojahresarbeitslohn 2018 beträgt 40.000,00 €. Die Eheleute gehören keiner Konfession an und haben keine Kinder.

Ermitteln Sie mithilfe der folgenden Angaben die abzugsfähigen Sonderausgaben für den VZ 2018. Die 4%-Kürzung ist bei der Krankenversicherung der Ehefrau vorzunehmen.

| | |
|---|---:|
| Beiträge zur privaten Kranken- und Pflegeversicherung (EM), monatlich (ohne Komfortleistungen) | 350 € |
| AN-Anteil (p.a.) gesetzlichen KV (3.360,00 €) und PV (610,00 €) (EF) | 3.970 € |
| Beiträge zur Kfz-Haftpflichtversicherung (Eheleute) jeweils halbjährlich | 360 € |
| Beiträge zur Unfallversicherung (EM), monatlich | 18 € |
| AN-Anteil zur gesetzlichen Rentenversicherung (EF) | 3.740 € |
| AN-Anteil (p.a.) zur gesetzlichen Arbeitslosenversicherung (EF) | 600 € |

Lösung:

| | | |
|---|---:|---:|
| Sonderausgaben 1 (SA 1): | | |
| Sonderausgaben-Pauschbetrag (§ 10c Abs. 1 EStG)) | | 72 € |
| **Sonderausgaben 2 (SA 2):** | | |
| **Altersvorsorgeaufwendungen** (§ 10 Abs. 3) | | |
| AN-Anteil zur gesetzlichen RV | 3.740 € | |
| AG-Anteil zur gesetzlichen RV | 3.740 € | |
| | 7.480 € | |
| davon in 2018 86% (86% von 7.480 €), max. 47.424 € | 6.433 € | |
| − AG-Anteil zur gesetzlichen RV | − 3.740 € | |
| = abzugsfähige Altersvorsorgeaufwendungen | | 2.693 € |
| **sonstige Vorsorgeaufwendungen** (§ 10 Abs. 1 Nr. 3 und 3a EStG) | | |
| private KV und PV (350 € x 12) | 4.200 € | |
| gesetzliche KV und PV (3.360 € + 610 €) | 3.970 € | |
| Kfz-Haftpflichtversicherung (360 € x 2) | 720 € | |
| Unfallversicherung (18 € x 12) | 216 € | |
| Arbeitslosenversicherung | 600 € | |
| | 9.706 € | |
| Höchstbetrag für Wolfgang Maier | 2.800 € | |
| Höchstbetrag für Ute Maier | 1.900 € | |
| mindestens abzugsfähige sonstige Vorsorgeaufwendungen [350 € x 12 + 3.360 € x 96% + 610 €; vgl. § 10 Abs. 4 EStG] | | 8.036 € |
| = **gesamte abzugsfähige Sonderausgaben im VZ 2018** | | **10.801 €** |

**F A L L**

Der Steuerpflichtige Günter Maier, München, geb. am 15.12.1954, beschäftigt von Januar 2018 bis September 2018 eine geringfügig entlohnte Beschäftigte als Reinigungskraft. Die Aufwendungen betrugen im VZ 2018 insgesamt 5.091,84 €.

Wie können die Aufwendungen steuerrechtlich bei Günter Maier im VZ 2018 berücksichtigt werden?

Lösung:

Von den Aufwendungen in Höhe von 5.091,84 € kann Günter Maier steuerrechtlich im VZ 2018 folgenden Betrag in Anspruch nehmen:

Der Steuerpflichtige Günter Maier erhält eine Steuerermäßigung nach § 35a Abs. 1 EStG von **510 Euro** (20 % von 5.091,84 €, höchstens 510 Euro).

**F A L L**

Die Eheleute Katharina und Martin Müller, Stuttgart, die zusammen zur Einkommensteuer veranlagt werden, haben einen 9-jährigen Sohn, der in ihrem Haushalt lebt. Herr Müller ist berufstätig. Frau Müller führt den Haushalt. Für die Beaufsichtigung des Kindes bei der Erledigung der Hausaufgaben erhalten die Eltern zu Hause Unterstützung durch eine pädagogisch geschulte Person von einer Dienstleistungsagentur. Die Kosten für die Betreuung betragen jährlich 2.400 €. Die Kosten werden durch Rechnungen und Zahlungsbelege nachgewiesen.

Können die Eltern die Kosten im VZ 2018 als Sonderausgaben abziehen?

Lösung:

Die Eltern können ⅔ der Kosten, max. 4.000 € je Kind im VZ 2018 als Sonderausgaben abziehen (⅔ von 2.400 € = 1.600 €).

**F A L L**

Die Eheleute Pia und Karsten Schmitz, Köln, die zusammen zur Einkommensteuer veranlagt werden, haben eine 5-jährige Tochter und einen 2-jährigen Sohn, die in ihrem Haushalt leben. Herr Schmitz ist berufstätig. Frau Schmitz führt den Haushalt. Für ihre 5jährige Tochter zahlen sie einen Kindergartenbeitrag von monatlich 75 € und für ihren 2-jährigen Sohn, der durch eine pädagogisch geschulte Person einer Dienstleistungsagentur betreut wird, monatlich 150 €. Die Kosten werden durch Rechnungen und Zahlungsbelege nachgewiesen.

Können die Eltern die Kosten im VZ 2018 als Sonderausgaben abziehen?

Lösung:

Für die **5-jährige Tochter** können die Eltern von den Kinderbetreuungskosten **600 €** [⅔ von 900 € (75 € x 12) = 600 €] als **Sonderausgaben** nach § 10 Abs 1 Nr. 5 EStG abziehen.
Für ihren **2-jährigen Sohn** können die Eltern die Kosten in Höhe von **1.200 €** im VZ 2018 als Sonderausgaben abziehen [⅔ von 1.800 € (150 € x 12) = 1.200 €].

**FALL**

Rainer Klink, Stuttgart, geb. 15.06.1953, ledig, konfessionslos, macht für den VZ 2018 folgende Angaben:

| | |
|---|---|
| Einkünfte aus nichtselbständiger Arbeit: | 45.600,00 € |

Es handelt sich nicht um Versorgungsbezüge. Bei der Ermittlung der Einkünfte konnte Rainer Klink 2.340,00 € Werbungskosten geltend machen

| | |
|---|---|
| Einkünfte aus Gewerbebetrieb als atypisch stiller Gesellschafter: | 16.800,00 € |
| Einkünfte aus Kapitalvermögen: | 250,00 € |

Die Kapitaleinkünfte unterlagen dem gesonderten Steuertarif (Kapitalertragsteuer) in Höhe von 25 %

| | |
|---|---|
| Einkünfte aus Vermietung und Verpachtung: | – 3.840,00 € |

a) Ab welchem Veranlagungszeitraum hat Rainer Klink Anspruch auf den Altersentlastungsbetrag?

b) Ermitteln Sie die Höhe des Altersentlastungsbetrag für den VZ 2018.

Lösung:

a) Rainer Klink vollendet sein 64. Lebensjahr mit Ablauf des 14.06.2017. Rainer Klink hat damit zu Beginn des Jahres 2018 sein 64. Lebensjahr vollendet und hat ab diesem Zeitpunkt Anspruch auf den Altersentlastungsbetrag.

| | Tag | Monat | Jahr |
|---|---|---|---|
| Geburtstag | 15. | 6. | 1953 |
| – Tag, der dem Tag der Geburt vorausging | 1. | | |
| = Zwischensumme | 14. | 6. | 1953 |
| + 64 Jahre | | | 64 |
| = Vollendung des 64. Lebensjahr mit Ablauf .... | 14. | 6. | 2017 |

b) Bemessungsgrundlage 1 ist der Bruttoarbeitslohn

| | |
|---|---|
| Einkünfte aus nichtselbständiger Arbeit | 45.600,00 € |
| + Werbungskosten | 2.340,00 € |
| = Bruttoarbeitslohn | 47.940,00 € |

Bemessungsgrundlage 2 ist die positive Summe der „übrigen" Einkünfte außer § 24a Abs. 1 Satz 2

| | |
|---|---|
| Einkünfte aus Gewerbebetrieb | 16.800,00 € |
| + Einkünfte aus Vermietung und Verpachtung | - 3.840,00 € |
| = Positive Summe der „übrigen" Einkünfte außer § 24a Abs. 1 Satz 2 | 12.960,00 € |

Die Einkünfte aus Kapitalvermögen gehören ebenfalls nicht zur Bemessungsgrundlage (R 24a Abs. 1 Satz 2). Der Altersentlastungsbetrag ist auf den nächsten vollen Euro-Betrag aufzurunden (R 24a Abs. 1 Satz 4).
AEB = 19,2 % *[ 47.940 + (16.800 – 3.840) ] = 11.693 (aufrunden) max. 912,00 €
Rainer Klink hat 2018 Anspruch auf einen Alternsentlastungsbetrag in Höhe von 912,00 €

**FALL**

Der ledige Steuerpflichtige Hardy Harz, Wiesbaden, ermittelt für 2018 ein zu versteuerndes Einkommen in Höhe von 12.999,00 €.

Berechnen Sie die tarifliche Einkommensteuer 2018.

Lösung:

Grundtarif § 32a Abs. 1. Für die Berechnung der Einkommensteuer ist die Formel nach § 32a Abs. 1 Satz 2 Nr. 2 zu verwenden.

Steuer = (997,8 x y + 1.400) x y

y-Wert = (zvE – 9000) / 10.000 (§ 32a Abs. 1 Satz 3).

y = (12.999 – 9.000) / 10.000 = 0,3999

Steuer = (997,8 x 0,3999 + 1.400) x 0,3999 = 719,42 € (auf volle Euro abrunden, § 32a Abs. 1 Satz 6) = 719,00 €

**FALL**

Der verheiratete Steuerpflichtige Rainer Conrad, Frankfurt, wird mit seiner Ehefrau Luisa zusammen zur Einkommensteuer veranlagt. Das Ehepaar ermittelt für 2018 ein zu versteuerndes Einkommen in Höhe von 104.641,00 €.

Berechnen Sie die tarifliche Einkommensteuer für 2018.

Lösung:

Grundtarif § 32a Abs. 1. Für die Berechnung der Einkommensteuer ist die Formel nach § 32a Abs. 1 Satz 2 Nr. 3 zu verwenden. Bei Ehegatten, die zusammen zur Einkommensteuer veranlagt werden, beträgt die Einkommensteuer das Zweifache des Steuerbetrages, der sich aus der Hälfte ihres gemeinsamen zvE ergibt (§ 32a Abs. 5).

Gemeinsame zvE = 104.641,00 € / 2 = 52.320,50 € (abrunden auf volle €) = 52.320,00 €

Steuer = (220,13 x z + 2.397) x z + 948,49

y-Wert = (zvE – 13.996) / 10.000 (§ 32a Abs. 1 Satz 3).

y = (52.320 – 13.996) / 10.000 = 3,8324

Steuer = (220,13 x 3,8324 + 2.397) x 3,8324 + 948,49= 13.367,86 € (auf volle Euro abrunden, § 32 a Abs. 1 Satz 6) = 13.367,00 €.

Das Zweifache des Steuerbetrages beträgt (13.367,00 € x 2) = 26.734,00 €.

## FALL

### 1 Sachverhalt

#### 1.1 Allgemeines

Die ledige Steuerpflichtige Inge Maier, evangelisch, Steuerklasse II, KFB 1, geb. am 10.08.1957, wohnt seit 2018 in Düsseldorf. In ihrem Haushalt lebt ein Pflegekind, das am 27.07.2005 geboren wurde und in 2018 eine Realschule in Düsseldorf besucht. Das Kind ist mit Hauptwohnung bei Frau Maier gemeldet. Inge Maier hat in 2018 Kindergeld in Höhe von 2.326 Euro erhalten. Eine Haushaltsgemeinschaft mit einer anderen Person besteht nicht.

#### 1.2 Einkünfte

#### 1.2.1 Gehalt

Inge Maier war bis 31.08.2018 als Prokuristin beschäftigt. Ihr Bruttoarbeitslohn betrug für die Zeit vom 01.01. bis 31.08.2018  51.400 €.

#### 1.2.2 Ruhegehalt

Die Steuerpflichtige trat am 31.08.2018 in den Ruhestand. Für die Zeit vom 01.09. bis 31.12.2018 erhielt sie von ihrem früheren Arbeitgeber ein Ruhegehalt, das nicht auf eigenen früheren Beitragsleistungen beruht, von insgesamt 1.400 €. Frau Maier ist nicht behindert.

#### 1.2.3 Zinsen

Von ihrer Bausparkasse wurden Inge Maier 2018 Zinsen in Höhe von 300 € gutgeschrieben, die sie als Beitragszahlung verwendete. Ein Abzug der KapESt und des SolZ erfolgte nicht, weil die Kapitalerträge den Betrag des Freistellungsauftrags nicht überschritten haben.

#### 1.2.4 Grundbesitz

Die Steuerpflichtige hat Ende 2018 von einer Bauträgergesellschaft eine als Einfamilienhaus bewertete Eigentumswohnung für 280.000 € erworben. Von den Anschaffungskosten entfallen 80.000 € auf Grund und Boden. Die Eigentumswohnung wird seit Ende 2018 von Inge Maier bewohnt.

Im VZ 2018 sind im Zusammenhang mit dem Grundstück folgende Ausgaben angefallen:

| | |
|---|---|
| Brandversicherung | 135 € |
| Darlehenszinsen | 600 € |
| Grundsteuer | 105 € |

#### 1.2.5 Rente

Aus der gesetzlichen Rentenversicherung erhält Inge Maier seit 01.09.2018 eine monatliche Brutto-Altersrente von 1.850 €. Der Eigenanteil zur Kranken- und Pflegeversicherung für Rentner betrug insgesamt 603 € (5.550 € x (7,3 % + 1,0 % + 2,55 %)).

## 1.3 Sonstige Aufwendungen

Im VZ 2018 weist Inge Maier folgende Ausgaben nach, die sie als Sonderausgaben geltend machen will:

| | |
|---|---:|
| Beiträge zur Lebensversicherung (Altvertrag i. S. d. § 10 Abs. 1 Nr. 3b) | 1.382 € |
| Arbeitnehmeranteil zur gesetzlichen Rentenversicherung | 4.910 € |
| Beiträge zur gesetzlichen Krankenversicherung ohne Komfortleistungen | 4.382 € |
| Beiträge zur gesetzlichen Pflegeversicherung | 673 € |
| Beiträge zur gesetzlichen Arbeitslosenversicherung | 792 € |
| Beiträge zur privaten Unfallversicherung | 53 € |
| private Kfz-Haftpflichtversicherung | 353 € |
| Hausratversicherung | 60 € |
| Lohnkirchensteuer | 530 € |

Die Steuerpflichtige unterstützte von August 2018 ihre vermögenslose Mutter bis zu deren Tod am 27.12.2018 mit monatlich 130 €. Die Mutter erzielte eine Rente von monatlich 375 €, deren steuerlicher Besteuerungsanteil 50 % betragen hat. Ein Krankenversicherungszuschuss wurde nicht gezahlt.

Daneben beschäftigt Frau Maier eine Hilfe im Haushalt. Die Kosten für die Beschäftigung der Hilfe im Haushalt haben im VZ 2018 insgesamt 600 € einschließlich Sozialversicherungsbeiträge betragen.

## 2  Aufgabe

1.  Nehmen Sie Stellung zur persönlichen Steuerpflicht, zu den altersmäßigen Vergünstigungen der Steuerpflichtigen, zu den zu berücksichtigenden Kindern, zur Veranlagungsart und zum Steuertarif.

2.  Ermitteln Sie das zu versteuernde Einkommen der Inge Maier für den VZ 2018. Die 4 %- Kürzung ist bei der Krankenversicherung vorzunehmen.

Lösung:

### 1. Persönliche Steuerpflicht

Inge Maier ist unbeschränkt einkommensteuerpflichtig, weil sie im Inland einen Wohnsitz hat (§ 1 Abs. 1 EStG).

### 2. Alter der Steuerpflichtigen

Vor Beginn des VZ 2018 war Inge Maier 60 Jahre alt. Inge Maier erfüllt nicht die altersmäßige Voraussetzung für die Gewährung des Altersentlastungsbetrags (§ 24a EStG).

### 3. Zu berücksichtigende Kinder

Das Pflegekind ist ein zu berücksichtigendes Kind. Es hatte im Kalenderjahr 2018 das 18. Lebensjahr noch nicht vollendet (§ 32 Abs. 3). Da das Kind das 18. Lebensjahr noch nicht vollendet hat, hat Frau Maier Anspruch auf einen vollen Kinderfreibetrag und einen vollen Betreuungsfreibetrag (§ 32 Abs. 6 EStG).
Außerdem steht ihr der Entlastungsbetrag für Alleinerziehende zu (§ 24b EStG).

### 4. Veranlagungsart

Für Inge Maier ist die Einzelveranlagung durchzuführen, weil sie ledig ist (§ 25 Abs. 1 EStG).

### 5. Steuertarif

Ihr Einkommen wird nach dem Grundtarif versteuert (§ 32a Abs. 1 EStG).

Ermittlung des zu versteuernden Einkommens

| | | € |
|---|---:|---:|
| Einkünfte aus nichtselbständiger Arbeit (§ 19) | | |
| Tz. 1.2.1 und 1.2.2 | | |
| Gehalt | 51.400 € | |
| Ruhegehalt (noch kein Anspruch auf Versorgungsfreibetrag) | 1.400 € | |
| | 52.800 € | |
| − Versorgungsfreibetrag (§ 19 Abs. 2 Nr. 2) | 0 € | |
| (Inge Maier hat das 63. Lebensjahr noch nicht vollendet) | | |
| − Arbeitnehmer-Pauschbetrag (§ 9a Nr. 1a) | − 1.000 € | 51.800 |
| Einkünfte aus Kapitalvermögen (§ 20) | | |
| Tz. 1.2.3 | | |
| Zinsen | 300 € | |
| − Sparer-Pauschbetrag 801 Euro, höchstens | − 300 € | 0 |
| Einkünfte aus Vermietung und Verpachtung (§ 21) | | |
| Tz. 1.2.4 | | |
| Für das EFH werden keine Einkünfte angesetzt, weil es selbst genutzt wird. | | 0 |
| Übertrag: | | 51.800 |

|  | € |
|---|---:|
| Übertrag: | 51.800 |
| sonstige Einkünfte i. S. d. § 22 | |
| Tz. 1.2.5 | |
| Rente 4 x 1.850 € = 7.400 € | |
| davon 76 % Besteuerungsanteil (§ 22 Nr. 1)  5.624 € | |
| Der Zuschuss zur KV ist stfr. (§ 3 Nr. 14) | |
| Werbungskosten-Pauschbetrag (§ 9a Nr. 3)  − 102 € | 5.522 |
| **Summe der Einkünfte** | **57.322** |
| Entlastungsbetrag für Alleinerziehende (§ 24b) | − 1.908 |
| **Gesamtbetrag der Einkünfte** | **55.414** |
| − Sonderausgaben 1 (SA 1) | |
| Lohnkirchensteuer (§ 10 Abs. 1 Nr. 4) | 530 |
| − Sonderausgaben 2 (SA 2) | |
| **Altersvorsorgeaufwendungen** (§ 10 Abs. 1 Nr. 2 a) + Abs. 3) | |
| 86 % von (RV-Gesamt) − AG-Anteil RV | |
| [86 % von (4.910 € + 4.910 €) − 4.910 €] | 3.535 |
| **sonstige Vorsorgeaufwendungen** (§ 10 Abs. 1 Nr. 3 + 3a) | |
| Krankenversicherung als AN  4.382 € | |
| Pflegeversicherung  673 € | |
| Kranken- und Pflegeversicherung für Rentner  603 € | |
| Arbeitslosenversicherung  792 € | |
| Unfallversicherung  53 € | |
| private Kfz-Haftpflichtversicherung  353 € | |
| Hausratversicherung (nicht berücksichtigungsfähig)  0 € | |
| Lebensversicherung (Altvertrag) 88 % x 1.382 €  1.217 € | |
|  8.073 € | |
| Die KV- + PV-Beiträge übersteigen den Höchstbetrag (1.900 €), d. h., die tatsächlichen Beiträge sind anzusetzen (§ 10 Abs. 4) 4.382 € x 96 % + 673 € + Beitrag KV/PV für Rentner 603 €. | 5.483 |
| − **außergewöhnliche Belastungen** (§ 33a Abs. 1 + 3) | |
| a) nach § 33a Abs. 1 | |
| **Unterhaltsaufwendungen für die Mutter** | |
| Höchstbetrag für das Kalenderjahr  9.000 € | |
| ermäßigter Höchstbetrag für 5 Monate  3.750 € | |
| Einkünfte und Bezüge der Mutter | |
| (937,50 − 102 x 5/12) + (937,50 − 180 x 5/12)  1.757 € | |
| abzüglich ermäßigter Karenzbetrag 624 € x 5/12  − 260 € | |
| schädlich  1.497 € | |
| verbleiben  2.253 € | |
| tatsächliche Aufwendungen (130 x 5)  650 € | |
| als agB anzusetzen höchstens Aufwendungen | 650 |
| Übertrag | 45.216 |

| | € |
|---|---:|
| Übertrag: | 45.216 |
| = **Einkommen** | 45.216 |
| − Kinderfreibeträge sind um 352 € günstiger als das Kindergeld. | 7.428 |
| = **zu versteuerndes Einkommen** | **37.788** |

Günstigerprüfung:

| | | | |
|---|---|---:|---|
| | 45.216 € | = | 10.577 € ESt |
| | 45.216 € | | |
| | 4.788 € (KFB) | | |
| | 2.640 € (BFB) | | |
| | 37.788 € | = | 7.897 € ESt |
| Differenzbetrag | | 2.680 € ESt | |
| Kindergeld | | 2.328 € | |
| KFB günstiger um | | **352 €** | |

Frau Maier kann noch eine **Steuerermäßigung** nach § 35a EStG von **120 €** (20 % von 600 €) für die Hilfe im Haushalt geltend machen.

**FALL**

## 1 Sachverhalt

### 1.1 Allgemeines

Johannes Reuter (JR), geb. am 20.12.1953 ist seit 1983 mit Petra geb. Schneider, geb. am 01.10.1961, verheiratet. Die Eheleute wohnen in Aachen. Sie haben folgende Kinder:

Dieter, geb. am 14.06.1997, ledig. Dieter ist seit 2012 wegen eines schweren Sportunfalls behindert und außerstande, sich selbst zu unterhalten. Er ist nicht hilflos i.S.d. § 33b Abs. 6 Satz 2. Der Grad der Behinderung beträgt 100 %. Dieter hat keine eigenen Einkünfte und Bezüge. Die Eltern erhalten für Dieter in 2018 Kindergeld in Höhe von 2.328 Euro.

Dagmar, geb. am 01.01.1992, ledig. Sie studiert bis zum Examen am 30.04.2018 in Freiburg Philosophie und war auch vom 01.01. bis 30.04.2018 dort untergebracht. Die von den Eltern getragenen Studienkosten betragen in 2018 1.300 €. Seit Beendigung des Studiums hält sich Dagmar kostenlos bei Freunden in Frankreich auf. Sie hat weder eigene Einkünfte noch eigenes Vermögen. Die Eltern erhalten für Dagmar in 2018 kein Kindergeld.

### 1.2 Einkünfte

1. Johannes Reuter betreibt in Aachen eine Einzelhandlung mit Elektrogeräten. Er ermittelt seinen Gewinn nach § 5 EStG. Sein Eigenkapital betrug lt. Steuerbilanz

    | | |
    |---|---|
    | zum 31.12.2017 | 110.500 € |
    | zum 31.12.2018 | 102.000 € |

    Die in 2018 gebuchten Privatentnahmen belaufen sich auf 29.530 €.
    Die folgenden Sachverhalte des Jahres 2018 sind auf ihre gewinnmäßige Auswirkung zu prüfen. Der Gewinn ist ggf. zu berichtigen. Es soll der niedrigstmögliche steuerliche Gewinn ausgewiesen werden.

    a) Eine Stereoanlage, Anschaffungskosten 1.150 €, wurde in der Bilanz des Vorjahres auf Grund einer Preissenkung zulässigerweise mit 900 € angesetzt. Die Anlage war zum 31.12.2018 noch vorhanden. Infolge steigender Preise hatte sie am 31.12.2018 einen Teilwert von 1.150 €. Mit diesem Wert wurde sie zum 31.12.2018 bilanziert. Eine Zuschreibung in Höhe von 250 € erfolgte im Laufe des Jahres 2018.

    b) Die private Kfz-Nutzung von 1.000 € wurde noch nicht gebucht.

    c) Reuter hat in 2018 wegen zu spät entrichteter ESt 35 € und zu spät gezahlter USt 30 € Säumniszuschlag aufgewendet. Beide Beträge wurden als Betriebsausgaben gebucht.

    d) Im Mai 2018 wurden zwei Schreibtische für je 350 € (netto) angeschafft und als GWG voll abgeschrieben.

    e) Reuter entnahm im November 2018 zum Betriebsvermögen gehörende Wertpapiere, deren Anschaffungskosten (= Buchwert) 1.600 € betragen haben.
    Er buchte:

    Privat an Wertpapiere 1.600 €

    Sofort nach der Entnahme verkaufte er die Wertpapiere zum Wert von 2.000 €.

    f) Reuter hat für sich privat einen Radiowecker entnommen zum Nettoeinkaufspreis von 50 €. Es wurde gebucht:

    Privat an Wareneingang 50 €

    Die Umsatzsteuer in Höhe von 8 € ist noch nicht gebucht worden.

    g) Beim Kauf eines unbebauten Betriebsgrundstücks wurden 5.000 € Grunderwerbsteuer und 400 € Notargebühren gezahlt. Die Steuern wurden dem Konto „Steuern" und die Notargebühren dem Konto „Rechtskosten" belastet.

2. Frau Reuter ist an einer KG in Krefeld mit 30 % beteiligt. Das Wirtschaftsjahr der KG läuft vom 01.04. bis 31.03. Die KG hat im Wirtschaftsjahr 2017/2018 einen Gewinn von 150.000 € und im Wirtschaftsjahr 2018/2019 einen Verlust von 5.000 € erzielt.

3. Die Eheleute bewohnen ein in Aachen gelegenes Einfamilienhaus (Baujahr 2017), das die Eheleute 2018 für 420.000 € erworben haben. An Anschaffungsnebenkosten sind 37.800 € angefallen, die in 2018 bezahlt wurden.

4. Herr Reuter erwarb im August 2018 privat Goldmünzen für 2.800 €, die er im Dezember 2018 für 3.250 € verkaufte.

5. Herr Reuter bezieht seit 01.01.2013 eine monatliche Rente von 500 € aus einer privaten Rentenversicherung (Altvertrag).

### 1.3 Sonstige Ausgaben

Die Eheleute Reuter machen für 2018 folgende Beträge als Sonderausgaben geltend:

| | |
|---|---:|
| Kranken- und Pflegeversicherung (ohne Komfortleistung) | 7.800 € |
| Hausratversicherung | 70 € |
| Rentenversicherung (§ 10 Abs. 1 Nr. 2 b)„Rürup-RV") | 6.000 € |
| Lebensversicherung (Altvertrag i. S. d. § 10 Abs. 1 Nr. 3) | 9.795 € |
| Kfz-Versicherung für Privatwagen | |
| • Haftpflicht | 110 € |
| • Kasko | 35 € |
| • Unfall | 20 € |
| Kfz-Haftpflichtversicherung für Geschäftswagen (Privatanteil) | 60 € |
| Haushaftpflichtversicherung | 40 € |
| gezahlte Kirchensteuer | 930 € |
| Spenden für kirchliche Zwecke | 300 € |

## 2 Aufgaben

1. Nehmen Sie Stellung zur persönlichen Steuerpflicht, zu den altersmäßigen Vergünstigungen der Steuerpflichtigen, zu den zu berücksichtigenden Kindern, zur Veranlagungsart und zum Steuertarif.

2. Ermitteln Sie das zu versteuernde Einkommen der Eheleute Reuter für den VZ 2018. Die 4 %-Kürzung ist bei der Krankenversicherung nicht vorzunehmen.

Lösung:

1. Persönliche Steuerpflicht
Die Eheleute Reuter sind unbeschränkt einkommensteuerpflichtig, weil sie im Inland einen Wohnsitz haben (§ 1 Abs. 1).

2. Alter der Steuerpflichtigen
Vor Beginn des VZ 2018 hatten Herr Reuter das 64. und Frau Reuter das 56. Lebensjahr vollendet.
Nur Herr Reuter erfüllt die altersmäßige Voraussetzung für die Gewährung des Altersentlastungsbetrags (§ 24a).

### 3. Zu berücksichtigende Kinder

Sohn Dieter ist ein leibliches Kind der Eheleute Reuter. Er hat mit Ablauf des 13.06.2018 das 21. Lebensjahr vollendet. Er ist 2018 ein zu berücksichtigendes Kind, weil er behindert und außerstande ist, sich selbst zu unterhalten und die Behinderung vor Vollendung des 25. Lebensjahrs eingetreten ist (§ 32 Abs. 4 Nr. 3 EStG). Für Dieter haben die Eltern Anspruch auf die vollen Freibeträge nach § 32 Abs. 6 EStG.

Tochter Dagmar ist ebenfalls ein leibliches Kind der Eheleute Reuter. Sie hatte 2018 das 26. Lebensjahr vollendet und ist nicht behindert. Sie ist kein zu berücksichtigendes Kind.

### 4. Veranlagungsart

Die Eheleute Reuter werden zusammen veranlagt, weil beide unbeschränkt einkommensteuerpflichtig sind, nicht dauernd getrennt leben und keiner eine Einzelveranlagung von Ehegatten beantragt hat (§ 26 Abs. 2 EStG).

### 5. Steuertarif

Das Einkommen der Eheleute wird nach dem Splittingtarif versteuert, weil sie zusammen veranlagt werden (§ 32a Abs. 5 EStG).

### 6. Ermittlung des Gesamtbetrags der Einkünfte

| | | Ehemann €| Ehefrau €| gesamt €|
|---|---|---|---|---|
| Einkünfte aus Gewerbebetrieb (§ 15) | | | | |
| Ehemann: | | | | |
| BV am 31.12.2018 | 102.000 € | | | |
| BV am 31.12.2017 | 110.500 € | | | |
| Unterschiedsbetrag | − 8.500 € | | | |
| + Entnahmen (vorl.) | 29.530 € | | | |
| vorl. Gewinn | 21.030 € | | | |
| a) der Bilanzansatz ist richtig angesetzt (TW = AK) | 0 € | | | |
| b) private Kfz-Nutzung | + 1.000 € | | | |
| c) Säumniszuschlag ESt | + 35 € | | | |
| d) GWG nach § 6 Abs. 2 EStG ist richtig angesetzt | 0 € | | | |
| e) Entnahmegewinn (TW − BW) | + 400 € | | | |
| f) USt- | 8 € | | | |
| g) zu aktivieren | + 5.400 € | 27.873 | | |
| Ehefrau: | | | | |
| 30 % des Gewinns der KG für das Wirtschaftsjahr 2017/2018 (§ 4a Abs. 2 Nr. 2) 30 % x 150.000 € | | | 45.000 | 72.873 |
| Übertrag: | | 27.873 | 45.000 | 72.873 |

|  | Ehemann € | Ehefrau € | gesamt € |
|---|---|---|---|
| Übertrag: | 27.873 | 45.000 | 72.873 |
| **Einkünfte aus V + V (§ 21)** | | | |
| Für das EFH werden keine Einkünfte angesetzt, weil das EFH selbst genutzt wird. | | 0 | 0 |
| **sonstige Einkünfte i. S. d. § 22 Nr. 1** | | | |
| Leibrente 6.000 € (500 € x 12) Satz 3 a) bb) Besteuerungsanteil: 23 % von 6.000 € (59. Lj. mit Beginn der Rente vollendet) 1.380 € | | | |
| – WKP (§ 9a Nr. 3) – 102 € | 1.278 | | 1.278 |
| Private Veräußerungsgeschäfte i. S. d. § 23 Tz. 2.4: 450 € liegen unter der Freigrenze von 600 Euro (§ 23 Abs. 3 Satz 5) | | | |
| = **Summe der Einkünfte** | 29.151 | 45.000 | 74.151 |
| – Altersentlastungsbetrag (§ 24a) | | | |
| JR: 19,2 % von 27.873 €, ohne § 22 Nr. 1 Satz 3 a), max. | | | 912 |
| = **Gesamtbetrag der Einkünfte** | | | **73.239** |

7. Ermittlung der Sonderausgaben

|  | € |
|---|---|
| – Sonderausgaben 1 (SA 1) | |
| Kirchensteuer (§ 10 Abs. 1 Nr. 4) 930 € | |
| Spenden für kirchliche Zwecke (§ 10b Abs. 1) 300 € | 1.230 |
| – Sonderausgaben 2 (SA 2) | |
| **Altersvorsorgeaufwendungen** (§ 10 Abs. 1 Nr. 2b + Abs. 3) | |
| Rürup-RV 6.000 € x 86 % | 5.160 |
| **sonstige Vorsorgeaufwendungen** (§ 10 Abs. 1 Nr. 3 + Nr. 3a) | |
| Lebensversicherung (Altfall) 88 % x 9.795 € 8.620 € | |
| Kranken- und Pflegeversicherung 7.800 € | |
| Hausrat (nicht berücksichtigungsfähig) 0 € | |
| Kfz-Haftpflichtversicherung 110 € | |
| Kfz-Kasko (nicht berücksichtigungsfähig) 0 € | |
| Kfz-Unfallversicherung 20 € | |
| Kfz-Haftpflichtversicherung (Privatanteil) 60 € | |
| Haushaftpflichtversicherung 40 € | |
| 16.650 € | |
| Höchstbeträge für die Eheleute (2.800 € + 2.800 €), mind. KV/PV | 7.800 |
| **abzugsfähige Sonderausgaben insgesamt** | **14.190** |

8. Ermittlung der außergewöhnlichen Belastungen

|  | € |
|---|---|
| **nach § 33a Abs.1** | |
| für Sohn **Dieter** können Unterhaltsaufwendungen als agB **nicht** geltend gemacht werden, weil die Eltern für ihn **Kindergeld** erhalten. | |
| für Tochter **Dagmar** | |
| absoluter Höchstbetrag für das Kalenderjahr    9.000 € | |
| ermäßigter Höchstbetrag für 4 Monate    3.000 € | |
| eigene Einkünfte und Bezüge    0 € | |
| tatsächliche Aufwendungen 1.300 € | |
| abziehbare agB | 1.300 |
| **nach § 33a Abs.2** | |
| Freibetrag für Tochter **Dagmar** kann **nicht** gewährt werden, weil die Eltern für sie **keinen** Freibetrag nach § 32 Abs. 6 EStG/Kindergeld erhalten. | |
| **nach § 33b** | |
| Der Grad der Behinderung des Sohnes **Dieter** beträgt 100. | 1.420 |
| **abzugsfähige außergewöhnliche Belastungen insgesamt** | **2.720** |

9. Ermittlung des zu versteuernden Einkommens

|  |  | € |
|---|---|---|
| = | **Gesamtbetrag der Einkünfte** | 73.239 |
| – | abzugsfähige Sonderausgaben | 14.190 |
| – | abzugsfähige außergewöhnliche Belastungen | 2.720 |
| = | **Einkommen** | 56.329 |
|  | Kindergeld ist um 144 € günstiger als die vollen Freibeträge nach § 32 Abs. 6 EStG | 0 |
| = | **zu versteuerndes Einkommen** | **56.329** |

Günstigerprüfung

| | | | |
|---|---|---|---|
| 56.329 € | = | 9.572 € | ESt |
| 56.329 € | | | |
| – 4.788 € (KFB) | | | |
| – 2.640 € (BEA) | | | |
| 48.901 € | = | 7.388 € | ESt |
| Differenzbetrag | | 2.184 € | ESt |
| Kindergeld | | 2.328 € | |
| günstiger um | | **144 €** | |

**FALL**

## 1 Sachverhalt

Eheleute Wilhelm und Erika Streibl sind seit 1982 verheiratet (beide keine Konfession). Laut notariellem Ehevertrag haben die Eheleute Streibl Gütertrennung vereinbart. Sie werden einzeln zur Einkommensteuer veranlagt. Die beiden Kinder Max (30 Jahre) und Karl (28 Jahre) sind seit ihrer Ausbildung berufstätig. Bei keiner Person liegt eine Behinderung vor.

Wilhelm Streibl (geb. am 30.09.1953) betreibt seit 1980 in Landshut eine Schlosserei. Herr Streibl verkauft sein Unternehmen zum 01.10.2018 (00:00 Uhr) an Alfons Huber. Herr Huber übernimmt für einen Kaufpreis von 480.000 € das komplette Vermögen (Wert zum 30.09.2018: 770.000 €) und sämtliche Schulden (Stand zum 30.09.2018: 470.000 €) des Herrn Streibl. Die bei dem Unternehmensverkauf angefallenen Kosten in Höhe von 6.500 € für z. B. Rechtsberatung und Grundbucheintrag gehen laut Kaufvertrag zu Lasten des Herrn Streibl. Die zum 30.09.2018 aufgestellte steuerliche Gewinnermittlung weist Betriebseinnahmen in Höhe von 268.000 € und Betriebsausgaben in Höhe von 196.000 € aus. Den Freibetrag gemäß § 16 Abs. 4 EStG hat Wilhelm Streibl bisher noch nicht in Anspruch genommen. Herr Streibl erhält seit dem 01.10.2018 eine Rente aus der gesetzlichen Rentenversicherung in Höhe von 1.380 € pro Monat. Herr Streibl erzielt in 2018 keine weiteren Einkünfte.

Erika Streibl (geb. am 25.07.1960) arbeitet seit 1998 als angestellte Bilanzbuchhalterin in einem 35 km (einfache Strecke) entfernten Möbelwerk. Ihr monatliches Bruttoeinkommen beträgt 3.100 €. Auf der Lohnsteuerkarte befindet sich der Eintrag „III/0". Frau Streibl reicht am 07.02.2019 eine Einkommensteuererklärung für den Veranlagungszeitraum 2018 beim Finanzamt ein, in der sie die folgenden Aufwendungen für 2018 glaubhaft nachweist (weitere Aufwendungen werden nicht geltend gemacht):

- 200 Fahrten zur ersten Tätigkeitsstätte,
- Unfallschaden (16.01.2018) anlässlich einer Fahrt zur ersten Tätigkeitsstätte in Höhe von 2.600 € (keine Erstattung von dritter Seite, kein Alkoholeinfluss),
- Abonnementkosten für Fachliteratur in Höhe von 500 €,
- Seminarkosten für steuerrechtliche/bilanzrechtliche Fortbildungen in Höhe von 1.400 €,
- Fahrten zu den Seminarorten, einfache Strecke: 190 km (es erfolgt keine Erstattung der Fahrtkosten von dritter Seite),
- Unfallschaden (07.02.2018) anlässlich einer Dienstreise mit dem eigenen Pkw in Höhe von 880 € (keine Erstattung von dritter Seite, kein Alkoholeinfluss).

## 2 Aufgaben

1. Ermitteln Sie für Herrn Wilhelm Streibl den Gesamtbetrag seiner Einkünfte 2018.
2. Ermitteln Sie für Frau Erika Streibel den Jahresfreibetrag 2018 und den Monatsfreibetrag 2018.

Lösung:

zu 1.

**Ermittlung Gesamtbetrag der Einkünfte 2018 – Wilhelm Streibl**

|  | € | € |
|---|---:|---:|
| Einkünfte aus Gewerbebetrieb (§ 15, § 16) |  |  |
|     Betriebseinnahmen | 268.000 |  |
| – Betriebsausgaben | – 196.000 |  |
|     steuerpfl. Gewinn aus lfd. Geschäftstätigkeit | 72.000 | 72.000 |
|     Veräußerungspreis Gewerbebetrieb | 480.000 |  |
| – Veräußerungskosten | – 6.500 |  |
| – Wert des Betriebsvermögens (770.000 € – 470.000 €) | – 300.000 |  |
| = Veräußerungsgewinn (§ 16 Abs. 2) | 173.500 |  |
| – Freibetrag (§ 16 Abs. 4 Satz 1)        45.000 € |  |  |
| – Ermäßigungsbetrag (§ 16 Abs. 4 S. 3) (173.500 € – 136.000 €)    – 37.500 € |  |  |
| = verbleibender Freibetrag | – 7.500 |  |
| = steuerpfl. Veräußerungsgewinn | 166.000 | 166.000 |
| sonstige Einkünfte i. S. d. § 22 |  |  |
|     Rente (1.380 € x 3 Monate) | 4.140 |  |
| – Rentenfreibetrag (24 % von 4.140 €) | – 994 |  |
| = steuerpflichtiger Teil der Rente (76 %) | 3.146 |  |
| – Werbungskosten-Pauschbetrag (§ 9a Nr. 3) | – 102 |  |
| = Einkünfte aus Leibrenten | 3.044 | 3.044 |
| **Summe der Einkünfte** |  | 241.044 |
| – Altersentlastungsbetrag (§ 24a) |  |  |
|     (19,2 % von 238.000 € ohne § 22 Nr. 1 Satz 3 a), max.) |  | – 912 |
| **Gesamtbetrag der Einkünfte 2018** |  | **240.132** |

zu 2.

| Ermittlung Gesamtbetrag des Jahresfreibetrags/Monatsfreibetrags – Erika Streibl | |
|---|---:|
| | € |
| **Werbungskosten i.S.d. §39a Abs.1 Nr.1 i.V.m. §9:** | |
| Fahrten Wohnung – erste Tätigkeitsstätte<br>(35 km x 0,30 € x 200 Tage) | 2.100,00 |
| Unfallschaden „Fahrten Wohnung – erste Tätigkeitsstätte" ist mit der Entfernungspauschale **nicht** mehr abgegolten (siehe Lehrbuch Seite 146). | 2.600,00 |
| Fachliteratur | 500,00 |
| Seminarkosten | 1.400,00 |
| Fahrten zu den Seminarorten<br>(190 km x 2 x 0,30 € = tatsächlich gefahrene Kilometer) | 114,00 |
| Unfallschaden „Dienstreise" kann als außergewöhnliche Kosten neben dem pauschalen Kilometersatz angesetzt werden [vgl. H 9.5 (Pauschale Kilometersätze) LStR amtliche Hinweise] | 880,00 |
| = Summe der berücksichtigungsfähigen Werbungskosten | 7.594,00 |
| − Arbeitnehmer-Pauschbetrag (§9a Nr. 1a) | 1.000,00 |
| = **Jahresfreibetrag (§39a Abs.1 Nr.1)** | **6.594,00** |
| **Monatsfreibetrag (§39a Abs.2 Satz 6)** aufrunden, R. 39a.1 Abs. 7 Satz 3 | **550,00** |
| Die Eintragung wird vorgenommen, weil die Antragsgrenze von 600 Euro überschritten ist (§39a Abs. 2 Satz 4). | |

## FALL

Für den ledigen angestellten Gas-/Wasserinstallateur Niklas Weber (geb. 20.11.1973) aus Düsseldorf sind die unten genannten Sachverhalte (1 bis 3) aus einkommensteuerlicher Sicht zu beurteilen. Herr Weber gehört keiner Religionsgemeinschaft an und ist kinderlos. Herr Weber ist ausschließlich an wechselnden Einsatzorten auswärts tätig. Der Arbeitgeber hat festgelegt, dass sich die Arbeitnehmer am Geschäftssitz des Unternehmens treffen, um von dort die unterschiedlichen Einsatzorte aufzusuchen (Sammelpunkt). Sein Gesamtbetrag der Einkünfte 2018 beträgt 28.500,00 €.

1. Herr Weber fuhr für insgesamt 4 Monate (zu unterstellen sind 4 Monate x 20 Tage/Monat = 80 Arbeitstage) mit dem eigenen Pkw vom Sammelpunkt zu einer Baustelle eines Kunden. Die Entfernung vom Sammelpunkt zur Baustelle betrug 20 km. Nach zwei Monaten auf dieser Baustelle war Herr Weber fünf Wochen im Urlaub und setzte anschließend seine Tätigkeit fort.

2. Herr Weber war an den 80 Arbeitstagen aus Nr. 1 immer zwischen 9 und 13 Stunden von zu Hause abwesend (Zeit von Reiseantritt bis Reiserückkehr).

3. Herr Weber fuhr mit einem firmeneigenen Servicewagen für eine Woche zu einem Kunden nach Mainz. Die Entfernung betrug 250 km. Die Dienstreise begann am Montag um 6 Uhr und endete am Freitag um 16 Uhr. Herr Weber übernachtete am Montag und Dienstag in einem Hotel. Die Hotelrechnung weist eine Übernachtungspauschale inkl. Frühstück von 65 € pro Nacht aus. Herr Weber bezahlte die beiden Übernachtungen aus eigenen Mitteln. Von Mittwoch bis Freitag übernachtete Herr Weber bei einem Freund unentgeltlich. Außerdem hat Herr Weber in dieser Woche Parkgebühren in Höhe von 50 € bezahlt.

a) Ist bei den Sachverhalten 1 bis 3 ein Werbungskostenabzug grundsätzlich möglich? Wenn ja, in welcher Höhe.

b) Ist bei den Sachverhalten 1 bis 3 ein steuerfreier Reisekostenersatz durch den Arbeitgeber grundsätzlich möglich? Wenn ja, in welcher Höhe?

Lösung:

### zu 1.a)

Eine auswärtige Tätigkeit von mehr als drei Monaten begründet **keine** erste Tätigkeitsstätte mehr. Die Fahrten zu der auswärtigen Tätigkeitsstätte stellen somit **keine Fahrten Wohnung – Arbeitsstätte** dar.

Steuerpflichtige können für diese Fahrten den Reisekostensatz von 0,30 € pro tatsächlich gefahrenen Kilometer ansetzen.

Herr Weber kann für seine 80 Fahrten **960 €** als **Werbungskosten** ansetzen (2 x 20 km x 80 Arbeitstage x 0,30 €/km; vgl. § 9 Abs. 1 EStG, R 9.5 Abs. 1 LStR 2015). Da Herr Weber noch weitere Werbungskosten in 2016 geltend macht, kommt der Arbeitnehmer-Pauschbetrag von 1.000 Euro nicht in Betracht.

Weiterführende Erläuterungen enthält das **ergänzte BMF-Schreiben zur Reform des steuerlichen Reisekostenrechts ab 01.01.2014** (Tz. 35ff.) vom **24.10.2014** (IV C5 – S 2353/14/10002, abrufbar unter www.bmfschreiben.de).

### zu 1. b)

Der Arbeitgeber kann Herrn Weber für die 80 Fahrten **960,00 € Reisekosten steuerfrei** erstatten (vgl. § 3 Nr. 16 EStG, R 9.5 Abs. 2 LStR). Ein zusätzlicher Ansatz als Werbungskosten ist insoweit bei Herrn Weber nicht möglich.

## zu 2. a)

Bei derselben Auswärtstätigkeit beschränkt sich der Abzug der Verpflegungsmehraufwendungen auf die ersten drei Monate (§ 9a Abs. 4a Satz 6 EStG). Eine Unterbrechung an derselben Tätigkeitstätte von mind. vier Wochen führt zu einem Neubeginn (§ 9a Abs. 4a Satz 7). Herr Weber kann für 80 Arbeitstage (4 Monate x 20 Tage/Monat) den pauschalen **Verpflegungsmehraufwand** von 12 € pro Tag als Werbungskosten, insgesamt 960 €, ansetzen (§ 9 Abs. 4a Satz 3 Nr. 3).

## zu 2. b)

Der Arbeitgeber kann Herrn Weber für die 80 Arbeitstage **960 € Reisekosten steuerfrei** erstatten (vgl. § 3 Nr. 16 EStG). Ein zusätzlicher Ansatz als Werbungskosten ist insoweit bei Herrn Weber nicht möglich.

## zu 3. a)

Ein Ansatz der **Fahrtkosten** als Werbungskosten kommt **nicht** in Betracht, da Herr Weber die Dienstreise mit einem Firmenwagen unternimmt.

An **Verpflegungsmehraufwendungen** kann Herr Weber **96 €** (2 x 12 € + 3 x 24 €) als Werbungskosten in Abzug bringen.

An **Übernachtungskosten** kann Herr Weber die folgenden Beträge als Werbungskosten ansetzen (§ 9 EStG):

- 2 **Hotelübernachtungen** in Höhe von **120,40 €** (2 x 65 € – 2 x 20 % von 24 €, vgl. R 9.7 Abs. 1 LStR). Kürzung für Frühstück 9,60 € (4,80 € x 2).
- 3 **private Übernachtungen 0 €** (tatsächlich sind keine Kosten entstanden).

Die Parkgebühren (**Reisenebenkosten**, vgl. R 9.8 LStR) kann Herr Weber als Werbungskosten absetzen.

## zu 3. b)

Ein **steuerfreier Fahrtkostenersatz** ist **nicht möglich**, da die Dienstreise mit einem Firmenwagen unternommen worden ist.

Die **Verpflegungsmehraufwendungen** können in Höhe von **96 € steuerfrei erstattet** werden (§ 3 Nr. 16 EStG). Insoweit erfolgt dann kein Werbungskostenabzug.

Bei den **Übernachtungskosten** kann der Arbeitgeber folgende Beträge **steuerfrei erstatten**:

- 2 **Hotelübernachtungen** in Höhe von **120,40 €** (nur in Höhe der beim AN abziehbaren Werbungskosten. Insoweit erfolgt dann kein Werbungskostenabzug. Zahlt der Arbeitgeber den Gesamtbetrag in Höhe von 130 €, entsteht für das Frühstück grundsätzlich ein **steuerpflichtiger Sachbezug** in Höhe von 3,46 € (2 x 1,73 €). Es wird eine Kürzung der Verpflegungsmehraufwendungen vorgenommen (vgl. BMF-Schreiben vom 13.07.2009, BStBl. 2009 I S. 771).
- 3 **private Übernachtungen 60 €** (3 x 20,00 €, R 9.7 Abs. 3 LStR).

Ein **steuerfreier Reisenebenkostenersatz** ist **möglich** (**60 €**).

**FALL**

Herr Weber hat bei einem Preisausschreiben 6.000 € gewonnen. Diesen Betrag hat er dem örtlichen Turnverein zur Förderung der Jugendarbeit gespendet. Eine ordnungsgemäß ausgestellte Zuwendungsbescheinigung liegt vor. Für 2018 beträgt der Gesamtbetrag der Einkünfte 28.500 €.

Kann Herr Weber einen Spendenabzug in Anspruch nehmen? Wenn ja, in welcher Höhe?

Lösung:

> Herrn Weber steht für 2018 ein Spendenabzug in Höhe von **5.700 €** (20 % von 28.500 €) zu. Der übersteigende Betrag in Höhe von 300 € wird als Spendenvortrag auf den Veranlagungszeitraum 2019 übertragen (§ 10b Abs.1 Satz 9 EStG).

**FALL**

Der geschiedene Steuerpflichtige Franz Großhennrich, 2 erwachsene Töchter, Bonn, bezieht seit 01.05.2006 Leistungen aus der gesetzlichen Rentenversicherung. Der Jahresbetrag der Rente betrug in 2006 9.600 €. Die Deutsche Rentenversicherung Bund teilt Herrn Großhennrich lt. Bescheid folgende Änderungen mit (Auszug). Die Höhe der monatlichen Zahlung der Rente wird ab 01.01.2018 wie folgt berechnet:

| | |
|---|---:|
| Rentenbetrag | 960,45 € |
| KV 15,6 % x 960,45 € | – 149,83 € |
| PV 2,55 % x 960,45 € | – 24,49 € |
| Zuschuss KV 15,6 % – 1,0 % = 14,6 % | |

| | | |
|---|---|---:|
| 14,6 % von 960,45 € = | 140,22 € | |
| davon die Hälfte | | + 70,11 € |
| Ab 01.01.2018 werden insgesamt monatlich ausgezahlt | | **856,24 €** |

Ermitteln Sie die sonstigen Einkünfte i. S. d. § 22 EStG für Herrn Großhennrich im VZ 2018.

Lösung:

| | | |
|---|---|---:|
| | Rentenbetrag aus der gesetzlichen Rentenversicherung (960,45 € x 12) | 11.525,40 € |
| – | Rentenfreibetrag (50 % von 9.600 €) | – 4.800,00 € |
| = | steuerpflichtiger Teil der Rente | 6.725,40 € |
| – | Werbungskosten-Pauschbetrag (§ 9a Nr. 3 EStG) | – 102,00 € |
| = | sonstige Einkünfte i. S. d. § 22 EStG | **6.623,40 €** |

## FALL

Heinz (45 Jahre) und Ilse Schüller (40 Jahre) wohnen mit ihren vier Kindern Joel (4 Jahre), Lena (6 Jahre), Max (8 Jahre) und Sina (9 Jahre) in einem Einfamilienhaus in Düsseldorf. Ilse Schüller ist als kaufmännische Leiterin in einem Industriebetrieb angestellt. Heinz Schüller ist nicht berufstätig. Familie Schüller beschäftigt während des gesamten Jahres 2018 eine Reinigungskraft im Rahmen eines geringfügigen Beschäftigungsverhältnisses (Mini-Job). Die hierfür geleisteten Zahlungen (Lohn und Pauschalabgaben) betrugen insgesamt 3.800 €. Von März bis Oktober 2018 erledigte ein Landschaftsbaubetrieb aus Neus die Gartenpflege. Die ordnungsgemäß ausgestellten Rechnungen über insgesamt 2.700 € wurden per Überweisung in 2018 beglichen. Die Materialkosten (Pflanzen etc.) betrugen insgesamt 800 €. Der Rest entfiel auf die Arbeitskosten. Für den Austausch von Bodenbelägen im ersten Obergeschoss zahlte Familie Schüller in 2018 per Überweisung brutto 7.735 €. Die in der ordnungsgemäß ausgestellten Rechnung gesondert ausgewiesenen Materialkosten betrugen netto 3.500 €.

Beurteilen Sie die Möglichkeit der Inanspruchnahme des § 35a EStG.

Lösung:

### Reinigungskraft

Für die **geringfügige Beschäftigung** der Reinigungskraft kann Familie Schüller die steuerliche Förderung des **§ 35a Abs. 1 EStG** in Anspruch nehmen. **Die tarifliche Einkommensteuer ermäßigt sich um 510 €** (Hinweis: 20 % von 3.800 € übersteigen den absoluten Höchstbetrag.).

### Gartenpflege

Die Verrichtung der Gartenpflege durch einen selbständigen Unternehmer stellt eine **haushaltsnahe Dienstleistung** dar, die nach **§ 35a Abs. 2 EStG** steuerlich gefördert wird. Zu beachten ist, dass die ausgestellte Rechnung Material- und Arbeitskosten ausweist. Gem. **§ 35a Abs. 5 Satz 2 EStG** haben nur die **Arbeitskosten (1.900 €)** eine steuerliche Wirkung. **Die tarifliche Einkommensteuer ermäßigt sich um 380 €** (Hinweis: Der absolute Höchstbetrag von 4.000 € wurde nicht erreicht.).

### Bodenbelagaustausch

Bei dem Austausch der Bodenbeläge durch einen selbständigen Unternehmer handelt es sich um eine steuerlich zu fördernde Inanspruchnahme von **Handwerkerleistungen** i. S. d. **§ 35a Abs. 3 EStG**. Auch hier stellen lediglich die **Arbeitskosten (3.570 € brutto)** steuerlich relevante Aufwendungen dar (**§ 35a Abs. 5 Satz 2 EStG**). **Die tarifliche Einkommensteuer ermäßigt sich um 714 €** (Hinweis: Der absolute Höchstbetrag von 1.200 € wurde nicht erreicht.).

### Anmerkung

Der Fall zeigt, dass die Fördermechanismen des § 35a EStG nebeneinander (kumulativ) in Anspruch genommen werden können.

# B. Körperschaftsteuer

**F A L L  1**

Die Gewinn- und Verlustrechnung der A-GmbH, München, weist für das Wirtschaftsjahr 2018 einen vorläufigen handelsrechtlichen Jahresüberschuss von 233.805 € aus.

Folgende Sachverhalte wurden erfolgswirksam gebucht:

- Ein im Jahr 2014 entgeltlich erworbener Firmenwert von 60.000 € wurde nach § 255 Abs. 4 HGB mit 20 % abgeschrieben. 12.000 €
- KSt-Erstattung 2017 8.000 €
- SolZ-Erstattung 2017 440 €
- GewSt-Vorauszahlungen 2018 5.960 €
- Verspätungszuschlag zur GewSt 150 €
- angemessene Bewirtungsaufwendungen lt. Belegen (netto, 100 %) 650 €
- Zuwendungen an politische Parteien 5.000 €
- Zuwendungen an eine Universität 4.000 €

Die A-GmbH hat einen Beirat als Kontrollorgan. Als Aufwand wurden für den Beirat 14.400 € gebucht.

Ermitteln Sie das zu versteuernde Einkommen der A-GmbH für 2018.

Lösung:

| | | € |
|---|---|---|
| | **vorläufiger handelsrechtlicher Jahresüberschuss** | **233.805** |
| +/- | Bewertungskorrekturen | |
| | AfA auf Firmenwert (§ 7 Abs. 1 Satz 3 EStG) | + 8.000 |
| = | **Gewinn lt. Steuerbilanz** (R 7.1 Abs. 1 Nr. 1 KStR 2015) | **241.805** |
| | nicht abziehbare Aufwendungen (R 7.1 Abs. 1 Nr. 10 KStR 2015): | |
| + | nicht abzugsfähige Bewirtungskosten (§ 4 Abs. 5 Nr. 2 EStG) (30 % von 650 €) | + 195 |
| + | GewSt-Vorauszahlungen 2018 (§ 4 Abs. 5b EStG) | + 5.960 |
| + | Verspätungszuschlag zur GewSt (§ 4 Abs. 5b EStG) | + 150 |
| - | KSt-Erstattung 2017 (analog zu § 10 Nr. 2 KStG) | - 8.000 |
| - | SolZ-Erstattung 2017 (analog zu § 10 Nr. 2 KStG) | - 440 |
| + | Beiratsvergütungen (50 % von 14.400 €) (§ 10 Nr. 4 KStG) | + 7.200 |
| + | **sämtliche** Zuwendungen (5.000 € + 4.000 €) (§ 9 Abs. 1 Nr. 2 KStG; R 7.1 Abs. 1 Nr. 11 KStR 2015) | + 9.000 |
| = | **steuerlicher Gewinn = SdE** (R 7.1 Abs. 1 Nr. 21 KStR 2015) | **255.870** |
| - | Zuwendungen, max. 20 % von 255.870 €, höchstens geleistete* (R 7.1 Abs. 1 Nr. 22 KStR 2015) | - 4.000 |
| = | **GdE = Einkommen = zvE** (R 7.1 Abs. 1 Nrn. 29, 31, 34 KStR 2015) | **251.870** |

* Zuwendungen an politische Parteien sind **nicht** abzugsfähig.

**F A L L  2**

Die B-GmbH mit Sitz in Wuppertal ermittelt für den Veranlagungszeitraum 2018 einen vorläufigen Handels- und Steuerbilanzgewinn in Höhe von 95.000 €.

Dabei wurden in der Gewinn- und Verlustrechnung des Geschäftsjahres 2018 folgende Aufwendungen für geleistete Steuervorauszahlungen gebucht:

* Körperschaftsteuer 20.000 €
* Solidaritätszuschlag 1.100 €

Unter den gebuchten Aufwendungen finden sich verschiedene Zahlungen an den Geschäftsführer Willi Schulz in Höhe von insgesamt 35.000 €. Willi Schulz ist Mehrheitsgesellschafter der B-GmbH. Die zugrunde liegenden Buchungsbelege tragen den Vermerk „Auslagenersatz". Eine betriebliche Veranlassung ist für diese Zahlungen jedoch nicht erkennbar. Ein Vorsteuerabzug wurde im Zusammenhang mit diesen Aufwendungen von der B-GmbH nicht in Anspruch genommen.

1. Ermitteln Sie das zu versteuernde Einkommen der B-GmbH für 2018.
2. Ermitteln Sie die Körperschaftsteuerrückstellung 2018 sowie die Rückstellung für den Solidaritätszuschlag 2018.
3. Ermitteln Sie den endgültigen handelsrechtlichen Jahresüberschuss für 2018. Die Gewerbesteuer soll hier nicht berücksichtigt werden.

<u>Lösung:</u>

zu 1.

|  | | |
|---|---|---:|
| | **vorläufiger handelsrechtlicher Jahresüberschuss = Gewinn lt. StB** (R 7.1 Abs. 1 Nr. 1 KStR 2015) | **95.000,00€** |
| + | verdeckte Gewinnausschüttung (§ 8 Abs. 3 Satz 2 KStG; R 7.1 Abs. 1 Nr. 7 KStR 2015) | +35.000,00€ |
| | nicht abziehbare Aufwendungen (R 7.1 Abs. 1 Nr. 10 KStR 2015): | |
| + | KSt-Vorauszahlungen 2018 (§ 10 Nr. 2 KStG) | +20.000,00€ |
| + | SolZ-Vorauszahlungen 2018 (§ 10 Nr. 2 KStG) | + 1.100,00€ |
| = | **steuerlicher Gewinn = SdE = GdE = Einkommen = zvE** (R 7.1 Abs. 1 Nrn. 29, 31, 34 KStR 2015) | **151.100,00€** |

zu 2.

|  | | |
|---|---|---:|
| | tarifliche/festzusetzende KSt 2018 (15 % von 151.100 €) | 22.665,00€ |
| − | KSt-Vorauszahlungen 2018 | − 20.000,00€ |
| = | **KSt-Rückstellung** | **2.665,00€** |
| | Solidaritätszuschlag 2018 (5,5 % von 22.665 €) | 1.246,58€ |
| − | SolZ-Vorauszahlungen 2018 | − 1.100,00€ |
| = | **SolZ-Rückstellung** | **146,58€** |

zu 3.

|  | | |
|---|---|---:|
| | **vorläufiger handelsrechtlicher Jahresüberschuss** | **95.000,00€** |
| − | KSt-Rückstellung | − 2.665,00€ |
| − | SolZ-Rückstellung | − 146,58€ |
| = | **endgültiger handelsrechtlicher Jahresüberschuss** | **92.188,42€** |

## F A L L  3

Die Gewinn- und Verlustrechnung der C-GmbH, München, weist für das Wirtschaftsjahr 2018 u. a. folgende Zahlen aus:

| | | |
|---|---:|---:|
| Umsatzerlöse | 1.005.270,00 € | |
| sonstige betriebliche Erträge | 4.625,00 € | |
| Investitionszulage nach dem InvZulG | 20.500,00 € | 1.030.395,00 € |
| Wareneingang | 375.123,00 € | |
| Löhne und Gehälter | 250.951,00 € | |
| Abschreibungen | 18.557,00 € | |
| gemeinnützige Zuwendungen | 15.100,00 € | |
| Zuwendung an politische Parteien | 10.000,00 € | |
| Mietaufwand | 60.000,00 € | |
| Bewirtungsaufwendungen (netto, angemessen)* | 3.595,00 € | |
| Geldbuße | 570,00 € | |
| GewSt-Vorauszahlung 2018 | 20.500,00 € | |
| Säumniszuschlag für GewSt-Vorauszahlung 2018 | 130,00 € | |
| Säumniszuschlag für USt-Vorauszahlung | 45,00 € | |
| KSt-Vorauszahlung 2018 | 40.000,00 € | |
| SolZ-Vorauszahlung 2018 | 2.200,00 € | |
| KSt-Nachzahlung 2017 | 12.470,00 € | |
| SolZ-Nachzahlung 2017 | 685,85 € | − 809.926,85 € |
| **Jahresüberschuss** | | **220.468,15 €** |

Ermitteln Sie das zu versteuernde Einkommen der C-GmbH für 2018.

---

\* Die Bewirtungsaufwendungen wurden zu 100 % angesetzt; die USt (von 100 %) wurde korrekterweise in voller Höhe als Vorsteuer gebucht (§ 15 Abs. 1a Satz 2 UStG).

Lösung:

| | |
|---|---:|
| **vorläufiger handelsrechtlicher Jahresüberschuss** | **220.468,15 €** |
| − Investitionszulage ist **keine Einnahme** (H 2 EStR) | − 20.500,00 € |
| = **Gewinn lt. Steuerbilanz** (R 7.1 Abs. 1 Nr. 1 KStR 2015) | **199.968,15 €** |
| Nichtabziehbare Aufwendungen (R 7.1 Abs. 1 Nr. 10 KStR 2015): | |
| + nicht abzugsfähige Bewirtungskosten (§ 4 Abs. 5 Nr. 2 EStG) (30 % von 3.595 €) | + 1.078,50 € |
| + Geldbuße (§ 4 Abs. 5 Nr. 8 EStG) | + 570,00 € |
| + GewSt-Vorauszahlungen 2018 (§ 4 Abs. 5b EStG) | + 20.500,00 € |
| + Säumniszuschlag für GewSt-Vorauszahlung 2018 (§ 4 Abs. 5b EStG) | + 130,00 € |
| + KSt-Vorauszahlung 2018 (§ 10 Nr. 2 KStG) | + 40.000,00 € |
| + SolZ-Vorauszahlung 2018 (§ 10 Nr. 2 KStG) | + 2.200,00 € |
| + KSt-Nachzahlung 2017 (§ 10 Nr. 2 KStG) | + 12.470,00 € |
| + SolZ-Nachzahlung 2017 (§ 10 Nr. 2 KStG) | + 685,85 € |
| + **sämtliche** Zuwendungen (15.100 € + 10.000 €) (R 7.1 Abs. 1 Ziff. 11 KStR 2015; § 9 Abs. 1 Nr. 2 KStG) | + 25.100,00 € |
| = **steuerlicher Gewinn = SdE** (R 7.1 Abs. 1 Nr. 21 KStR 2015) | **302.702,50 €** |
| − Zuwendungen, max. 20 % von 302.702,50 €, höchstens geleistete* (R 7.1 Abs. 1 Nr. 22 KStR 2015) | − 15.100,00 € |
| = **GdE = Einkommen = zvE** (R 7.1 Abs. 1 Nrn. 29, 31, 34 KStR 2015) | **287.602,50 €** |

---

\* Zuwendungen an politische Parteien sind **nicht** abzugsfähig.

## FALL 4

Die Pro Casa GmbH hat ihre Geschäftsführung und ihren Sitz in Mainz. Die GmbH weist für das Geschäftsjahr 2018, das mit dem Kalenderjahr übereinstimmt, einen vorläufigen handelsrechtlichen Jahresüberschuss von 450.000 € aus.

Herr Peter Müller ist alleiniger Gesellschafter und alleiniger Geschäftsführer der Pro Casa GmbH.

Die folgenden Sachverhalte sind noch zu berücksichtigen:

1. Die GmbH hat zum 01.07.2018 bei ihrer Hausbank ein Fälligkeitsdarlehen über 400.000 € aufgenommen, das eine Laufzeit von zehn Jahren hat. Die Bank behält bei der Auszahlung des Darlehens ein Damnum von 30.000 € ein und schreibt den Restbetrag in Höhe von 370.000 € dem laufenden Bankkonto der GmbH gut.
   Die GmbH hat den Vorgang wie folgt gebucht:
   **1800** (1200) Bank an **3170** (0650) Verbindlichkeiten ggü. Kreditinstituten    370.000 €

2. Die GmbH hat handelsrechtlich zutreffend eine Rückstellung für drohende Verluste aus schwebenden Geschäften in Höhe von 20.000 € gebildet.

3. Die KSt-Vorauszahlungen 2018 in Höhe von 112.500 € wurden als Betriebsausgaben gebucht.

4. Die SolZ-Vorauszahlungen 2018 in Höhe von 6.187,50 € wurden als Betriebsausgaben gebucht.

5. Die GewSt-Vorauszahlungen 2018 in Höhe von 37.500 € wurden als Betriebsausgaben gebucht.

6. Herr Peter Müller erhält eine Jahresvergütung in Höhe von 300.000 €. Die Jahresvergütung setzt sich aus einem Festgehalt von 90.000 € (30 %) und einer Gewinntantieme von 210.000 € (70 %) zusammen. Üblich ist jedoch nur ein Tantiemeanteil von 25 %. Der Betrag von 300.000 € wurden 2018 als Betriebsausgaben gebucht.

7. GmbH weist für 2018 folgende Zuwendungen nach, die als Betriebsausgaben gebucht wurden:
   Zuwendungen an politische Parteien                                75.000 €
   Zuwendungen zur Förderung von Wissenschaft und Forschung          150.000 €

Aufgabe:

Ermitteln Sie das zu versteuernde Einkommen der GmbH für den VZ 2018.

Lösung:

| | € |
|---|---:|
| **vorläufiger handelsrechtlicher Jahresüberschuss** | **450.000,00** |
| Steuerrechtliche Korrekturen: | |
| − Damnum (30.000 € : 10 = 3.000 €, davon 6/12) (§ 7 Abs. 1 Satz 1 EStG) | − 1.500,00 |
| + Drohverlust-Rückstellung (§ 5 Abs. 4a EStG) | + 20.000,00 |
| = **Gewinn lt. Steuerbilanz** (R 7.1 Abs. 1 Nr. 1 KStR 2015) | **468.500,00** |
| + verdeckte Gewinnausschüttung | +135.000,00 |
| (§ 8 Abs. 3 S. 2 KStG; R 7.1 Abs. 1 Nr. 7 KStR 2015) | |
| Nichtabziehbare Aufwendungen (R 7.1 Abs. 1 Nr. 10 KStR 2015): | |
| + GewSt-Vorauszahlungen 2018 (§ 4 Abs. 5b EStG) | + 37.500,00 |
| + KSt-Vorauszahlungen 2018 (§ 10 Nr. 2 KStG) | +112.500,00 |
| + SolZ-Vorauszahlungen 2018 (§ 10 Nr. 2 KStG) | + 6.187,50 |
| + **sämtliche** Zuwendungen (75.000 € + 150.000 €) | +225.000,00 |
| (§ 9 Abs. 1 Nr. 2 KStG; R 7.1 Abs. 1 Nr. 11 KStR 2015 ) | |
| = **steuerlicher Gewinn = SdE** (R 7.1 Abs. 1 Nr. 21 KStR 2015) | **984.687,50** |
| − Zuwendungen, max. 20 % von 994.687,50 €, höchstens geleistete | − 150.000,00 |
| Zuwendungen* (R 7.1 Abs. 1 Nr. 22 KStR 2015) | |
| = **GdE = Einkommen = zvE** (R 7.1 Abs. 1 Nrn. 29, 31, 34 KStR 2015) | **834.687,50** |

\* Zuwendungen an politische Parteien sind **nicht** abzugsfähig.

## FALL 5

Die X-AG weist in ihrer Handelsbilanz 2018 einen Jahresüberschuss von 1.280.404,50 € aus. Folgende Aufwendungen und Erträge wurden bereits berücksichtigt:

| Soll | GuV zum 31.12.2018 | | Haben |
|---|---:|---|---:|
| diverse Aufwendungen | 810.000,00 | Umsatzerlöse | 2.369.944,50 |
| Beiratsvergütung | 13.500,00 | KSt-Erstattung 2017 | 15.000,00 |
| Säumniszuschlag USt 2017 | 90,00 | SolZ-Erstattung 2017 | 825,00 |
| § 233a AO Zinsen zur KSt 2016 | 375,00 | | |
| KSt-Vorauszahlungen 2018 | 180.000,00 | | |
| SolZ-Vorauszahlungen 2018 | 9.900,00 | | |
| Spende an eine Partei | 4.500,00 | | |
| GewSt-Rückstellung 2018 | 34.500,00 | | |
| Spende an eine Universität | 52.500,00 | | |
| Jahresüberschuss | 1.280.404,50 | | |
| | 2.385.769,50 | | 2.385.769,50 |

zusätzliche Angaben:

- Die X-AG kann aus dem Vorjahr einen vortragsfähigen Verlust nach § 10d EStG in Höhe von 150.000 € vorweisen.

- In den diversen Aufwendungen der X-AG ist ein Betrag in Höhe von 15.000 € für ein behördliches Bußgeld enthalten.

1. Ermitteln Sie das zu versteuernde Einkommen der X-AG für das Jahr 2018.

2. Berechnen Sie die festzusetzende Körperschaftsteuer und den festzusetzenden Solidaritätszuschlag für das Jahr 2018.

Lösung:

zu 1.

| | | | |
|---|---|---|---|
| | **Jahresüberschuss lt. Handelsbilanz** | | **1.280.404,50 €** |
| = | **Steuerbilanzgewinn** (R 7.1 Abs. 1 Nr. 1 KStR 2015) | | **1.280.404,50 €** |
| | Nichtabziehbare Aufwendungen (R 7.1 Abs. 1 Nr. 10 KStR 2015): | | |
| + | GewSt-Rückstellung 2018 (§ 4 Abs. 5b EStG) | + | 34.500 € |
| + | Bußgeld (§ 4 Abs. 5 Nr. 8 KStG) | + | 15.000 € |
| + | KSt-Vorauszahlungen 2018 (§ 10 Nr. 2 KStG) | + | 180.000 € |
| – | SolZ-Vorauszahlungen 2018 (§ 10 Nr. 2 KStG) | + | 9.900 € |
| – | KSt-Erstattung 2017 (analog zu § 10 Nr. 2 KStG) | – | 15.000 € |
| + | SolZ-Erstattung 2017 (analog zu § 10 Nr. 2 KStG) | – | 825 € |
| + | Zinsen § 233a AO zur KSt 2016 (§ 10 Nr. 2 KStG) | + | 375 |
| + | Hälfte der Beiratsvergütung (§ 10 Nr. 4 KStG) | + | 6.750 € |
| | **Sämtliche** Zuwendungen (§ 9 Abs. 1 Nr. 2 KStG; R 7.1 Abs. 1 Nr. 11 KStR 2015) | | |
| + | Spende an eine Partei | + | 4.500 € |
| + | Spende an eine Universität | + | 52.500 € |
| = | **steuerlicher Gewinn = SdE** (R 7.1 Abs. 1 Nr. 21 KStR 2015) | | **1.568.104,50 €** |
| – | Spenden, max. 20 % von 1.568.104,50 €, höchstens geleistete (R 7.1 Abs. 1 Nr. 22 KStR 2015); die Spende an die politische Partei ist nicht abzugsfähig | – | 52.500,00 € |
| = | **Gesamtbetrag der Einkünfte** (R 7.1 Abs. 1 Nr. 29 KStR 2015) | | **1.515.604,50 €** |
| – | Verlustabzug (§ 10d EStG) (R 7.1 Abs. 1 Nr. 30 KStR 2015) | – | 150.000,00 € |
| = | **Einkommen = zvE** (R 7.1 Abs. 1 Nrn. 31, 34 KStR 2015) | | **1.365.604,50 €** |

zu 2.

| | |
|---|---|
| **Körperschaftsteuer** (15 % von 1.365.604,50 €; abgerundet) | **204.840,00 €** |
| **Solidaritätszuschlag** (5,5 % von 204.840,00 €) | **11.266,20 €** |

# C. Gewerbesteuer

**FALL**

Luisa Bellona ist Alleininhaberin einer Pizzeria in Mainz. Für das Wirtschaftsjahr 2018, das mit dem Kalenderjahr übereinstimmt, ergibt sich Folgendes:

1. Gewinn nach § 15 EStG     43.600 €

2. Für einen aufgenommenen Kredit in Höhe von     30.000 €
   wurden Zinsen gezahlt in Höhe von     1.850 €

3. Zinsen Kontokorrentkonto     750 €

4. Miete für Geschäftseinrichtung     6.000 €

5. Die aus betrieblichen Mitteln geleisteten Zuwendungen betrugen:
   Zuwendungen zur Förderung kirchlicher Zwecke     1.000 €
   Zuwendungen zur Förderung wissenschaftlicher Zwecke     500 €
   Die Zuwendungen haben den Gewinn nach § 15 EStG nicht gemindert,
   weil sie auf das Konto „Privatentnahmen" gebucht wurden.

Wie hoch ist die Gewerbesteuer für den EZ 2018 bei einem Hebesatz von 440 %?

Lösung:

| | | € |
|---|---:|---:|
| Gewinn aus Gewerbebetrieb (Tz. 1) | | 43.600,00 |
| + Hinzurechnungen nach § 8 | | |
| 100 % der Entgelte für Schulden | | |
| Zinsen für langfristigen Kredit (Tz. 2) | 1.850 € | |
| Zinsen für kurzfristigen Kredit (Tz. 3) | 750 € | |
| 20 % der Miete (Tz. 4) (20 % von 6.000 €) | 1.200 € | |
| = Summe der Finanzierungsanteile | 3.800 € | |
| − Freibetrag 100.000 Euro, höchstens | − 3.800 € | |
| = verbleibender Betrag | 0 € | 0,00 |
| x 25 % (= Hinzurechnungsbetrag) | | |
| | | 43.600,00 |
| − Kürzungen nach § 9 | | |
| Zuwendungen zur Förderung kirchl. u. wissenschaftl. Zwecke (Tz. 5) | | 1.500,00 |
| = vorläufiger Gewerbeertrag | | 42.100,00 |
| Abrundung auf volle hundert Euro | | 42.100,00 |
| − Freibetrag | | − 24.500,00 |
| = endgültiger Gewerbeertrag | | 17.600,00 |
| x Steuermesszahl 3,5 % | | |
| = Steuermessbetrag (3,5 % von 17.600 €) | | 616,00 |
| x Hebesatz (440 %) | | |
| = **Gewerbesteuer** (440 % von 616 €) | | **2.710,40** |

## FALL

Fritz Maier ist Alleninhaber eines Hotels und Restaurants in Düsseldorf. Für das Wirtschaftsjahr 2018, das mit dem Kalenderjahr übereinstimmt, ergibt sich Folgendes:

1. Gewinn nach § 15 EStG                                                   32.000 €
2. Einheitswert des Betriebsgrundstücks (100 %)                            75.000 €
   Das Grundstück dient zu 60 % eigenen gewerblichen Zwecken.
3. Eine Ausschanktheke ist von einer Brauerei gemietet worden.
   Der Aufwand für Jahresmiete beträgt                                      2.500 €
4. Die Gewerbesteuer-Vorauszahlungen betragen 2018                           200 €
   Die GewSt-Vorauszahlungen haben den Gewinn nach § 15 EStG nicht gemindert.

Wie hoch ist die Gewerbesteuerabschlusszahlung für den EZ 2018 bei einem Hebesatz von 440 %?

Lösung:

|  |  |  | € |
|---|---|---:|---:|
| | Gewinn aus Gewerbebetrieb (Tz. 1) | | 32.000,00 |
| + | Hinzurechnungen nach § 8 | | |
| | 100 % der Entgelte für Schulden | 0 € | |
| | 20 % der Miete (Tz. 3) (20 % von 2.500 €) | 500 € | |
| | = Summe der Finanzierungsanteile | 500 € | |
| | - Freibetrag 100.000 Euro, höchstens | -500 € | |
| | = verbleibender Betrag | 0 € | 0,00 |
| | x 25 % (= Hinzurechnungsbetrag) | | |
| | | | 32.000,00 |
| - | Kürzungen nach § 9 | | |
| | Grundbesitzkürzung (Tz. 2) | | |
| | 60 % von 1,2 % von 105.000 € (75.000 € x 140 %) | | 756,00 |
| = | vorläufiger Gewerbeertrag | | 31.244,00 |
| | Abrundung auf volle hundert Euro | | 31.200,00 |
| - | Freibetrag | | -24.500,00 |
| = | endgültiger Gewerbeertrag | | 6.700,00 |
| x | Steuermesszahl 3,5 % | | |
| = | Steuermessbetrag (3,5 % von 6.700 €) abrunden, R. 14.1 S. 3 GewStR | | 234,00 |
| x | Hebesatz (440 %) | | |
| = | **Gewerbesteuer** (440 % von 234,00 €) | | 1.029,60 |
| - | GewSt-Vorauszahlungen | - | 200,00 |
| = | **Gewerbesteuerabschlusszahlung** | | **829,60** |

**F A L L**

Der Einzelgewerbetreibende Müller, Düsseldorf, dessen Wirtschaftsjahr mit dem Kalenderjahr übereinstimmt, legt Ihnen für den EZ 2018 folgende Zahlen vor:

1. Gewinn nach § 15 EStG — 35.660 €
2. Einheitswert des Betriebsgrundstücks (100 %) — 12.500 €
3. Auf dem Betriebsgrundstück (100 %) lastet eine Hypothek, die mit 6 % verzinst wird, in Höhe von 25.000 € (6 % von 25.000 €) — 1.500 €
4. Beteiligung eines typisch stillen Gesellschafters (Privatmann) an dem Einzelgewerbebetrieb mit 40.000 €.
5. Gewinnanteil des typisch stillen Gesellschafters 2018 — 2.500 €
6. Für einen Kontokorrentkredit sind Zinsen in Höhe von angefallen. — 750 €
7. Die aus betrieblichen Mitteln geleisteten Zuwendungen für 2018 betrugen:
   Zuwendungen zur Förderung kirchlicher Zwecke — 500 €
   Zuwendungen zur Förderung wissenschaftlicher Zwecke — 750 €
   Zuwendungen an politische Parteien — 500 €
   Die Zuwendungen haben den Gewinn nach § 15 EStG nicht gemindert, weil sie auf das Konto „Privatentnahmen" gebucht wurden.

Wie hoch ist die Gewerbesteuer für den EZ 2018 bei einem Hebesatz von 440 %?

Lösung:

|  |  | € |
|---|---|---|
| Gewinn aus Gewerbebetrieb (Tz. 1) |  | 35.660,00 |
| **+ Hinzurechnungen nach § 8** |  |  |
| 100 % der Entgelte für Schulden |  |  |
| Zinsen für Kontokorrentkredit (Tz. 6 + Tz. 3) | 2.250 € |  |
| 100 % des Gewinnanteils des st. Gesellschafters (Tz. 5) | 2.500 € |  |
| = Summe der Finanzierungsanteile | 4.750 € |  |
| − Freibetrag 100.000 Euro, höchstens | − 4.750 € |  |
| = verbleibender Betrag |  | 0,00 |
| x 25 % (= Hinzurechnungsbetrag) |  | 0,00 |
|  |  | 35.660,00 |
| **− Kürzungen nach § 9** |  |  |
| Grundbesitzkürzung (Tz. 2) |  |  |
| 1,2 % von 17.500 € (12.500 € x 1,4) |  | 210,00 |
| Zuwendungen zur Förderung kirchl. u. wissenschaftl. Zwecke (Tz. 7)* |  | 1.250,00 |
| = vorläufiger Gewerbeertrag |  | 34.200,00 |
| Abrundung auf volle hundert Euro |  | 34.200,00 |
| − Freibetrag |  | − 24.500,00 |
| = endgültiger Gewerbeertrag |  | 9.700,00 |
| x Steuermesszahl 3,5 % |  |  |
| = Steuermessbetrag (3,5 % von 9.700 €), abrunden, R. 14.1 S. 3 GewStR |  | 339,00 |
| x Hebesatz (440 %) |  |  |
| = **Gewerbesteuer** (440 % von 339,00 €) |  | **1.491,60** |

\* Zuwendungen an politische Parteien sind **nicht** abzugsfähig.

## FALL

Ermitteln Sie die Gewerbesteuerrückstellung eines Einzelunternehmers in Berlin für den EZ 2018.

- Gewinn aus Gewerbebetrieb (§ 15 EStG), nach Korrektur § 4 Abs. 5b EStG   46.000,00 €
- GewSt-Vorauszahlungen, die den Gewinn nicht gemindert haben   2.500,00 €
- Zinsen für langfristigen Kredit   138.000,00 €
- Einheitswert des Betriebsgrundstücks (01.01.1964), seit 2014 im BV   35.000,00 €
- Hebesatz   410 %

Lösung:

| | | € |
|---|---|---|
| Gewinn aus Gewerbebetrieb (Tz. 1) | | 46.000,00 |
| + Hinzurechnungen nach § 8 | | |
| 100 % der Entgelte für Schulden | | |
| Zinsen für langfristigen Kredit | 138.000 | |
| = Summe der Finanzierungsanteile | 138.000 | |
| − Freibetrag 100.000 Euro, höchstens | -100.000 | |
| = verbleibender Betrag | 38.000 | |
| x 25 % (= Hinzurechnungsbetrag) | | 9.500,00 |
| | | 55.500,00 |
| − Kürzungen nach § 9 | | |
| Grundbesitzkürzung (1,2 % von 35.000 € x 140 %) | | 588,00 |
| = maßgebender Gewerbeertrag | | 54.912,00 |
| Abrundung auf volle hundert Euro | | 54.900,00 |
| − Freibetrag | | − 24.500,00 |
| = (endgültiger) Gewerbeertrag | | 30.400,00 |
| x Steuermesszahl 3,5 % | | |
| = Steuermessbetrag (3,5 % von 30.400 €), abrunden, R. 14.1 Satz 3 GewStR | | 1.064,00 |
| x Hebesatz (410 %) | | |
| = Gewerbesteuer (410 % von 1.064,00 €) | | 4.362,40 |
| − geleistete GewSt-Vorauszahlungen | | − 2.500,00 |
| = **GewSt-Rückstellung** | | **1.862,40** |

**FALL**

Fritz Westfalen (FW) betreibt in Bonn unter der Firma „Funkhaus Fritz Westfalen" ein Fachgeschäft für Unterhaltungs-Elektronik. Der Unternehmer ist in vollem Umfang zum Vorsteuerabzug berechtigt. Für den EZ 2018 legt er Ihnen folgende Zahlen vor:

1. Lt. vorläufiger Gewinn- und Verlustrechnung für das Wirtschaftsjahr 2018 wurde ein Gewinn in Höhe von 29.000 € ermittelt. In der GuV wurden 4.000 € als Aufwand für Gewerbesteuervorauszahlungen verbucht.

2. FW schenkte seiner Frau Rosi zum 10. Hochzeitstag einen gebrauchten PKW, den er dem Anlagevermögen entnahm. Der Buchwert des PKW betrug am Entnahmetag 8.000 €; der Verkehrswert dieses Fahrzeugs wurde zu diesem Zeitpunkt in einem Gutachten mit 13.090 € einschließlich 19 % Umsatzsteuer festgestellt. FW hat bisher gebucht:

   | | | |
   |---|---|---|
   | Anlagenabgänge (Restbuchwert) | 8.000 € | |
   | an Fahrzeuge | | 8.000 € |
   | Privat | 9.520 € | |
   | an Erlöse aus Verkäufen Sachanlagevermögen | | 8.000 € |
   | Umsatzsteuer | | 1.520 € |

3. FW schenkte seinem Neffen Detlef zum 18. Geburtstag eine Stereoanlage, die er seinem Warenlager entnahm. Bei der Anschaffung wurde Vorsteuerabzug geltend gemacht. Die Anschaffungskosten der Anlage betrugen 900 € (netto); der Ladenverkaufspreis betrug 1.547,00 € einschließlich 19 % Umsatzsteuer. Der Listenverkaufspreis seines Großhändlers belief sich am Entnahmetag auf 950 € (ohne Umsatzsteuer). Der Vorgang wurde versehentlich buchhalterisch noch nicht erfasst.

4. FW ließ sich von seinem Buchhalter monatlich 2.500 € vom betrieblichen Bankkonto auf sein privates Bankkonto überweisen. Die jeweilige monatliche Buchung hierfür lautet:

   | | | |
   |---|---|---|
   | Personalaufwendungen | 2.500 € | |
   | an Bank | | 2.500 € |

5. FW betreibt sein Unternehmen auf dem Grundstück „Mozartstr. 10", das zu 30 % seines Wertes dem eigenen Gewerbebetrieb dient und auch mit diesem Anteil aktiviert wurde. Der Einheitswert des Grundstücks (01.01.64) beträgt 100.000 €.

6. Im Mai 2018 wurde eine umfangreiche Sanierungsmaßnahme im Fachgeschäft des Gebäudes „Mozartstr. 10" vorgenommen. Zur Finanzierung dieser Sanierungskosten nahm FW ein Darlehen in Höhe von 30.000 € auf, das zu 100 % am 01.07.2018 ausgezahlt wurde. Das Darlehen ist jährlich mit 4 % zu verzinsen und am 30.06.2028 in einer Summe zurückzuzahlen. Die Zinsen sind jeweils halbjährlich nachträglich zu entrichten. Erstmalig wurden diese Halbjahreszinsen zum 31.12.2018 vom betrieblichen Bankkonto abgebucht.

7. FW überwies in 2018 Leasingraten für zwei im Kundendienst eingesetzte Fahrzeuge insgesamt 9.936,50 € (einschl. 19 % Umsatzsteuer) an die Leasing GmbH, Mainz.

8. Das an sein „Funkhaus" angrenzende Nachbargrundstück „Mozartstr. 12" hat FW für monatlich 2.000 € umsatzsteuerfrei gepachtet und nutzt es ganzjährig als Kundenparkplatz.

9. FW ist an der Elektrowarengroßhandlung seines Schulfreundes Peter Tusch als Kommanditist beteiligt. Die Beteiligung gehört zu seinem Betriebsvermögen. Der Gewinnanteil für 2018 beträgt 4.000 €.

10. Für sein betriebliches Bankkonto hat FW einen Kontokorrentkredit in Höhe von 100.000 € zu einem Zinssatz von 10 % p. a. mit seiner Bank vereinbart. Insgesamt wurden in 2018 6.400,00 € Zinsen belastet.

Ermitteln Sie die Gewerbesteuer 2018. Der Hebesatz beträgt 490 %.

Lösung:

|  |  |  |
|---|---|---|
|  | vorläufiger Gewinn lt. GuV-Rechnung (Tz. 1) | 29.000 € |
| + | Gewerbesteuervorauszahlung § 4 Abs. 5 b EStG (Tz. 1) | 4.000 € |
| + | Erhöhung Privatentnahme Pkw (Tz. 2) | 3.000 € |
| + | Erfassung Privatentnahme Stereoanlage (Tz. 3) | 1.131 € |
|  | „Personalaufwendungen" (Tz. 4) | 30.000 € |
|  | einkommensteuerlicher Gewinn aus Gewerbebetrieb | 67.131 € |

|  |  | € |
|---|---|---|
| Gewinn aus Gewerbebetrieb |  | 67.131,00 |
| + Hinzurechnungen nach § 8 |  |  |
| 100 % der Entgelte für Schulden |  |  |
| Darlehenszinsen (Tz. 6) | 600 € |  |
| Kontokorrentzinsen (Tz. 10) | 6.400 € |  |
| 20 % der Leasingraten (Tz. 7) (20 % von 8.350) | 1.670 € |  |
| 50 % der Pacht (Tz. 8) (50 % von 24.000 €) | 12.000 € |  |
| = Summe der Finanzierungsanteile | 20.670 € |  |
| - Freibetrag 100.000 Euro, höchstens | - 20.670 € |  |
| verbleibender Betrag | 0 € |  |
| 25 % (= Hinzurechnungsbetrag) |  | 0,00 |
| - Kürzungen nach § 9 |  |  |
| Grundbesitzkürzung (Tz. 5) |  |  |
| 1,2 % von 42.000 € (100.000 € x 140 % x 30 %) |  | 504,00 |
| Gewinnanteil Personengesellschaft (Tz. 9) |  | 4.000,00 |
| = vorläufiger Gewerbeertrag |  | 62.627,00 |
| Abrundung auf volle hundert Euro |  | 62.600,00 |
| - Freibetrag |  | - 24.500,00 |
| = endgültiger Gewerbeertrag |  | 38.100,00 |
| x Steuermesszahl (3,5 %) |  |  |
| = Steuermessbetrag (3,5 % von 38.100 €), abrunden, R.14.1 S.3 GewStR |  | 1.333,00 |
| x Hebesatz (490 %) |  |  |
| = **Gewerbesteuer** (490 % von 1.333,00 €) |  | **6.531,70** |
| - Gewerbesteuervorauszahlungen |  | - 4.000,00 |
| = Gewerbesteuerrückstellung 2018 |  | 2.531,70 |

**F A L L**

Der Einzelunternehmer Franz Huber, e.K. mit Sitz in München ermittelte für 2018 einen handelsrechtlichen Gewinn in Höhe von 591.750 €.

Für das Wirtschaftjahr 2018, das identisch ist mit dem Kalenderjahr, ergeben sich u.a. folgende Sachverhalte, die ggf. zu berücksichtigen sind.

- Die Gewerbesteuervorauszahlungen 2018 betrugen 52.500 €. Sie sind auf das Konto „**7610** (4320) Gewerbesteuer" gebucht worden.

- In 2018 wurde für den Umbau des Produktionsgebäudes ein Fälligkeitsdarlehen in Höhe von 750.000 € aufgenommen. Die Zinsen in Höhe von 37.500 € wurden in 2018 als Aufwand gebucht.

- Das Produktionsgebäude wird zu 90 % eigenbetrieblich genutzt und wurde auch in diesem Umfang bilanziert. Der Einheitswert des Gebäudes (100 %) wurde zum 01.01.1964 mit 97.500 € festgesetzt.

- Eine Lagerhalle mit Grundstück wurde am 05.10.2018 für 375.000 € gekauft. Der Einheitswert zum 01.01.1964 beträgt 60.000 €.

- Folgende Mieten wurden in 2018 bezahlt und aufwandswirksam gebucht:
  Miete Bürogebäude netto 195.000 € (einschließlich 15.000 € Nebenkosten für Heizung),
  Leasing Kopierer netto 10.440 € und
  Leasing Kraftfahrzeuge netto 99.000 €.

- Die Zuwendung (Spende) an den Tierschutzverein in Höhe von 10.250 € wurde vom Geschäftskonto gezahlt und auf das Konto „**2100** (1800) Privatentnahmen" gebucht.

- Aus den Vorjahren besteht noch ein Gewerbeverlustvortrag lt. gesonderter Feststellung in Höhe von 151.000 €.

- Der Hebesatz beträgt 490 %.

1. Ermitteln Sie die Gewerbesteuerabschlusszahlung 2018.

2. Welche Auswirkungen ergeben sich aus der Lösung des Gewerbesteuerfalles auf die Einkommensteuerschuld 2018 von Franz Huber, wenn dieser nur Einkünfte aus Gewerbebetrieb erzielt?

Lösung:

zu 1.

| | € |
|---|---:|
| vorläufiger handelsrechtlicher Gewinn (Gewinn lt. HGB) | 591.750,00 |
| Zuwendungen an den Tierschutzverein (korrekt gebucht, daher keine Hinzurechnung) | 0,00 |
| + Gewerbesteuervorauszahlungen 2018 | + 52.500,00 |
| = steuerlicher Gewinn (Gewinn lt. EStG/KStG) | 644.250,00 |
| + Hinzurechnungen (§ 8 GewStG) | |

| | | |
|---|---:|---|
| 100 % der Entgelte für Schulden (Zinsen) (100 % von 37.500 €) | 37.500 € | |
| 20 % der Miete/Pacht für bewegliche WG (20 % von 10.440 € + 99.000 €) | 21.888 € | |
| 50 % für Miete/Pacht für unbewegliche WG (50 % von 180.000 €) ohne Umlage BStBl I 2012, S. 654 RZ 29 | 90.000 € | |
| = Summe der Finanzierungsanteile | 149.388 € | |
| − Freibetrag | 100.000 € | |
| = verbleibender Betrag | 49.388 € | |
| x 25 % (= Hinzurechnungsbetrag nach § 8 Nr. 1 GewStG) | | + 12.347,00 |

| | | |
|---|---:|---:|
| − Kürzungen nach § 9 | | |
| Grundbesitzkürzung (90 % von 1,2 % von 136.500 € (97.500 € x 140 %) | | − 1.474,20 |
| Kürzung Lagerhalle in 2019, § 20 Abs. 1 Satz 2 GewStDV | | 0,00 |
| Spende Tierschutzverein 10.250, max. 20 % x 644.250 | | − 10.250,00 |
| = maßgebender Gewerbeertrag (§ 7 Abs. 1 GewStG) | | 644.872,80 |
| − Gewerbeverlust aus Vorjahren (§ 10a GewStG) | | -151.000,00 |
| = vorläufiger Gewerbeertrag | | 493.872,80 |
| Abrundung auf volle hundert Euro | | 493.800,00 |
| − Freibetrag (§ 11 Abs. 1 GewStG) | | − 24.500,00 |
| = endgültiger Gewerbeertrag | | 469.300,00 |
| x Steuermesszahl (3,5 %) | | |
| = Steuermessbetrag (3,5 % von 469.300 €) abrunden, R.14.1 S.3 GewStR | | 16.425,00 |
| x Hebesatz (490 %) | | |
| = Gewerbesteuer (490 % von 16.425,00 €) | | 80.482,50 |
| − Gewerbesteuervorauszahlungen 2018 | | − 52.500,00 |
| **= Gewerbesteuerabschlusszahlung 2018** | | **27.982,50** |

zu 2.

Die **Steuerermäßigung** beträgt nach § 35 Abs. 1 Nr. 1 EStG für Franz Huber **62.415 €** (3,8 x 16.425,00 €).

# Ihr Bonus als Käufer dieses Buches

Als Käufer dieses Buches können Sie kostenlos das eBook zum Buch nutzen.
Sie können es dauerhaft in Ihrem persönlichen, digitalen Bücherregal
auf **springer.com** speichern oder auf Ihren PC/Tablet/eReader downloaden.

Gehen Sie bitte wie folgt vor:

1. Gehen Sie zu **springer.com/shop** und suchen Sie das vorliegende Buch
   (am schnellsten über die Eingabe der eISBN).
2. Legen Sie es in den Warenkorb und klicken Sie dann auf:
   **zum Einkaufswagen/zur Kasse.**
3. Geben Sie den untenstehenden Coupon ein. In der Bestellübersicht wird
   damit das eBook mit 0 Euro ausgewiesen, ist also kostenlos für Sie.
4. Gehen Sie weiter **zur Kasse** und schließen den Vorgang ab.
5. Sie können das eBook nun downloaden und auf einem Gerät Ihrer Wahl lesen.
   Das eBook bleibt dauerhaft in Ihrem digitalen Bücherregal gespeichert.

## EBOOK INSIDE

| | |
|---|---|
| **eISBN:** | 978-3-658-23995-4 |
| **Ihr persönlicher Coupon:** | qg9j8GS97P8sk7c |

Sollte der Coupon fehlen oder nicht funktionieren, senden Sie uns bitte
eine E-Mail mit dem Betreff: **eBook inside** an **customerservice@springer.com**.